Dominic Sandbrook

Weltgeschichte(n)

Die letzte Pharaonin: Kleopatra

Dominic Sandbrook

WELTGESCHICHTEN

Die letzte Pharaonin

KLEOPATRA

Aus dem Englischen
von Knut Krüger

cbj

MIX
Papier | Fördert gute Waldnutzung
FSC® C014496

Penguin Random House Verlagsgruppe
FSC® N001967

4. Auflage

cbj Kinder- und Jugendbuchverlag
in der Penguin Random House Verlagsgruppe GmbH,
Neumarkter Straße 28, 81673 München
produktsicherheit@penguinrandomhouse.de
(Vorstehende Angaben sind zugleich
Pflichtinformationen nach GPSR)

Die englische Originalausgabe erschien 2022
unter dem Titel »Adventures in Time: Cleopatra, Queen of the Nile«
bei Particular Books, einem Imprint von Penguin Press, London
Übersetzung: Knut Krüger
Lektorat: Roman Stadler
Umschlaggestaltung und -illustration:
Nele Schütz Design/Sonja Gebhardt
CK • Herstellung: AJ ET
Satz: KCFG – Medienagentur, Neuss
Druck: GGP Media GmbH, Pößneck
ISBN 978-3-570-18041-9
Printed in Germany

www.cbj-verlag.de

Für Iseult

Inhalt

Prolog: Ein Treffen bei Mondschein *9*

TEIL 1

BLUTSBANDE

1 Das Mädchen am Grabmal *17*

2 Die Götter von Memphis *35*

3 Die Söhne des Wolfes *54*

4 Die Feuer von Ägypten *72*

5 Die Herrin beider Länder *91*

TEIL 2

ALLE WEGE FÜHREN NACH ROM

6 Blut im Sand *113*

7 Verrat um Mitternacht *131*

8 In der Falle *149*

9 Das Gesicht der Isis *166*

10 Die Iden des März *181*

TEIL 3
NERVENKRIEG

11 Vergeltung bei Philippi *199*
12 Die Göttin der Liebe *218*
13 Ein Würfelspiel *234*
14 Ein Sturm braut sich zusammen *252*

TEIL 4
SCHACHMATT

15 Der Vorabend der Zerstörung *273*
16 Actium *292*
17 Letztes Gefecht in Alexandria *309*
18 Die Schlange *328*

Epilog: Das Leben nach dem Tod *345*

Nachwort: *361*

PROLOG

Ein Treffen bei Mondschein

Es war Nacht in Alexandria. Die Dunkelheit hatte sich über die größte Stadt der Erde gebreitet wie ein unheilvolles schwarzes Tuch.

Soldaten patrouillierten, die Speere fest in den Händen, die Palastmauern entlang. Es war der Spätsommer des Jahres 48 v. Chr., und Alexandria glich einem Pulverfass, das jederzeit explodieren konnte.

Fiel jemandem das ramponierte kleine Fischerboot auf, das soeben die äußere Hafenmauer umrundet hatte und jetzt auf einen etwas abgelegenen Holzsteg zuhielt?

Der Mann am Ruder vermied es, dem Feuer des großen Leuchtturms zu nahe zu kommen, dann legte er an. Mit geschickten Handgriffen vertäute er sein Boot, bevor er mit einem unhandlichen Bündel über der Schulter die Leiter hinaufkletterte.

War es ein Sack? Ein Teppich? Im Dunkeln war das nicht zu entscheiden. Den Wachtposten schien er nur ein gewöhnlicher

Fischer zu sein, der nach einem langen Tag auf See spätabends zurückgekehrt war.

Lautlos wie ein Schatten bewegte sich der Mann die Kaimauer entlang, dann überquerte er das Hafengelände, ehe er sich nach Süden wandte und durch das große Tor in der Palastmauer im Garten des Palasts verschwand.

Dort setzte er im Schutz der Palmen seinen Weg fort. Eine Katze huschte über den Weg, ihre Augen funkelten im Dunkeln. Im Unterholz plapperte ein Affe vor sich hin.

Kein Wachtposten hielt ihn auf. Niemand fragte, was er hier zu suchen habe.

Dann überquerte er – das große Bündel über seiner Schulter fest in den Händen – einen weiten Innenhof, das leise *Platsch-Platsch-Platsch* seiner Füße auf dem Mosaikboden schien ungehört zu verhallen. Ein weiterer Garten, ein weiterer Hof – dann blieb er vor einer prächtigen Villa stehen.

Kurz war er im Mondlicht besser zu erkennen – er schien jemandem etwas zuzuraunen. Doch es war niemand zu sehen.

Er gab sich einen Ruck, eilte die Stufen hinauf, stieß die Flügeltüren auf – und war verschwunden.

▪

Im Inneren des Gebäudes saß, bei flackerndem Kerzenlicht in Gedanken versunken, ein großer, hagerer Mann mit lichtem Haar und harten, kantigen Gesichtszügen. In fast jedem Winkel der mediterranen Welt kannte und fürchtete man seinen Namen.

Julias Cäsar war vor wenigen Tagen mit einer kleinen Kompanie des römischen Heeres in Ägypten gelandet. Doch er war noch gar nicht richtig von Bord gewesen, da hatte bereits alles schiefzugehen begonnen, was schiefgehen konnte.

Cäsars Soldaten kontrollierten zwar den Palast, doch letztlich waren sie eingekreist. Für die Einheimischen waren die Römer Eindringlinge – und die Spannungen wuchsen von Tag zu Tag. Und jetzt, da er im schummrigen Licht so vor sich hin starrte, fühlte er etwas in seinem Nacken.

Angst.

Plötzlich nahm er eine Bewegung wahr. Er blickte auf – und sah zu seinem Erstaunen einen Fremden in der Tür stehen, der ein Bündel über der Schulter trug.

Der Mann aus dem Boot sagte kein Wort. Als Cäsar aufsprang, kniete der Fremde bereits. Mit sanften, fast liebevollen Bewegungen breitete er das Bündel auf dem Boden aus und trat zurück.

Dem römischen Feldherrn fiel die Kinnlade herunter.

Im Schein der Kerzen begann sich das Bündel vor seinen Augen zu öffnen, und aus dem Stoff schälte sich, wie Phönix aus der Asche, *eine junge Frau.*

Auf ihrer Stirn funkelte ein Stern – ein königliches Diadem, gehalten von einem schneeweißen Band. Und als sie sich anmutig erhob, umspielte ein vielsagendes Lächeln ihre Lippen.

In den langen Jahren seines abenteuerlichen Lebens hatte Julius Cäsar schon vieles gesehen. Das hier jedoch war neu.

Die Frau lächelte. »Seid gegrüßt, Feldherr«, sagte sie mit sanfter Stimme. »Ich bin Kleopatra.«

Inzwischen sind mehr als zweitausend Jahre vergangen, seit sich Kleopatra dem Teppich entwand, um Julius Cäsar zu begrüßen. Doch es bleibt einer der fesselndsten Augenblicke der Weltgeschichte.

Auf der einen Seite der kampferprobteste Heeresführer der römischen Welt, ein Mann von unbeugsamem Willen, der ganze Königreiche in die Knie gezwungen hatte.

Auf der anderen Seite eine zierliche junge Frau von nur einundzwanzig Jahren: Kleopatra VII., die Herrin von Ober- und Unterägypten, die letzte Pharaonin, die »Vaterliebende«, wie sie sich auch nannte. Eine Frau von außerordentlicher Klugheit und großem Charme, deren Name noch heute gleichbedeutend ist mit Glanz, Schönheit, Mut und Ehrgeiz.

Und obwohl Kleopatra in einer Welt lebte, die mit unserer scheinbar nichts zu tun hat, berührt uns das beispiellose Drama ihres Lebens noch immer – und inspirierte vor Jahrhunderten Shakespeare und heute die Macher von Videospielen.

Im Jahr 69 v. Chr. in Alexandria geboren – der Hauptstadt Ägyptens, einer Metropole des Vergnügens und der Philosophie, deren Straßen mit Wein und Blut getränkt waren –, war sie die letzte Königin einer schillernden Dynastie.

Sie entstammte einer Familie makedonischer Abenteurer, die mit Alexander dem Großen nach Ägypten gekommen waren. Sie sprachen Griechisch und pflegten griechische Bräuche, und in ihren Marmortempeln beteten sie zu den Göttern des Olymp – Zeus und Hera, Apollon und Athene.

Doch auf den staubigen Feldern und in den schlammigen Dörfern entlang des Nils folgten die Bauern ihren eigenen, uralten Traditionen. Sie verehrten die Götter Ägyptens – Isis und Osiris, Horus und Set –, wie es ihre Vorfahren seit Jahrhunderten getan hatten.

Es war eine magische, rätselhafte Welt, eine Welt orientalischer Gerüche und Gewürze. Und es war eine Welt, die es bald nicht mehr geben würde.

Als die kleine Kleopatra laufen lernte, waren die Mysterien Ägyptens und die Ruhmestaten Griechenlands bereits dabei, in Vergessenheit zu geraten. Auf der anderen Seite des Meeres erhob sich eine neue Weltmacht: die erbarmungslose Kriegsmaschinerie der Römischen Republik.

Kleopatras Schicksal war von Anfang an untrennbar mit dem Vormarsch Roms verknüpft. Sie wurde zur Pharaonin, als sie noch fast ein Kind war, und kämpfte wie eine Löwin, um ihr Heimatland zu verteidigen. Doch während alldem kamen die Wölfe unerbittlich näher.

Unter ihnen befanden sich einige der draufgängerischsten Kämpfer und listigsten Verschwörer der Geschichte. Pompeius der Große, Julius Cäsar, Marcus Antonius, Octavian … Ihre Namen hallen immer noch nach und sind zu Symbolen für die Gier und das Machtstreben der neuen römischen Weltordnung geworden.

Doch der Name *Kleopatra* – Königin und Göttin vom Nil, deren Traum von einem Imperium fast Wirklichkeit geworden wäre, aber auch Frau aus Fleisch und Blut, Tochter, Schwester, Mutter – überstrahlt sie alle.

Aber wir wollen der Geschichte nicht vorgreifen. Lassen wir Cäsar und Kleopatra in den Palastgärten des Spätsommers 48 v. Chr. nun allein und kehren wir zu den Abenteuern ihrer Kindheit zurück – in eine von Angst und Hass heimgesuchte Stadt.

Und beginnen wir mit einer Szene, in der allen, die sich schon einmal mit Kleopatras Geschichte beschäftigt haben, einiges bekannt vorkommen dürfte. Ein Mädchen, ein Grabmal und eine Schlange …

TEIL EINS

BLUTSBANDE

1

Das Mädchen am Grabmal

Hier, im Dunkeln, ruhte die Schlange – zusammengerollt an einem ihrer Lieblingsplätze auf dem steinernen Fußboden. Nur wenige Schritte entfernt schlief der Gott unter einer Platte aus durchscheinendem Alabaster.

Der Schlange waren Götter und Helden gleichgültig. Sie interessierte sich nur für das Sonnenlicht, das manchmal durch die Ritzen in den Wänden drang, und für die Mäuse und Eidechsen, die über den Boden der Grabkammer huschten.

Nichts anderes zählte. Der Aufstieg und Niedergang von Imperien, das blutige Geschick von Königen und Feldherrn, die ehrgeizigen Ziele von Königinnen und Prinzessinnen – das alles bedeutete der Schlange nichts.

Doch jetzt schreckte sie plötzlich auf. Etwas stimmte nicht. Eine kaum wahrnehmbare Bewegung. Schritte.

Eine Fackel flammte auf und in der Tür zeichneten sich die Umrisse einer Gestalt ab.

Es war ein Mädchen, klein und zierlich, in einer Leinentunika und Ledersandalen. Für einen Moment verharrte sie unsicher in der Türöffnung. Sie starrte die Schlange an und die Schlange starrte zurück.

Dann bewegte sich das Mädchen flink und entschlossen. Sie sprang so schnell an der Schlange vorbei, dass diese nicht einmal dazu kam, ihren Kopf zu heben und ihre Zähne zu zeigen. Schon war das Mädchen wieder verschwunden.

Im nächsten Moment stand das Mädchen vor dem steinernen Grab. Sie leuchtete mit der Fackel über die Alabasterplatte und betrachtete ehrfürchtig die schemenhafte Gestalt darunter.

■

Der Name des Mädchens war Kleopatra – in ihrem eigenen Alphabet: *Κλεοπάτρα*. Seit Generationen bekamen Mädchen in ihrer Familie diesen Namen. Er bedeutete »Ruhm ihres Vaters«.

Kleopatra war fast elf Jahre alt und ziemlich klein für ihr Alter. Der Schein der Fackel fiel jetzt auf ihre hohe Stirn, ihr entschlossenes Kinn, ihre bronzefarbene Haut und ihr aufgewecktes, intelligentes Gesicht.

Ihre großen Augen mit den schweren Lidern waren tief und dunkel. Ihr dichtes, schwarzes Haar trug sie geflochten und zurückgebunden. Ein paar Locken fielen ihr auf die Stirn, wie sie es bei den modebewussten Damen am Hof ihres Vaters gesehen hatte.

Wenn sie sich in ihrem bronzenen Spiegel betrachtete, musste sie sich eingestehen, dass sie keine besondere Schönheit war.

Manchmal wünschte sie sich, die Götter hätten sie mit einem etwas weniger auffälligen Kinn bedacht, und ihre ältere Schwester zog sie ständig wegen ihrer Nase auf.

Doch das machte ihr nichts aus. Kleopatra wusste, dass es auf andere Dinge ankam.

Sie war ein Mädchen, das auffiel. An das man sich erinnerte. Sie wusste, wie man andere Menschen bezauberte, wie man sie zum Lachen brachte und sie für sich gewann.

Sie war in den frühen Monaten des Jahres 69 v. Chr. zur Welt gekommen, in der Stadt Alexandria im Königreich Ägypten. Sie war eine Prinzessin aus dem Geschlecht der Ptolemäer, der reichsten und berühmtesten Familie der Welt.

Ihr Vater war der zwölfte Ptolemäer, der als Pharao – oder König – über Ägypten herrschte. Sie kannte all seine Titel und Beinamen auswendig: Ptolemaios XII., der neue Dionysos, König beider Länder, der jugendliche Horus, geliebt von Ptah und Isis, auserwählt von der Sonne, Erbe des Erlösers, das Entzücken im Herzen Amuns …

Für die meisten Einwohner Alexandrias war er aber einfach »Auletes« – der Flötenspieler – wegen seiner Begeisterung für musikalische Wettbewerbe und Feste an seinem Hof. Wenn man direkt mit ihm sprach, benutzte man diesen Namen aber besser nicht.

Kleopatra war das zweite von fünf Kindern, und manche sagten, sie sei ihm von allen die Liebste. Zweifellos fühlte sie sich ihrem Vater näher als ihrer Mutter, einer schüchternen und nervösen Frau, die nur selten die königlichen Gemächer verließ.*

Beim Gedanken an ihre Mutter, die gerade im Palast schlief, konnte sich Kleopatra ein Lächeln nicht verkneifen. Ihre Mutter hätte so etwas nie gewagt!

Kleopatra hatte ihr mitternächtliches Abenteuer bis ins letzte Detail geplant. Sie war schon öfter in der Grabkammer gewesen, aber immer nur zusammen mit ihren Eltern, ihren Schwestern und einer ganzen Armee königlicher Leibwächter.

Seit sie ein kleines Mädchen war, hatte sie davon geträumt, dem Gott ganz allein einen Besuch abzustatten, um ihn in Ruhe betrachten zu können – ohne die Horde von Dienern und Wachen. Nur sie beide: der größte Held, der je gelebt hatte, und das Mädchen, das sein Andenken ehrte.

Sich aus dem Palast zu schleichen, war der einfachste Teil gewesen. Sie hatte bis Mitternacht gewartet, um sicherzugehen, dass ihre Schwestern tief und fest schliefen, war aus dem Fenster geklettert und hatte sich im Schatten der Palastmauern an den Wachen vorbeigeschlichen.

Die Königsgräber befanden sich in unmittelbarer Nähe des Palastes. Es hatte sie also nicht viel Zeit gekostet, dorthin zu

* Aufgrund der spärlichen Zeugnisse weiß die Geschichtswissenschaft fast nichts über Kleopatras Mutter. Manche gehen davon aus, dass sie gebürtige Ägypterin war, was ich aber für unwahrscheinlich halte. Sie entstammte mit ziemlicher Gewissheit derselben makedonischen Dynastie.

gelangen. Doch Alexandria bei Nacht war nicht gerade der geeignete Ort für ein kleines Mädchen, vor allem wenn gerade ein religiöses Fest im Gange war und die Stadt voll ausgelassen Feiernder.

Sich an den Wächtern der Grabanlagen vorbeizustehlen, war die größte Herausforderung gewesen. Eine Ewigkeit hatte sie im Dunkeln ausgeharrt.

Dann hatte das Schicksal ihr zugelächelt. Etwas weiter weg torkelten ein paar Mädchen mit einer Flasche Wein die Straße hinunter und prusteten vor Lachen. Sie riefen den Wachen zu, ob sie nicht auf einen Schluck herüberkommen wollten, worauf sich diese nicht lange bitten ließen – und Kleopatra nutzte ihre Chance.

Jetzt, im Schein der Fackel, glühte ihr Gesicht vor Aufregung. Sie wusste, dass ihr wahrscheinlich nicht viel Zeit blieb, und ihr Herz pochte heftig.

Sie hielt die Fackel näher und legte ihre Hand auf das steinerne Grab. Dann flüsterte sie – fast unhörbar – seinen Namen.

Alexander.

▪

Alexander starrte sie durch den milchigen Alabaster mit kalten, leeren Augen an.

Für Kleopatra war er mehr als nur ein großer Pharao. Er war ein Krieger, ein Held, König der Könige und Sohn des Zeus. Es war Alexander, der ihre Vorfahren nach Ägypten gebracht hatte;

Alexander, der diese Stadt gegründet hatte. Alles, was sie besaßen, verdankten sie ihm.

Kleopatra hatte die Geschichte schon tausendmal gehört. Vor dreihundert Jahren war Alexander in Makedonien – einem wilden, zerklüfteten Land voller Wälder und Berge – auf die Welt gekommen. Nachdem er im Alter von zwanzig Jahren König geworden war, hatte er seine Männer über das Meer geführt, um Krieg gegen den großen König von Persien zu führen, und eine Schlacht nach der anderen gewonnen.

Nach seiner Ankunft in Ägypten war er zum *Herrn über beide Länder** gekrönt worden, Erbe des Horus, geliebt von Amun. Er hatte die Wüste durchquert, um das geheimnisvolle Orakel von Siwa zu befragen. Es hatte ihm offenbart, dass er der Sohn des Gottes Zeus-Amun war.

Danach hatte er seine Reise fortgesetzt, war auf die sagenumwobenen Amazonen gestoßen, hatte die wunderschöne Roxana geheiratet und seine Männer in das afghanische Gebirge und bis zu den Flüssen Indiens geführt.

Nachdem Alexander gestorben war, vom Schicksal niedergestreckt mit gerade mal zweiunddreißig Jahren, fielen seine Freunde übereinander her. Sein Traum eines weltumspannenden Imperiums schien mit Alexander gestorben, als seine Gefährten noch um die Beute stritten.

---

* Ober- und Unterägypten

Doch einer der makedonischen Anführer dachte schneller als seine Rivalen: Alexanders Kindheitsfreund Ptolemaios, Kleopatras Ur-Ur-Ur-Ur-Ur-Urgroßvater.

Ptolemaios war Alexander während all ihrer Abenteuer nie von der Seite gewichen. Scharfsinnig und klug wie er war, kehrte er nach dem Tod seines Freundes auf schnellstem Weg nach Ägypten zurück.

Ptolemaios hatte als einziger von Alexanders Heerführern begriffen, dass Ägypten die wertvollste Trophäe von allen war. Und – nicht minder wichtig – Ägypten war am leichtesten zu verteidigen, weil seine riesigen Wüsten einen natürlichen Schutz gegen einfallende Armeen boten.

So hatte sich Ptolemaios in der alten ägyptischen Hauptstadt Memphis selbst zum König und Pharao gekrönt. Er hatte sich zum Erben Alexanders erklärt und die Leute glaubten ihm. Kleopatra wusste, dass ihr Urahn als Zeichen für die Gunst Alexanders das Kostbarste mitgebracht hatte, das man sich nur vorstellen konnte – *den Leichnam seines alten Freundes.*

Nach Alexanders Tod war dessen Leichnam einbalsamiert worden, damit er, in eine Mumie verwandelt, seine Heimreise antreten konnte. Ptolemaios hatte den Leichenzug zurück nach Makedonien jedoch von seinen Männern abfangen lassen und den Leichnam kurzerhand nach Ägypten mitgenommen.

Hier hatte Alexander seine letzte Ruhe gefunden, in der Stadt, die seinen Namen trug, in einer nach Weihrauch duftenden Kammer im Herzen der königlichen Grabanlagen – kein gewöhnlicher Mann mehr, sondern einer der Unsterblichen. Jahr für Jahr kamen Tausende von Pilgern, um ihm ihren Respekt zu bekunden. Kleopatras Vater war der Zeremonienmeister bei den Ritualen zu Ehren des großen Gottkönigs.

Und jetzt, in der Stille der Nacht, hatte ihn Kleopatra ganz für sich allein.

■

Sie wusste nicht, wie lange sie schon hier gestanden hatte, eine Hand am steinernen Sarkophag, den Blick auf die mumifizierte Gestalt unter der dünnen Alabasterplatte fixiert.

Vor ihrem inneren Auge sah sie einen Jungen mit zerzausten Haaren, der auf dem Rücken eines prächtigen schwarzen Hengstes saß. Sie sah eine riesige Flotte, die sich auf glitzernden Wellen bis zum Horizont erstreckte; einen Krieger, der seinen schimmernden Speer schleuderte; Männer, die durch den Wüstensand taumelten.

Die Fackel flackerte. Das Licht tanzte auf dem Stein, und für einen Moment bildete sich Kleopatra ein, Alexander hätte sich bewegt.

Sie spürte das Blut in ihrem Kopf pochen.

Wenn er sie jetzt sehen könnte, was würde er dann über sie denken? Und was würde er von dem Königreich halten, über das ihre Familie herrschte?

Als Nachfahren von Ptolemaios regierte ihre Familie seit drei Jahrhunderten die beiden Länder, Unter- und Oberägypten.

Andere Imperien waren aufgestiegen und gefallen, doch ihres hatte überdauert, das reichste Land der Erde.

Als Pharao hatte Ptolemaios Ägypten dann zu einer gefürchteten Macht gemacht. Er hatte eine Flotte bauen lassen und die Insel Zypern erobert. Er hatte die Grenzen des Reichs nach Norden bis zur syrischen Küste ausgedehnt, nach Westen bis in die Wüstengebiete Lybiens und nach Süden bis nach Nubien, das so reich an Gold und Elefanten war.

Als Ptolemaios dann mit weit über achtzig friedlich in seinem Bett starb, ging die Krone auf seinen Sohn über. Dieser Ptolemaios baute auf den Fundamenten seines Vaters auf und verwandelte Alexandria in die größte Stadt der Welt, berühmt für ihren geschäftigen Hafen, ihr Museum, ihre riesige Bibliothek und ihren gigantischen Leuchtturm.

Auf ihn folgte wieder ein Ptolemaios, dann noch einer – und so weiter bis zu Kleopatras Vater, dem zwölften in dieser Linie. Niemand fand es seltsam, dass sie alle Ptolemaios hießen. Es ging darum, die Menschen nicht vergessen zu lassen, dass die ägyptischen Herrscher aus dem Geschlecht der Ptolemäer alle von dem berühmten makedonischen Feldherrn abstammten, der mit seinem Freund Alexander die ganze Welt erobert hatte.

Doch die Ptolemäer hatten eine merkwürdige Angewohnheit: Sie heirateten nie außerhalb ihrer Familie, sondern stets ihre Schwestern. Ptolemaios II. hatte damit begonnen, indem er seine ältere Schwester Arsinoë zur Frau nahm.

Die Leute waren darüber entsetzt, weil dies in ihren Augen

gegen alle Gesetze der Natur verstieß. Andere hielten dagegen, Ptolemaios sei schließlich ein Gott wie Alexander und könne tun und lassen, was ihm gefalle. Hatte Zeus, der Göttervater, nicht seine Schwester Hera geheiratet? Warum sollte also nicht auch Ptolemaios II., König von Ägypten, seine Schwester heiraten?

In mancherlei Hinsicht brachten die Geschwisterehen auch Vorteile mit sich. Die Ptolemäer waren Makedonier, die ein fremdes Land regierten, dessen Sprache sie nicht beherrschten. Indem sie untereinander heirateten, blieben sie ihrer Abstammungslinie treu. Das stärkte das Zusammengehörigkeitsgefühl der Makedonier und verhinderte, dass jemand, der nicht zu ihrer Familie gehörte, jemals den Thron besteigen könnte.

Natürlich führten diese Geschwisterehen zu einem unglaublich verwirrenden Stammbaum – und zu brennender Eifersucht und erbitterter Rivalität. Im Laufe der Jahrhunderte wurden die Ptolemäer berüchtigt für ihre grausamen Familienfehden. Söhne wandten sich gegen ihre Mütter, Schwestern gegen ihre Brüder. Es war ein endloser Kreislauf aus Verschwörungen und Verrat.

Das krasseste Beispiel ist Ptolemaios VIII., der von seinen Untertanen den Spitznamen »Physkon« (Fettsack) erhielt. Während seiner blutrünstigen Herrschaft nahm er seine Schwester zur Frau, die zuvor mit einem anderen Bruder verheiratet gewesen war. Danach heiratete er auch seine Tochter, die nun zugleich seine Nichte, seine Schwiegertochter und seine Frau war.

Konnte das gut gehen? Nein. Als seine Frau sich bei ihm beschwerte, bestrafte er sie, indem er ihren vierzehnjährigen Sohn in Stücke hacken und ihr diese als Geburtstagsgeschenk schicken ließ. Sie rächte sich an ihm, indem sie die blutigen Überreste ihres Sohnes öffentlich zur Schau stellte. Die Einwohner Alexandrias liefen vor Wut Amok.

Ptolemaios VIII. und seine Frauen waren natürlich längst tot, doch Kleopatra betrachtete sein Leben als eine Warnung.

Sie war in unvergleichlichem Reichtum aufgewachsen, in einer Welt aus Marmor und Mosaiken, Perlen und Smaragden, Gold und Elfenbein. Doch Kleopatra wusste, dass der Hof der Ptolemäer ein gefährlicher Ort war und ein einziger Fehler ein furchtbares Ende bedeuten konnte.

Manchmal hörte sie Stimmen, die sich in versteckten Winkeln des Palastes etwas zuraunten. Sie hatte Männer seltsame Blicke tauschen gesehen, wenn ihr Vater gerade woanders hinsah. Und erst kürzlich hatte sie etwas bemerkt, das ihr einen kalten Schauer über den Rücken gejagt hatte.

Ihre ältere Schwester Berenike war achtzehn Jahre alt und eine stolze junge Frau. Berenike hatte daraus, dass sie von ihrem Vater genervt war, nie einen Hehl gemacht, hatte hinter seinem Rücken oft gestöhnt und die Augen verdreht.

Vor ein paar Tagen hatte Kleopatra während eines festlichen Abendessens im großen Marmorsaal beobachtet, wie Berenike ihren Vater angestarrt hatte. Aber nicht so, wie genervte Jugendliche ihre Eltern eben manchmal anstarren. In ihrem Blick hatte Hass gelegen – Hass, so kalt wie der Tod.

■

Die Fackel loderte auf, flackerte und erlosch.

Kleopatra erstarrte. Sie war allein im Dunkeln – mit der Schlange.

Im nächsten Moment hörte sie ein Geräusch. Das Knirschen von Stiefeln auf sandigem Boden, und die Schritte kamen immer näher …

Sie reagierte schnell. Mit der Anmut einer Gazelle huschte sie an der Schlange vorbei und drückte sich gegen die Wand.

Zwei Wachen marschierten zur Tür herein. Sie hoben ihre Fackeln. Die Griffe ihrer Schwerter schimmerten im Halbdunkel. Sie hatten nur Augen für Alexander.

Kleopatra hielt die Luft an und rührte sich nicht. Die Männer traten näher an das Grab heran. Fast beiläufig zog einer von ihnen sein Schwert und schob die Schlange zur Seite.

In diesem Moment, mit der Wucht einer Explosion, setzte sich Kleopatra in Bewegung. Sie stieß sich von der Wand ab, stürzte durch die offene Tür und raste den steinernen Korridor hinunter, den Blick nur nach vorne gerichtet.

Gerade als sie sich fragte, ob dieser Korridor denn nie aufhörte, war sie in der äußeren Kammer – und schon wieder an einer Kompanie Wachen vorbei. Sie stolperte durch den Eingang, hastete die Treppe hinunter, dann linksrum die Straße entlang. Noch eine Ecke, noch eine Straße, und um diese Ecke da vorne noch …

Und … *durchatmen.*

Kleopatra sank auf dem Pflaster zusammen und lachte erleichtert auf. Jetzt würden die Wachen sie bestimmt nicht mehr erwischen! Sie musste jetzt nur noch zurück in den Palast, dann war sie in Sicherheit.

Für einen Moment lehnte sie ihren Rücken gegen den Sockel einer Statue. Sie sog die Luft tief in ihre Lungen, bis sie ihre Kräfte zurückkehren fühlte. Dann rappelte sie sich auf und ließ ihren Blick schweifen, um sich zu orientieren.

Der Morgen dämmerte bereits. Weit im Osten, über dem drückend heißen Nildelta, sickerte das Rosa und Gelb des Morgens in die samtige Schwärze der Nacht.

In dieser frühen Stunde erwachte Alexandria bereits zum Leben. Kleopatras Lehrer hatten ihr erzählt, dass die Stadt niemals schliefe, und als sie sich nun umsah, wurde ihr klar, was sie damit meinten.

Die ersten Karren rumpelten die Straße hinunter. Eine Gruppe von Seeleuten schwankte betrunken um die Ecke, wahrscheinlich auf dem Weg zurück zum Hafen. Ihnen folgte eine Kolonne von Söldnern, ihre Gesichter von roten Narben übersät, zweifellos Männer ihres Vaters.

Auf der anderen Seite der großen Kanopischen Straße waren die Kichererbsenverkäufer gerade dabei, ihre Stände aufzubauen. Ein paar Schritte entfernt pickten schwarz-weiße Ibisse* nach Krümeln.

---

* Ein Ibis ähnelt einem Storch und hat enorm lange Beine. Der griechische Geschichtsschreiber Strabo berichtet, dass Alexandria stets voll von Ibissen gewesen sei, die nach Essensresten suchten.

Im morgendlichen Zwielicht nahm Kleopatra bereits die allgegenwärtige Hitze der Stadt war – und ihre Gerüche. Die salzige Brise des Meeres, die Gewürze des Marktes, der Schweiß einer halben Million Männer, Frauen und Kinder aus allen Teilen der bekannten Welt.

Kleopatras Lehrer wurden nie müde zu betonen, dass Alexandria die Stadt Alexanders sei. Er hatte diesen Ort an der Mittelmeerküste selbst ausgewählt, mit dem Mareotis-See im Süden und einem Arm des Nils ein paar Kilometer Richtung Osten.

Der Legende zufolge hatte der Gottkönig selbst die ersten Pläne für die Stadt in den Sand gezeichnet. Und in den Jahren, die folgten, hatten die Ptolemäer ein Vermögen ausgegeben, um diese Pläne Wirklichkeit werden zu lassen.

Aus ganz Griechenland waren Architekten und Seeleute, Kaufmänner und Erfinder geholt worden. Hirten aus dem ägyptischen Buschland waren in die Stadt geströmt, in der Hoffnung, dort Arbeit als Träger oder Hafenarbeiter zu finden. Derweil stampften die Bautrupps ein rechtwinkliges Netz aus Straßen und Säulengängen aus dem Boden, ein weiß schimmerndes antikes Manhattan aus Kalkstein – mit Badehäusern, Theatern, Tempeln und Geschäften.

Den meisten Menschen erschien Alexandria wie ein Wunder. »Viele sahen in ihr die erste Stadt der zivilisierten Welt«, schrieb ein griechischer Besucher. »Allen anderen weit voraus an Eleganz, Größe, Reichtum und Luxus.«

Doch war Alexandria nicht nur eine Stadt der Schönheit und

des Wissens, der Politik und des Vergnügens. Es war auch eine Stadt voller Gewalt und Zauberei, in der es Giftmischern, Wahrsagern, hartgesottenen Dieben und Auftragsmördern niemals langweilig wurde.

Die Leute kamen nach Alexandria, um die Welt zu sehen und ihr Glück zu machen. Der eine verließ die Stadt mit Gold genug fürs ganze Leben – der andere auf einem Karren mit einem Messer zwischen den Rippen.

Eine Zeit lang saß Kleopatra dort einfach so da, unbemerkt inmitten des geschäftigen Treibens und gebannt vom Schauspiel der erwachenden Stadt.

Ihre scharfen dunklen Augen nahmen alles in sich auf. Sie sah jüdische Kaufleute, die aus den Vororten im Osten in die Stadt strömten und angeregt in ihrer Muttersprache miteinander plauderten. Sie sah ägyptische Bauarbeiter, die aus der entgegengesetzten Richtung kamen, harte, wettergegerbte Männer, die herzhaft über ihre derben Witze lachten.

Sie sah Katzen, die über die Dächer der Säulengänge spazierten, und Affen, die schnatternd um ihr Futter kämpften. Sie sah mächtige, rosa schimmernde Sphinx-Statuen, hoch aufragende, von Falken und Habichten gekrönte Marmorsäulen, die riesigen Krokodil-Götter und kalt und ernst dreinblickende Pharaonen.

Sie sah die Gelehrten auf dem Weg in die Bibliothek, die Botschafter, die Neuigkeiten austauschten, die gerade übers Meer hereingekommen waren, die Träger, die sich unter ihrer

Last zusammenkrümmten, die Sklavinnen, die zu den Märkten der Stadt eilten …

Und während sie dort saß, ihr Gesicht in der Sonne, fielen Kleopatra allmählich die Augen zu. Nach ihrem mitternächtlichen Abenteuer überfiel sie nun eine bleierne Müdigkeit.

Doch plötzlich schreckte sie auf. Was um alles in der Welt dachte sie sich nur dabei? Die Sonne ging bereits auf, auch der Palast erwachte zum Leben, und sie musste zurück sein, bevor irgendjemand ihre Abwesenheit bemerkte. Wenn ihr Vater herausbekam, dass sie sich ohne Leibwächter davongeschlichen hatte, würde er fuchsteufelswild werden.

Während sie mühsam auf die Beine kam, fiel ihr Blick auf einen Mann auf der anderen Straßenseite, der sie anstarrte, als würde er sie kennen. Erschrocken rannte sie los. Nun drehten sich auch andere Leute zu ihr um, verwundert darüber, so ein junges Mädchen in aller Frühe durch die Straßen hasten zu sehen.

Kleopatra jagte mit wild pochendem Herzen dem Palast entgegen und hoffte inständig, dass sie noch früh genug dran sein würde. Doch als sie um die letzte Ecke spurtete, sah sie sofort, dass ihre Hoffnung sich nicht erfüllen würde.

Direkt vor ihr, auf den Stufen des Palastes, wartete bereits ein kleines Grüppchen. Das erste Gesicht, das sie erkannte, war das von Berenike – ihr schönstes selbstzufriedenes Lächeln auf den Lippen.

Neben ihr die vierjährige Arsinoë, die sich an die Hand ihrer Mutter klammerte. Dann die zwei kleinen Jungs – der zweijährige Ptolemaios senior, dicklich und selbstgefällig, und der winzige Ptolemaios junior, der sich in die Arme seiner Amme schmiegte und schon zu weinen begann.

Und über allen thronte ihr Vater, flankiert von seinen Wachen, das funkelnde königliche Diadem auf der Stirn.

Kleopatra warf ihm einen flehentlichen Blick zu, doch das Gesicht des Pharaos war wie versteinert und er schüttelte nur langsam den Kopf.

■

Kleopatra hatten den Tag unter strengstem Hausarrest verbracht. Jetzt, am Abend, stand sie gedankenverloren an ihrem Fenster und sah hinaus.

Ihr Blick wanderte über die Skyline – von der großen Bibliothek, wo die Gelehrten bei Kerzenlicht sicher immer noch arbeiteten, zum Hippodrom, in dem ihr Vater zur Unterhaltung der Massen Wagenrennen veranstaltete. Sie blickte zu den Docks und Lagerhäusern hinüber, wo immer noch Schiffe entladen wurden. Dahinter lag die Insel Pharos, die mit dem Festland durch einen langen Damm verbunden war.

Darüber, strahlend wie die Sonne, sah sie die Fackel des weißen Leuchtturms, die von einer Zeus-Statue gehalten wurde.*

---

* Der Leuchtturm von Alexandria gilt als eines der sieben Weltwunder der Antike. Er wurde während der Regentschaft von Ptolemaios II. erbaut und hatte über tausend Jahre Bestand, bis er schließlich einem Erdbeben zum Opfer fiel.

Weit draußen auf dem Meer, so sagten ihre Lehrer, würden die Seeleute bereits nach dem Leuchtfeuer Ausschau halten und zu den Göttern beten, sie sicher nach Hause zu bringen.

Kleopatra sah all diese Dinge, doch mit ihren Gedanken war sie ganz woanders: bei Alexander, mit dem sie Seite an Seite in die Schlacht ritt; Berge bestieg und Wüsten durchquerte; ihre Truppen nach vorne trieb und ein Weltreich schuf, das tausend Jahre überdauerte.

Die Sonne, die sich blutrot vom Himmel abhob, neigte sich dem Horizont entgegen. Das Zwitschern der Vögel verklang ebenso wie der Lärm der Straßen. Schatten krochen über das Wasser des Hafenbeckens.

Als die Stadt schon lange schlief, stand Kleopatra immer noch am Fenster, allein im Dunkeln, versunken in ihre Träume von Ruhm und Ehre.

2

Die Götter von Memphis

Wenige Wochen nach Kleopatras mitternächtlichem Abenteuer rief sie ihr Vater in seine Privatgemächer.

Es war früh am Morgen und Kleopatra hatte noch nicht gefrühstückt. Sie stand dort eine gefühlte Ewigkeit, starrte auf das Teppichmuster und wurde immer hungriger.

Ihr Vater stand zusammen mit einem dicht gedrängten Pulk Berater über einen Tisch voller Schriftrollen gebeugt und murmelte irgendetwas von einer Insel irgendwo, die irgendwann mal ihren Vorfahren gehört hatte. Schließlich wurde es Kleopatra zu langweilig, fortwährend auf ihre Füße zu starren, und sie begann, sich mit kaum verborgener Neugier in dem Raum umzusehen.

Im Arbeitszimmer ihres Vaters gab es so einiges zu sehen: Die Decke war mit Edelsteinen verziert, sein Schreibtisch bestand aus kostbarem Zedernholz, und die Wandmosaike hatten wertvolle Gold- und Glaseinlagen. Selbst die Blumen dufteten betörender als alle, die sie kannte.

Schließlich stand ihr Vater auf und trat ans Fenster, während seine Berater rasch die Papiere einsammelten und sich unter zahlreichen Verbeugungen und Ehrbezeugungen aus dem Zimmer zurückzogen.

Für einen Moment sprach ihr Vater kein Wort, sondern blickte schweigend auf die Stadt. Dann drehte er sich abrupt um.

Sie würden eine Reise antreten, sagte er knapp. Er habe bereits befohlen, ihre Sachen zu packen. Sie solle in einer Stunde bereit sein.

Kleopatra öffnete ihren Mund, um zu protestieren und zu fragen, was denn mit ihrem Frühstück sei.

Doch dann sah sie den Blick ihres Vaters und besann sich eines Besseren.

■

Eine Stunde später glitt die königliche Barke auf den Mareotis-See hinaus. Die Ruderer fielen in ihren Rhythmus und begannen mit heiseren Stimmen ein Lied zu singen. Es dauerte nicht lange und sie erreichten den Kanal, der sie dem Nil entgegenführte.

Obwohl sie ihrem Vater das ausgefallene Frühstück noch nicht ganz verziehen hatte, liebte Kleopatra die Reisen mit der königlichen Barke. Nichts auf der Welt kam ihnen gleich.

Sie war über neunzig Meter lang, bestand aus kunstvoll geschnitztem Holz, Bronze und Elfenbein und war mit großen vergoldeten Statuen von Göttern und Pharaonen verziert. Ihr

Inneres barg neben fünf Speisezimmern mehrere Küchen, Schlafgemächer, eine Bibliothek, einen Raum zur Körperertüchtigung, einen kleinen Garten, ein Badezimmer, Ställe für die Pferde, den griechischen Göttern Dionysos und Aphrodite gewidmete Schreine und sogar ein Aquarium.

Jedes Detail, von den violetten Baldachinen bis zu den verzierten Decken, atmete Macht und Reichtum. Im Grunde war es weniger ein Boot als ein schwimmender Vergnügungspalast.

In seinem Kielwasser befand sich eine kleine Flotte von Versorgungsbooten, die Vorräte und Diener, Sekretäre und Leibwächter transportierten. Der Herr beider Länder überließ nichts dem Zufall.

Sie wandten sich gen Süden, dem großen Fluss entgegen. Die kühlen Säulengänge Alexandrias verschwanden im Dunst.

Die griechische Welt – die Welt der Wissenschaftler und Erfinder, der Theater und Bibliotheken – lag nun hinter ihnen. Als Kleopatra auf dem Deck ihren Blick schweifen ließ, funkelten ihre Augen vor Aufregung. Dies war Ägypten, das wahre Ägypten – alt und geheimnisvoll, voller Magie und Mysterien.

Die Hitze nahm zu. Staubschwaden hingen in der Luft und über dem Wasser des Deltas tummelten sich Tausende Fliegen.

Die Dattelpalmen, die den Fluss säumten, bogen sich unter ihrer Last goldener, reifer Früchte. Nackte Kinder mit brauner Haut liefen am linken Ufer entlang, jubelten und winkten.

Ein Fischer hob die Hand zum Gruß, ein Affe tollte im Schilf herum. Ein Krokodil ließ sich mit erwartungsvoll funkelnden

Augen ins Wasser gleiten. Vom anderen Flussufer warf ein Nilpferd Kleopatra einen grimmigen Blick zu und gähnte dann herzhaft.

So weit das Auge blicken konnte, dehnte sich der Nil vor ihnen aus – bis ins Herz Afrikas.

Die Stunden vergingen. Schließlich verlangsamte sich der Rhythmus der Ruderer, die Sonne versank in den schlafenden Sümpfen, und die Nacht senkte sich über das Nildelta.

Zwei Tage lang setzten sie ihren Weg in Richtung Süden fort.

Nach und nach wich das Sumpfgebiet goldenen Maisfeldern und vereinzelten Gehöften aus Lehmziegeln.

Am dritten Tag ihrer Reise erblickte Kleopatra am westlichen Horizont große, goldene Dreiecke, die sich deutlich vor dem blauen Himmel abzeichneten. Ihr Gesicht leuchtete vor Freude.

»Die Gräber der alten Könige«, sagte ihr Vater leise.

Kleopatra wusste bereits alles über die Pyramiden. Sie war fasziniert von der ägyptischen Geschichte und hatte sogar eines ihrer Dienstmädchen gebeten, ihr Ägyptisch beizubringen – eine Sprache, die für ihre Kompliziertheit berüchtigt war und die keiner aus ihrer Familie je gelernt hatte.

Sie wusste, dass Ägypten ein altes Land war, das älteste der Welt. Fast dreitausend Jahre lang hatten die Pharaonen über die beiden Länder geherrscht. Sie verdankten alles dem Nil, der in weiter Ferne in Afrika entsprang, bevor er sich ins Nildelta auffächerte und ins Mittelmeer mündete.

Für die einfachen Ägypter war der Nil mehr als ein Fluss. Er war der Vater des Lebens und die Mutter aller Menschen. Er versorgte sie mit Lehm für ihre Ziegel und mit Wasser für ihr Getreide, mit Fischen für ihre Mahlzeiten und mit Schilf für ihr Papyrus, eine Art dickes Papier. Jedes Jahr im Spätsommer trat der Nil über seine Ufer und überflutete die Felder. Wenn er sich wieder zurückzog, ließ er die Erde feucht und dunkel zurück und ermöglichte es den ägyptischen Bauern, Gerste, Weizen und Gemüse anzubauen.

Die Segnungen des Nils hatten Ägypten reich gemacht. Seine ersten Könige hatten Dörfer und Städte gebaut, Flotten und Armeen aufgestellt und so eines der ersten Großreiche der Welt geschaffen. Die ersten Pharaonen verfügten über Unmengen von Handwerkern und Sklaven, die sie monumentale Grabstätten errichten ließen – als steinerne Zeugnisse ihres Reichtums und ihrer Macht. Darin ruhten sie dann bis in alle Ewigkeit, umgeben von einem glitzernden Haufen Schätze.

Doch diese Tage waren längst vorbei. Als Kleopatra jetzt, ihre Hand schützend über ihren Augen, die große Pyramide von Gizeh betrachtete, sah sie ein Bauwerk, das bereits über zweitausend Jahre alt war.*

Seitdem hatte sich vieles verändert. So waren zum Beispiel

---

* Kleopatra lebte also näher an unserer heutigen Zeit als an der Zeit des Pharaos Cheops, der die große Pyramide von Gizeh erbauen ließ. Das allein vermittelt uns ein gutes Bild davon, wie alt die ägyptische Kultur ist.

die Ptolemäer, als sie sich in Ägypten niederließen, von Tausenden griechischen Siedlern begleitet worden.

Die meisten Neuankömmlinge waren in Alexandria geblieben, wo sie ihre alten Bräuche pflegen und den Göttern des Olymps huldigen konnten. Einige griechische Soldaten hatten in Fayyum, einer großen, von Menschen geschaffenen und von Nil-Kanälen bewässerten Oase, eigene Höfe gebaut.

Die Bewohner der kleineren Dörfer dort verehrten den Flussgott Sobek, der den Kopf eines Krokodils hatte. In der wichtigsten Stadt am See der Oase (dem Moeris-See) hielten die Priester sogar ein heiliges Krokodil, das mit Juwelen geschmückt war und mit den feinsten Fleischstücken gefüttert wurde. Die griechischen Soldaten nannten diesen Ort Krokodilopolis – Krokodilstadt.

Wenn man von Krokodilopolis nach Süden ritt, hörte man tagelang kein einziges Wort Griechisch. Hier, weit weg von allen größeren Ortschaften oder Städten, führten die ägyptischen Bauern ein Leben, das sich seit dem Zeitalter der Pyramiden kaum geändert hatte.*

Kleopatra stand an der Reling der Barke und blickte hinaus in den Dunst – die antiken Grabmäler waren in der Ferne kaum noch auszumachen. Neugierig betrachtete sie jetzt die einfachen

---

* Schwer zu sagen, wie viele Einwohner Ägypten zur Zeit von Kleopatra hatte. Historiker schätzen die Zahl auf etwa sieben Millionen.

Häuser aus Lehmziegeln und die Kinder, die zwischen den Büschen herumtollten.

Wie sehr sich deren Leben doch von ihrem eigenen unterschied. Wie mochten sie ihre Tage verbringen? Was für Hoffnungen, Ängste, Träume und Albträume hatten sie?

Viele ägyptische Kinder erlebten nicht einmal ihr Teenageralter. Und etwa jedes dritte starb bereits vor seinem ersten Geburtstag an einer der Krankheiten, die am Ufer des Nils grassierten. Wer überlebte (viele schrieben das den magischen Amuletten zu, die man ständig trug), verbrachte einen Großteil seiner Zeit damit, den Eltern bei der Aussaat und Ernte zu helfen. Nur wenige lernten lesen und schreiben und noch wenigere träumten von einem Leben außerhalb ihres Dorfes.

Doch kannten auch sie ihre Vergnügungen. Ägyptische Kinder verbrachten viele Stunden draußen an der Sonne beim Um-die-Wette-Laufen, Schwimmen oder Herumbalgen. Sie kannten Murmeln, spielten Bockspringen oder alberten mit den Tieren der Familie herum; viele waren auch stolze Besitzer von Stoffpuppen oder kleinen Holztieren. Außerdem vertrieben sie sich ihre Zeit mit Brettspielen, von denen das bekannteste *Senet* hieß. Das Spielbrett mit dreißig Feldern sowie zwei Sätze mit Spielfiguren wurden in einem Kasten aufbewahrt.

Wenn sie das Jugendalter erreichten, lernten die Mädchen, zu kochen, zu putzen und den Haushalt zu führen. Die Jungen traten in die Fußstapfen ihrer Väter, wurden Hirten, Bauern, Fischer oder Bauarbeiter.

Doch ganz gleich, wohin ihre Wege sie führten: Nur wenige Ägypter hatten eine Vorstellung von den prächtigen Mosaiken und funkelnden Palästen, die für Kleopatra selbstverständlich waren. Sie kannten nichts als ihr Dorf und ihr Häuschen, mit seinen Lehmziegelwänden und seinem Fußboden aus festgetretener Erde, in dem sich ganze Familien einen einzigen Raum teilten.

Für Kleopatra und ihre Schwestern war hingegen nur das Beste gut genug: die weichsten Gewänder, die elegantesten Sandalen, die ausgefallensten Accessoires. Ihre ägyptischen Untertanen konnten sich nur die einfachsten Umhänge und Tuniken aus Leinen oder Baumwolle leisten. Und die allermeisten Frauen hätten von den Cremes und der Schminke, die Kleopatra jeden Tag benutzte, nicht einmal zu träumen gewagt. Stattdessen färbten sie ihre Haare mit Henna rot und schminkten sich um die Augen schwarz – mit einem Pulver, das Kohl (oder *Kajal*) hieß und aus einem dunklen Stein hergestellt wurde.

Und während Kleopatra den prachtvollsten Goldschmuck trug, den man sich für Geld kaufen konnte, trugen einfache Ägypterinnen schlichte Armreife und Ohrringe, die aus Perlen, Kupfer oder einer Art Keramik (von Archäologen »Ägyptische Fayence« genannt) bestand.

Auch das, was man jeden Tag aß oder trank, hätte unterschiedlicher nicht sein können. Im gesamten Mittelmeerraum staunten die Menschen über die Berichte von den üppigen Banketten der Ptolemäer, bei denen Unmengen Rindfleisch,

Gans, Oktopus und Tintenfisch verzehrt und mit krügeweise gesüßtem Wein heruntergespült wurden.

Die meisten Ägypter mussten sich mit sehr viel einfacheren Mahlzeiten begnügen. Die Bauern aßen mit ihren Fingern und teilten sich Brot, Zwiebeln, Käse und Knoblauch aus einer gemeinsamen Schale, die in ihrer Mitte auf dem Boden stand.

Statt Wein tranken sie eine Art nicht besonders starkes Bier, das vom Aussehen her an einen Milkshake erinnerte. Es war erstaunlich gesund und tatsächlich deutlich gesünder als das Wasser des Nils, das so dreckig und mit Krankheitserregern verseucht war, dass man daran sterben konnte.

Ihren kargen Lebensumständen zum Trotz gab es auch bei den einfachen Ägyptern Zeit für Schönes und für ausgelassenes Zusammensein. Man ging gemeinsam jagen oder segeln oder traf sich zum Geschichtenerzählen, Tanzen oder Singen. Sie stellten eigene Musikinstrumente her – Flöten aus Schilf und einfache Lauten und Leiern aus Holz, die mit Saiten aus Tierdarm bespannt waren.

Die königliche Barke war immer noch nicht an ihrem Ziel. Es war nun spät am Nachmittag und die Sonne sank allmählich dem Horizont entgegen. Als sie durch den Dunst glitten, konnte Kleopatra von weit her über die Felder den schwermütigen Klang der Flöten hören: leise, sanft, fast traurig, als beklagten sie eine sterbende Welt.

Eine Stunde später erreichte die Barke Memphis.

■

Memphis war die älteste und heiligste der alten ägyptischen Hauptstädte. Der Legende zufolge war sie vom allerersten Pharao gegründet worden, der die beiden Länder vereinigte und dort, wo der Nil sich in viele kleine Arme auffächert, eine neue Stadt errichten ließ.

Über Jahrhunderte hinweg war Memphis für seine geschäftigen Märkte und mächtigen Tempel berühmt gewesen. Zu einer Zeit, als man woanders immer noch in der Erde herumwühlte, hatten die Pharaonen, umgeben von ihren Dienern und Priestern, in vergoldeter Pracht gelebt.

Bei der Ankunft Alexanders im Jahr 332 v. Chr. war Memphis immer noch die Hauptstadt Ägyptens. Hier war der junge Abenteurer mit der rot-weißen Doppelkrone, auf der die Symbole der Kobra und des Geiers prangten, gekrönt worden.

Obwohl die Ptolemäer ihre Hauptstadt nach Alexandria verlegt hatten, war Memphis immer noch von Bedeutung. Wer die Seele Ägyptens suchte, der fand sie in der heiligen Stadt, die nach wie vor, auch unter den Ptolemäern, der Ort der Pharaonenkrönung war.

Als Kleopatra nun hinter ihrem Vater an Land trat, weiteten sich erstaunt ihre Augen. Es war ein heißer und stickiger Nachmittag. Ihr Mund war voller Staub und ihr Festgewand schweißnass. Doch sie versuchte, sich nicht das geringste Anzeichen eines Unbehagens anmerken zu lassen. Der Hafen war voller Menschen, die jede ihrer Bewegungen verfolgten.

In vorderster Reihe standen die weiß gekleideten Priester

mit ihren geschorenen Köpfen, dunkel geschminkten Augen und ernsten, verschlossen Gesichtern. Sie verbeugten sich vor dem Pharao, der seinerseits den Kopf neigte.

Die Menge teilte sich und jedem einzelnen darin stand die Neugier ins Gesicht geschrieben. Die königlichen Gäste durchschritten das Spalier und betraten das Labyrinth der Straßen von Memphis. Dampfende Pfützen, Matsch, ein Tempel, eine Rennbahn, noch ein Tempel.

Die Abendsonne brannte auf sie herab, die Luft fühlte sich heißer an als auf dem Fluss. Kleopatra war überwältigt von all dem Licht und all dem Staub, all den Farben und all dem Trubel, den krächzenden Vögeln und kichernden Affen – von allem, das fühlte sie, was das *echte* Ägypten ausmachte.

Sie erreichten eine riesige weiße Tempelanlage, gesäumt von hohen Palmen und bewacht von gewaltigen Statuen Ramses' des Großen. Es handelte sich um eine Ptah dem Schöpfer geweihte Kultstätte, einen der heiligsten Orte in ganz Ägypten. Hier war Kleopatras Vater lange vor ihrer Geburt zum Pharao gekrönt worden.

Für einen Moment stand Kleopatra einfach nur da und starrte durch die großen Tore in das Herz des Heiligtums. Dann blickte sie auf.

Auch ihr Vater war stehen geblieben. Er hatte sich zu ihr umgedreht und betrachtete sie mit nachdenklicher Miene.

■

Am Abend bezogen sie und ihr Vater die königlichen Gemächer, die für ihren Besuch vorbereitet worden waren.

Allzu gern hätte sie sich davongeschlichen, um auf eigene Faust die Basare und Tempel zu erkunden. Doch nach ihrem kleinen Ausflug zum Grab Alexanders hütete sie sich davor, ein weiteres Mal den Zorn ihres Vaters auf sich zu ziehen.

Es bestand ohnehin kaum eine Chance zu entkommen. Die Männer ihres Vaters hatten stets ein Auge auf sie, und ihre Dienerinnen umgaben sie von früh bis spät.

Eines Nachmittags nahm sich ihr Vater eine Pause von den langen Treffen mit den Priestern von Memphis und bat seine Tochter, ihn in den Palastgarten zu begleiten. Für eine Weile sprach er kein Wort, als wäre er tief in seine eigenen Gedanken versunken. Dann begann er zu reden.

Wenn er nicht mehr da sei, würde sie an seiner Stelle herrschen, sagte er, schroffer, als er es vorgehabt hatte. Sie müsse wissen, wie Ägypten funktioniere und wie man diese große Maschine steuere, die ihre Vorfahren erbaut hatten.

Für einen Moment war Kleopatra zu verblüfft, um etwas zu entgegnen.

Was ist mit Berenike?, dachte sie. Was ist mit meinen Brüdern? Doch sie sagte nichts.

Sie müsse sich stets vergegenwärtigen – ihr Vater durchbrach ihre Gedanken –, dass der Pharao für die Ägypter *alles* sei: kein gewöhnlicher Sterblicher, sondern ein Halbgott; der Hohepriester und das Zentrum jeder kultischen Handlung; oberster Befehlshaber der Armee und alleiniger Besitzer des gesamten Landes. Jedes Dorf, jede Stadt und jeder Bauernhof gehöre ihm. Sein Wort gelte uneingeschränkt und seine Macht sei unbegrenzt.

So zumindest die Theorie. Doch die Realität sei natürlich komplizierter. Der Pharao legte die Stirn in Falten und begann, unter den Palmen auf und ab zu laufen.

(Wir nutzen diesen Moment, um uns zu erinnern, dass sich der erste Ptolemaios Ägypten ja hauptsächlich deshalb unter den Nagel gerissen hatte, weil es so ein reiches, fruchtbares Land war. Die nie versiegenden Wasser des Nils machten Ägypten zu einer Gelddruckmaschine – wobei damals natürlich *geprägt* wurde, in diesem Falle Silbermünzen, die Drachmen hießen und aus Alexandria kamen.)

Von Alexandria aus – Kleopatras Vater hatte sich gesammelt – verschiffe man Getreide, Gewürze, ja sogar Papier und Parfum Richtung Westen nach Spanien, Richtung Norden nach Italien und Richtung Osten nach Syrien. Weitere Schiffe legten regelmäßig von den Häfen des Roten Meeres ab, um Stoffe, Öl, Rüstungen und Waffen nach Arabien und Indien zu transportieren.

Das, sagte ihr Vater ernst, sei es, worum es beim Regieren eigentlich gehe. Jedes Mal, wenn Schiffe ihre Waren im Hafen von Alexandria entluden, müssten sie ihm dafür Steuern zahlen. Auch die vierzig ägyptischen *Nomes** hätten Steuern auf alles

---

* Regierungsbezirke

Mögliche zu entrichten – auf Land, auf Ernteerträge, auf Salz, auf Fisch.

Um diese Maschine am Laufen zu halten, hätten die Ptolemäer Hunderte von Beamten und Steuereintreibern angestellt, die alle Einnahmen sorgsam in ihren Papyrusrollen verzeichneten.

Doch all dies, fuhr der Pharao fort, sei nur ein Teil der Geschichte. Er war jetzt wieder stehen geblieben und blickte sie ernst an.

Der Schlüssel zu allem seien nicht die Beamten und Steuereintreiber. Am Allerwichtigsten sei es, die Herzen und das Vertrauen der einfachen Ägypter zu gewinnen.

Eines Tages, wenn er nicht mehr da sei, werde sie die Unterstützung der ägyptischen Priester brauchen. Eines Tages werde auch sie im Tempel des Ptah knien und die Doppelkrone der beiden Länder aufgesetzt bekommen.

Das sei der Grund, schloss ihr Vater seinen Vortrag, warum er sie nach Memphis mitgenommen habe.

■

Am nächsten Tag machte Kleopatras Vater für seine Tochter den Reiseführer durch die heilige Stadt.

Sie besuchten den heiligen Apis-Stier, sowohl Bote als auch irdische Verkörperung des Gottes Ptah, der die Zukunft voraussagen und Krankheiten heilen konnte. Dann knieten sie im Tempel von Astarte, der Göttin der Liebe, die die Griechen Aphrodite nannten.

Sodann brachten sie unter den ehrfürchtig-neugierigen Augen einer riesigen Menschenmenge im Tempel des Serapis ein Opfer dar. (Serapis, ein großer, bärtiger Gott, war eine Erfindung der Ptolemäer und vereinte Eigenschaften des griechischen Gottes Zeus und des in Ägypten so verehrten Osiris.)

Griechische und ägyptische Götter zugleich zu verehren oder einem Gott neue, eigentlich fremde Eigenschaften zuzuschreiben, war nichts, das Kleopatra seltsam gefunden hätte.* Jedes Land hatte seine Götter, so funktionierte die Welt. Und da die ägyptischen Götter die ältesten von allen waren, war es nur vernünftig, sie mit Respekt zu behandeln.

Viele Griechen gingen ohnehin davon aus, dass ihre eigenen und die ägyptischen Götter mehr oder weniger dieselben waren. Amun-Ra, Sonne und Schöpfer, musste eine andere Version von Zeus sein. Der falkenköpfige Horus, Gott des Himmels, musste Apollon sein. Und Ptah der Bildner Hephaistos der Schmied und so weiter.

Von Anfang an waren die Ptolemäer sehr darauf bedacht gewesen, die ägyptischen Tempel zu ehren und ihren Priestern zu schmeicheln. Sie hatten steinerne Grabmale im alten ägyptischen Stil errichtet, die Feste der Einheimischen übernommen

---

* Die Verschmelzung von Elementen verschiedener Religionen, der sogenannte Synkretismus, mag uns heute merkwürdig erscheinen. Unter den Ptolemäern war das gang und gäbe – und hat eine faszinierende Mischung aus griechischer und ägyptischer Kultur hervorgebracht.

und sogar alte, längst in Vergessenheit geratene Rituale wiederbelebt.

Manche scherzten, die Ptolemäer seien ägyptischer als die Ägypter selbst – und das, sagte Kleopatras Vater leise zu ihr, sei genau das Image, das sie wollten.

Ihr war bereits aufgefallen, wie respektvoll er die kahlköpfigen Priester behandelte. Wenn sie redeten, hörte er ihnen höflich zu. Wenn sie ihre Gebete sprachen, neigte er sein Haupt, auch wenn er nicht verstand, worum es ging.

Die Priester, flüsterte er, seien das Rückgrat Ägyptens. Kein Pharao könne ohne die Unterstützung der Priester-Clans regieren. Darum sei es auch so wichtig, ihren Göttern zu huldigen.

Am letzten Nachmittag führte ihr Vater sie abermals zum großen weißen Tempel des Ptah mit seiner reich dekorierten Fassade, seinen üppigen Gärten und seinen riesigen Stier- und Königsstatuen. Nach der Zeremonie – ihr Vater verabschiedete sich gerade vom Hohepriester – fiel Kleopatra etwas auf.

Unmittelbar vor dem Tempel befand sich eine große Steinplatte mit eingemeißelten Symbolen, die sie als Hieroglyphen wiedererkannte – das heilige Schriftsystem der alten Ägypter. Ihr Vater war immer noch abgelenkt, und so schlenderte sie hinüber, um einen Blick darauf zu werfen.

Niemand schien von ihr Notiz zu nehmen. Schnell streckte sie die Hand aus und zog die gemeißelten Linien mit den Fingern nach.

Wie die meisten Griechen hatte sie keine Ahnung, was die

Schriftzeichen bedeuteten. Doch sie konnte ihren Blick nicht von ihnen abwenden. Eines der Bilder gefiel ihr ganz besonders: ein kleiner Thron, der ihr wieder und wieder zwischen den anderen Zeichen ins Auge stach …

Eine Stimme sagte: »Das sind die Worte von Isis, Frau der zehntausend Namen, Auge des Ra, Königin des Himmels. Soll ich sie für dich übersetzen?«

Kleopatra drehte sich um und sah eine schöne junge Frau, die sie zuvor nicht bemerkt hatte. Sie trug ein leuchtend buntes Gewand, einen Umhang aus schwarzer Seide, der von einem kunstvollen Knoten zusammengehalten wurde, und einen seltsamen Kopfschmuck, dessen Zentrum eine Mondscheibe zierte.

Ihre Lehrer hatten Kleopatra bereits viel über Isis erzählt. Sie wusste, dass Isis mit ihrem Bruder und Mann Osiris über Ägypten geherrscht und dessen zerstückelte Leiche geborgen hatte, nachdem dieser vom eifersüchtigen Set ermordet worden war. Sie wusste, dass Isis ihre Zauberkraft benutzt hatte, um Osiris wieder zum Leben zu erwecken, und dass sie ihm einen Sohn geboren hatte, den falkenköpfigen Horus.

Und sie wusste, dass keine ägyptische Gottheit mehr geliebt wurde als Isis. Die Herrin der Magie und der Mutterschaft, der Weisheit und der Heilung, des Himmels, der Natur und des Königreichs selbst.

Kleopatra nickte schüchtern. Die Frau begann ihren Vortrag, und ihre sanfte Stimme hob und senkte sich dabei, als würde sie singen:

Ich bin Isis, die Tyrannin aller Länder. Ich wurde von Hermes unterrichtet und gemeinsam mit Hermes erfand ich die Schrift. Ich habe den Menschen Gesetze auferlegt und meine Gesetze kann kein Mensch ändern. Ich bin die älteste Tochter von Kronos. Ich bin die Frau und Schwester von König Osiris. Ich bin die Mutter von König Horus.

Ich trennte die Erde vom Himmel. Ich ordnete die Wege der Sterne. Den Lauf der Sonne und des Mondes legte ich fest. Dank meiner zeigt der Nachthimmel den Weg. Ich ließ die Gerechten stark sein. Frauen und Männer führte ich zusammen.

Ich bin die Herrin der Flüsse, der Winde und des Meeres. Niemand erlangt Berühmtheit ohne mein Wissen. Ich bin die Herrin des Donnerkeils. Ich beruhige das Meer und wühle es auf. Ich bin in den Strahlen der Sonne. Was immer ich entscheide, es ist vollbracht.

Ich bin diejenige, die Gesetzgeberin genannt wird. Ich habe das Land aus der Tiefe hervorgeholt und ans Licht gebracht.

Ich bezwinge das Schicksal. Das Schicksal befolgt meinen Rat. Sei gegrüßt, Ägypten, das mich nährte …

Die Frau verstummte. »Es ist sehr alt«, sagte sie.

Kleopatra schwieg. Sie spürte, dass sie vor Aufregung zitterte – doch sie hätte nicht sagen können, warum.

Dann rief ihr Vater plötzlich ihren Namen, überall um sie herum waren plötzlich Diener, die sie eindringlich baten, sich zu beeilen. Der Zauber war gebrochen.

Als Kleopatra sich in all dem Trubel nach der Frau umsah, war diese verschwunden.

Sie verließen Memphis am selben Abend in Richtung Alexandria. Doch die seltsame Begegnung an der Steintafel sollte Kleopatra nie mehr vergessen. Und sie würde viele Wochen lang jede Nacht von Isis träumen.

3

Die Söhne des Wolfes

Weit, weit im Norden, in einer Stadt jenseits des Meeres, veranstalteten die Söhne des Wolfes ein Fest.

Lange vor Sonnenaufgang waren die Leute in den engen Straßen zusammengeströmt und hatten sich um die besten Plätze gebalgt, um freie Sicht auf die Parade zu haben. Auf den Dächern drängten sich Männer, Frauen hingen aus den Fenstern, und Kinder quetschten sich in jeden Winkel und jede freie Nische.

Es war ein sonniger, schwüler Morgen. Händler und Hausierer bahnten sich ihren Weg durch die Menge, von den Feuerstellen der Standbesitzer stieg Rauch auf. Die Luft war von Schweiß und Aufregung gesättigt.

Dann schallten vom Westtor die Trompeten herüber und die Menge wurde von prickelnder Vorfreude erfasst. Jetzt konnte man die Trommeln hören, lauter und lauter: *bumm, bumm, bumm.*

Die Trompeten schmetterten eine Fanfare, dann erbebte unter dem Stampfen Tausender Füße die Erde. Die Schaulustigen sahen, wie sich ihnen von Westen her etwas entgegenschob und durch den Staub und Dunst hindurch Gestalt annahm. Große rote Fahnen flatterten im Dunst.

Zuerst kam eine Reihe Sklaven, die riesige Tafeln hochhielten, auf denen die Namen der Länder standen, die unter den Stiefeln der Soldaten zermalmt worden waren: Pontus, Armenien, Kappadokien, Paphlagonien, Medien, Kolchis, Iberien, Albanien, Syrien, Kilikien, Mesopotamien, Phönizien, Palästina, Judäa und Arabien.

Es folgten weitere Tafeln, auf denen die Erfolge der einzelnen Feldherrn verzeichnet waren: tausend Festungen eingenommen, neunhundert Städte erobert, achthundert Piratenschiffe beschlagnahmt, neununddreißig neue Städte gegründet.

Dann kamen die Gefangenen, Hunderte und Aberhunderte, in Ketten gelegt, sodass sie nur noch mühsam laufen konnten: Piratenkapitäne, Stammesführer, Königinnen, Prinzen. Sie trotteten durch den Staub, ihre Köpfe gebeugt, den Blick zu Boden gesenkt, während die Menschenmenge ihnen ihre höhnische Verachtung entgegenschrie.

Jetzt folgten die Schätze: Wagen auf Wagen ächzte unter der Last von Gold und Silber. Da war ein riesiges Schachbrett, das aus kostbaren Edelsteinen gefertigt war. Außerdem drei Statuen der Götter Mars, Minerva und Apollon aus massivem Gold. Da waren Kronen und Zepter, Münzen und diverse, nicht sogleich identifizierbare Kleinodien. Den Abschluss dieses Teils der Prozession machte ein sorgsam aufgetürmter Berg aus ineinandergestapelten Hirschen, Löwen und Früchten – auch das selbstverständlich alles aus reinem Gold.

Der Jubel schwoll weiter an, und die Leute aus den hinteren Reihen drängten nach vorne, um zu sehen, was dort passierte. Durch das Gedränge konnten sie weitere Sklaven sehen, die ein riesiges, ausschließlich aus Perlen zusammengesetztes Bildnis des Generals selbst trugen.

Dann – die Stimmung war jetzt auf dem Höhepunkt, die Trommeln lauter als je zuvor und die Menge heiser vor Begeisterung – kam der Mann der Stunde.

Er fuhr auf einem vierspännigen Wagen in die Stadt ein, wie es einem großen General zukam. Auf seiner Stirn trug er einen Lorbeerkranz. In einer Hand hielt er einen Lorbeerzweig, in der anderen ein Zepter aus Elfenbein, das von einem Adler gekrönt wurde. Ein Sklave hielt eine goldene Krone über seinen Kopf.

Der Feldherr blickte über die Menge hinweg, seine Miene stolz und gebieterisch. Seine blonden Haare hatte er sich arrogant nach hinten gekämmt – so wie bereits Alexander vor ihm. Über seinen Schultern trug er einen purpurfarbenen Umhang – denselben Umhang, so munkelte man, den Alexander getragen hatte, als er ausgezogen war, um die Welt zu erobern.

Jubel brandete auf: »Pompeius! Pompeius! Pompeius!«

Dann war der Wagen vorüber – auf dem Weg in das Herz von Rom.

■

Rom! Für die Menschen im ersten Jahrhundert vor Christus war dieser Name gleichbedeutend mit Macht und Stärke, Gier und Ruhm – und mit *Weltreich.*

Rom! Eine baufällige, dreckige, überfüllte Stadt aus Blut und Eisen, Feuer und Rauch, Slums und Prachtstraßen. Das Gebrüll der Menge, der Gestank der Arena … und, immer und überall, das Stampfen der Marschierenden, die kalten Augen und der scharfe Stahl der mächtigsten Armee der mediterranen Welt.

Dem römischen Geschichtsschreiber Livius zufolge hatten die Götter selbst diesen Ort im Herzen Italiens ausgewählt, wegen der reinen Luft und des mächtigen, breiten Stromes, des Tibers. »Rom«, so hatte er geschrieben, sei eine Stadt, die »zum Ruhm bestimmt« war.

Die meisten Römer hingegen erzählten sich eine düsterere Geschichte, was den Ursprung ihrer Stadt betraf, und deuteten dabei auf die große Bronzeskulptur, die auf dem Kapitol stand: eine Wölfin mit gefletschten Zähnen, die zwei kleine nackte Jungen säugt.

Die Jungen waren die Zwillinge Romulus und Remus, die der Legende zufolge Jahrhunderte zuvor geboren worden waren, als die Götter noch auf der Erde wandelten. Die Wölfin hatte die Zwillinge am Ufer des Tibers entdeckt, wo man sie ausgesetzt hatte. Sie zog die beiden auf und fauchte jeden wütend an, der sich ihnen näherte.

Jahre später, nachdem die Brüder zu stolzen Kriegern herangewachsen waren, beschlossen sie, an dieser Stelle eine Stadt zu gründen. Dabei gerieten sie miteinander in Streit, und Remus machte sich über die Stadtmauer lustig, die sein Bruder errichtet hatte, indem er einfach über sie hinwegsprang. Der wütende Romulus erschlug seinen Bruder, mit dessen Blut die Stadt dann sozusagen getauft wurde.

Jahre vergingen und Romulus' Stadt wurde immer mächtiger. Auf Romulus folgten sechs Könige, die ihre Nachbarn bekämpften und deren Gebiete eroberten.

Doch im Jahr 509 v. Chr. hatten die Römer genug von ihrem siebten König: Lucius Tarquinius – ein grausamer und hochmütiger Mann. Sie warfen ihn aus der Stadt und riefen eine Republik aus, in der die adeligen Familien fortan ihre eigenen Anführer wählen konnten.

Seit dieser Zeit erzählten Generationen von Eltern ihren Kindern, dass Rom keine Stadt wie jede andere sei. Rom sei wie ein Leuchtfeuer, sagten sie, das weit in die Welt hinausstrahle. Seine Bürger hätten patriotisch, mutig, ehrgeizig und arbeitsam zu sein – stets bereit, ihr Leben zum Wohle der Republik zu opfern.

Für Roms Gegner hingegen war es die Geschichte von der Wölfin mit den scharfen Zähnen und Krallen, die ihnen im Gedächtnis blieb. »Die Römer«, bemerkte ein bedrängter Nachbar, »haben das Herz von Wölfen. Sie dürsten nach Blut und gieren nach Eroberung. Ihr Hunger nach Macht und Gold ist grenzenlos!«

Und die Legende, sagten manche, halte einen weiteren Hinweis auf die wahre Grausamkeit der Römer bereit. Denn welches Monster errichte bitteschön eine Stadt auf einem Boden, der mit dem Blut des eigenen Bruders getränkt war?

■

Vier Jahrhunderte nach Tarquinius' Verbannung war Rom zu einer militärischen Supermacht geworden. Doch die Einwohner blieben ihren republikanischen Traditionen treu.

Im Gegensatz zu seinen Konkurrenten hatte Rom weiterhin keinen König. Die Macht lag bei den aristokratischen Familien, die als »Patrizier« bekannt waren und die ihre Söhne mit dem Ziel heranzogen, aus ihnen die Generäle der Zukunft zu machen.

Das republikanische Regierungssystem war höllisch kompliziert, doch seine mit Abstand wichtigste Instanz war der Senat. Hier debattierten die führenden Köpfe Roms über die grundlegenden Fragen von Krieg und Frieden. Zum Senator gewählt zu werden und die standesgemäße weiße Toga tragen zu dürfen, war eine der größten Auszeichnungen, die Rom seinen Bürgern verleihen konnte.

Die wichtigsten Entscheidungen wurden von den beiden Konsuln getroffen, die jedes Jahr gewählt wurden und deren Amtszeit nur zwölf Monate betrug. Auch die Konsuln trugen eine Toga, doch war ihre mit einem breiten purpurfarbenen Streifen versehen – der Farbe des Königtums.

Der Wahltag war einer der buntesten und aufregendsten

Momente im römischen Kalender: die Männer in ihren Togas; die Menge, die ihre Favoriten anfeuerte; die Jubelstürme, wenn die Ausrufer die Ergebnisse verkündeten.

Anfangs sah man unter den Gewinnern stets dieselben Gesichter. Fast alle Konsuln in der Frühzeit der Römischen Republik kamen aus denselben reichen Patrizierfamilien, doch mit der Zeit wurden auch Männer aus den unteren gesellschaftlichen Rängen – man nannte sie »Plebejer« – gewählt.*

Aufgrund seiner mächtigen Legionen – der diszipliniertesten und gefürchtetsten Kriegsmaschinerie der mediterranen Welt – konnte Rom seinen Einflussbereich schnell ausdehnen. Legionäre verpflichteten sich in der Regel für fünfundzwanzig Jahre. Sie waren in bemerkenswert guter körperlicher Verfassung, marschierten bis zu dreißig Kilometer am Tag und waren dafür ausgebildet, Festungen und Straßen zu bauen, wo immer sie hinkamen.

Tag für Tag wurden sie von ihrem Offizier, dem Zenturio, gedrillt, eine als *Testudo* – »Schildkröte« – bekannte Schildmauer zu bilden, die jedem feindlichen Angriff standhalten konnte. Sobald sich der Feind an dieser Verteidigungsformation abgearbeitet hatte, wurde sie aufgelöst, die Legionäre richteten ihre Speere auf den Gegner und gingen ihrerseits zum Angriff über.

---

* Römer*innen* konnten weder zur Wahl aufgestellt werden noch waren sie wahlberechtigt.

Hinter ihren Adlerstandarten marschierend, bezwangen die Legionen einen Feind nach dem anderen. Zunächst unterwarfen sie die anderen Völker Italiens. Danach wandten sie sich Roms größtem Rivalen zu, der nordafrikanischen Stadt Karthago, zerstörten ihre Armeen und machten die Stadt selbst dem Erdboden gleich.

Dann richteten die Römer ihren Blick in noch weitere Ferne. Im Westen drangen sie bis ins heutige Spanien und Portugal vor und zermalmten jeden Widerstand unter ihren Stiefeln. Im Osten ging es Richtung Griechenland, wo man zuerst gegen die Makedonier und dann gegen die Spartaner siegreich blieb – nur um dann noch einmal gegen die Makedonier nachzusetzen.

Wie zuvor in Karthago erteilten die Legionen ihren Feinden in Griechenland eine grausame Lektion in Sachen römische Kriegsführung. Als die Einwohner von Korinth Widerstand leisteten, belagerten die Römer ihre auch damals schon sehr alte Stadt, töteten alle Männer, verkauften Frauen und Kinder in die Sklaverei und steckten ihre Häuser in Brand. Das war es, was jeden erwartete, der es wagte, sich den Söhnen des Wolfs zu widersetzen.

Als Kleopatra im Jahr 69 v. Chr. geboren wurde, beherrschte Rom einen Großteil der Mittelmeerregion. Nur ein einziger mächtiger Rivale war übrig geblieben: Ägypten.

Doch je mehr Feinde Roms Legionäre unter ihren Füßen zermalmten, desto mehr ächzte ihre geliebte Republik unter dieser Belastung. Die Kriege hatten zwar die Senatoren reich gemacht, doch die einfache Bevölkerung lebte in bitterer Armut. Abend für Abend spülten die Patrizier die erlesensten Speisen mit den teuersten Weinen hinunter – und nur wenige Hundert Meter entfernt bettelten alte Soldaten in den engen Gassen um etwas zu essen.

Auch Roms Kultur begann sich zu verändern. Fremde aus dem Osten strömten in die Stadt: Kaufleute, Söldner, Handwerker und Wahrsager. Die althergebrachten römischen Sitten und Gebräuche schienen bedroht – umso mehr, als die Menschen begannen, sich ägyptischen Göttern wie Isis und Serapis zuzuwenden.

Mit jeder neuen Eroberung geriet das republikanische System stärker unter Druck. Weit jenseits des Meeres, in Kleinasien und Nordafrika, wurden die Generäle der Republik mit jedem Sieg reicher. Mit ihren Truppen im Rücken – und Mobs in den Straßen Roms, die ihre Namen skandierten – wurde es für den Senat immer schwieriger, diese Generäle zu kontrollieren.

Mit jedem siegreichen Feldherren, der seine Truppen nach Italien zurückführte (und dort auf andere siegreiche Feldherren traf), wurde die römische Politik mehr und mehr zu einem tödlichen Kampf um Ruhm und Macht. Und es gab da einen Kandidaten, der die Massen begeistern konnte wie kein anderer.

Ein prahlerischer junger Mann mit blondem Haarschopf, charmant, ehrgeizig und skrupellos. Er wusste der Menge zu gefallen, die ihm dafür gern seinen Blutdurst verzieh.

Die Römer nannten ihn Gnaeus Pompeius Magnus, wir kennen ihn auch als Pompeius den Großen. Er war der Mann im Streitwagen.

■

Seit Pompeius ein Junge gewesen war, hatte er von einer großen Zukunft geträumt. 106 v. Chr. – fast vierzig Jahre vor Kleopatra – in Mittelitalien geboren, war er der Sohn eines Generals, der für seine Habgier und Grausamkeit berüchtigt war.

Nachdem sein Vater von einem Blitzschlag getötet worden war, erbte der einundzwanzigjährige Pompeius dessen riesiges Vermögen. Mit den alten Soldaten seines Vaters stellte er eine eigene Armee auf die Beine und bot den mächtigen Patrizierfamilien seine Unterstützung an.

Zunächst hatten manche Mühe damit, ihn ernst zu nehmen. Mit seinen runden Wangen und den zerzausten Haaren wirkte er jünger, als er war, und wenn ihn jemand lange anschaute, schoss ihm die Röte ins Gesicht.

Trotz seiner jungenhaften Erscheinung war er ein Killer. Mit seinen Truppen verfolgte er die Feinde der Republik quer durch Afrika und tränkte die Wüsten mit ihrem Blut.

Seine Rivalen nannten ihn den »jugendlichen Schlächter«, doch er genoss diesen Ruf. Er liebte Geld und Macht, doch Ruhm und Ehre liebte er noch mehr.

Seiner eigenen Ansicht nach war er mehr als ein General. Er war ein Superstar.

Als er nach Italien zurückkehrte, nannte er sich Pompeius Magnus – Pompeius der Große. Er behauptete, es sei die Idee seiner Soldaten gewesen. Doch jeder wusste, dass er sich seinen Beinamen selbst verliehen hatte – in Anlehnung an Alexander den Großen.

Viele Römer verehrten Alexander, doch niemand ging darin so weit wie Pompeius. Er begann, seinen Kopf so zu neigen, wie dies bei vielen Alexander-Statuen zu sehen war – als würde er in die Ferne schauen. Er kämmte sich sogar die Haare aus der Stirn, um die Frisur des makedonischen Königs zu kopieren.

Obwohl ihn manche verspotteten, wurden ihm weitere Ehrungen zuteil. Der Senat unterstellte ihm den gesamten Mittelmeerraum und beauftragte ihn damit, das Meer von Piraten zu befreien. Jahrzehntelang waren römische Generäle an dieser Aufgabe immer wieder gescheitert, doch Pompeius brauchte dazu nur drei Monate.

Wie schon Alexander führte Pompeius seine Legionen nach Osten und trug die Adlerstandarten bis in die Berge Asiens. Als er schließlich nach Rom zurückkehrte, hatte er einen Großteil des Gebietes erobert, auf dem sich heute die Türkei und Syrien befinden, und die Königreiche, die sich über das heutige Israel, Palästina und Jordanien erstreckten, zu römischen Marionetten gemacht.

Jetzt, am 29. September 61 v. Chr., seinem fünfundvierzigsten Geburtstag, feierte Pompeius der Große seinen dritten Triumphzug*, gekleidet in den Purpurmantel Alexanders. Den Massen, die seinen Namen schrien, war er ein Mann auf dem Gipfel seines Ruhms. Nur wenige Generäle waren reicher. Keiner so berühmt.

In den Tavernen raunten sich die Leute zu, dass sich Pompeius zum Diktator aufschwingen wolle. Andere murmelten etwas von einem bevorstehenden Bürgerkrieg und dass sich jeder Bürger Roms für eine Seite werde entscheiden müssen.

Doch eine Diktatur passte nicht zu Pompeius, das fand er selbst auch. Er wollte geliebt werden. Er sah sich selbst als Liebling der Massen, nicht als Tyrann.

Deshalb schloss er ein Jahr später, im Jahr 60 v. Chr., einen Pakt mit zweien seiner Rivalen, um Rom in Ruhe zu dritt regieren zu können. Die Leute sprachen von der Allianz der drei Männer – dem Triumvirat.

Der ältere von Pompeius' Verbündeten war der General und Geschäftsmann Marcus Licinius Crassus, der durch Sklavenhandel, Silberminen und Immobiliengeschäfte reich geworden war. Crassus war nicht nur ein bisschen reich, sondern verfügte über ein astronomisches Vermögen, was ihn zu einem wichtigen Verbündeten machte.

Der jüngere seiner Verbündeten war ein charmanter, extra-

---

* Ein römischer Triumphzug war eine riesige Straßenparade – Fest und religiöse Zeremonie zugleich – zur Feier der Siege eines Feldherrn. *Einen* Triumphzug abhalten zu können, war bereits etwas sehr Besonderes. Drei waren mehr als außergewöhnlich.

vaganter Bursche mit schütterem Haar. Er entstammte einem alten Patriziergeschlecht, das zwar neuerdings in finanziellen Schwierigkeiten steckte, dafür aber seine Abstammung auf die Göttin Venus zurückführen konnte. Sagten sie. Er hatte gerade eine sehr erfolgreiche Zeit als Statthalter in Spanien absolviert und erfreute sich unter seinen Soldaten großer Beliebtheit. Da es ihm aber an Geld fehlte, sahen die Leute ihn als den schwächsten der drei Verbündeten an.

Doch eines Tages sollte er Kleopatras Leben verändern. Sein Name war Gaius Julius Cäsar.

■

Mit der Bildung des Triumvirats kehrte eine trügerische Ruhe in die Straßen der Hauptstadt zurück.

In Rom teilten Pompeius und Crassus die politischen Ämter unter sich auf, während Julius Cäsar sich mit seiner Armee Gallien zuwandte, in der Hoffnung auf neue Eroberungen.

Viele einfache Römer atmeten erleichtert auf. Ein Bürgerkrieg schien abgewendet zu sein. Die Generäle hatten ihre Schwerter in die Scheide gesteckt. Der Fortbestand der Republik war gesichert!

Doch einige erfahrenere Männer tauschten in den Tavernen wissende Blicke. Sie hatten ein solches Gerede schon früher gehört und wussten es besser. Männer wie Pompeius oder Cäsar, sagten sie leise, seien viel zu habgierig, um ihre Macht auf Dauer zu teilen. Es stehe zu viel auf dem Spiel, die Einsätze seien zu hoch. Früher oder später würde einer von ihnen zuschlagen, um sich den Hauptgewinn zu sichern – und dann würde Blut fließen.

Viele lachten über solche Unkereien. Welcher Hauptgewinn? Was konnte so wertvoll sein, dass es das Triumvirat auseinanderreißen würde?

Doch die Antwort lag für die alten Männer in den Tavernen auf der Hand: Ägypten.

Auf dem Papyrus waren Rom und Ägypten Verbündete und Freunde. Doch in Wirklichkeit war das eine sehr einseitige Freundschaft.

In der Anfangszeit der Römischen Republik hatten die Ptolemäer den Römern wenig Beachtung geschenkt. Ägypten war eine Supermacht, das älteste und reichste Land der Welt. Warum sollten sie sich wegen einiger italienischer Emporkömmlinge Sorgen machen?

Doch im Laufe der Jahrhunderte hatten sich die Machtverhältnisse verschoben. Während sich die ägyptischen Herrscher in blutigen Familienfehden selbst zerfleischten, eroberten die römischen Legionen Stadt um Stadt, Land um Land.

Natürlich war Ägypten immer noch ein reiches Land. Doch Ägypten war alt. Ägypten war geteilt. Ägypten war erschöpft.

Rom war jung. Rom war skrupellos. Rom war hungrig.

Bereits im zweiten Jahrhundert vor Christus hatten die Ptolemäer damit angefangen, die Römer um Hilfe zu bitten – wie ein müder alter Mann, der darauf vertraut, dass der Nachbar die

Einbrecher schon in die Flucht schlagen wird. Ptolemaios VIII. hatte den Römern einmal gar versprochen, dass sie Ägypten nach seinem Tod übernehmen konnten.

Er hatte das nicht ernst gemeint, sondern nur seinen Verwandten einen guten Grund liefern wollen, ihn nicht umzubringen. Aber die Römer hatten seine Worte nie vergessen.

Die Zeit verging. Jahr für Jahr schoben sich die Wölfe näher an Ägypten heran, verschlangen ein Stück des benachbarten Kyrene im Westen und einen Teil von Syrien im Osten.

Im Jahr 80 v. Chr., als Kleopatras Vater zu Ptolemaios XII. wurde, war der Druck von außen nahezu unerträglich geworden. Und als der sogenannte Flötenspieler auf dem Thron des Pharaos Platz nahm, sah er sich zu einem schwierigen Drahtseilakt gezwungen.

Seine oberste Priorität bestand natürlich darin, die bekanntermaßen unruhigen Massen Alexandrias auf seiner Seite zu wissen. Dazu musste er die Steuern niedrig halten und auswärts klar für ägyptische Interessen eintreten. Keinesfalls durfte es so aussehen, als würde er sich von den Römern herumschubsen lassen.

Doch Kleopatras Vater war auf das Wohlwollen Roms angewiesen, um sich an der Macht zu halten. Wenn er Rom irgendwie auf die Füße trat, konnte dieses jederzeit seine Legionen schicken. Was sehr wahrscheinlich das Ende seiner Herrschaft, vielleicht sogar seines Lebens, und letztlich auch das der ägyptischen Unabhängigkeit bedeutet hätte.

Falls sich Ptolemaios also zu weit in die eine Richtung bewegte, riskierte er einen Aufstand, bei dem man ihn rausschmeißen würde. Und bei einem falschen Schritt in die andere Richtung lief er Gefahr, dass die Römer dasselbe taten.

Und er war sich nur zu klar darüber, dass der erbitterte Streit um die Vorherrschaft in Rom Ägypten noch verwundbarer machte. Der erste römische Feldherr, der Ägyptens Geld in die Hände bekam, würde nahezu unaufhaltsam sein. Es war also nur eine Frage der Zeit, bis einer von ihnen – Pompeius, Crassus oder Cäsar – genau das versuchen würde.

Für Kleopatras Vater lag die Lösung auf der Hand: Bestechung. Von Alexandria aus schickte er riesige Beträge über das Meer nach Norden, um sich die Unterstützung der mächtigsten Männer Roms zu sichern. Pompeius sandte er eine goldene Krone. Julias Cäsar ließ er sechstausend Silbertalente* zukommen – eine schwindelerregende Summe, die ungefähr den ägyptischen Staatseinnahmen eines halben Jahres entsprach.

Am Anfang schien das alles auch ganz gut zu funktionieren. Pompeius und Cäsar erklärten ihn sogar zu einem »Freund und Verbündeten der Römer«. Doch es gab da ein Problem. Die Zuwendungen waren unglaublich teuer, selbst für das reiche Ägypten.

---

* Ein Talent war eine Gewichtseinheit. Das genaue Maß variierte, aber sechstausend Talente dürften ungefähr der Hälfte des Gewichts einer Boeing 747 entsprochen haben.

So dauerte es nicht lange, bis sich Kleopatras Vater in einer durchaus absurden Wendung der Ereignisse Geld von Roms reichsten Bankiers lieh, um damit weiterhin deren Freunde und Nachbarn bestechen zu können. Und als die Bankiers ihr Geld zurückverlangten, blieb Ptolemaios nichts anderes übrig, als die Steuern zu erhöhen.

Im ganzen Land ächzten die Bauern unter der neuen Abgabenlast, die ihnen der Pharao aufgezwungen hatte. Auf den Straßen von Alexandria wurde es zunehmend heißer – was nicht an der Sonne lag; und zu Beginn des Jahres 58 v. Chr. war das politische Klima bereits gefährlich nahe am Siedepunkt. Auf dem Land kam es zu ersten Aufständen, weil die Bauern sich weigerten, ihr hart verdientes Geld den Steuereintreibern auszuhändigen. Gerüchten zufolge war es auch bereits zu ersten Tempelplünderungen gekommen.

Auf den Straßen von Alexandria sprachen die Leute offen von ihrem Hass auf die Ausländer, von ihrer Empörung über die Steuern des Pharaos und von ihrer Wut über das Unvermögen des Flötenspielers, sich den Römern zu widersetzen. Die Hauptstadt war ein Pulverfass, das auf einen Funken wartete.

Und eines Tages war es so weit.

■

Das Gerücht kam aus dem Nichts und fegte wie ein Lauffeuer von Straße zu Straße, von Taverne zu Taverne. Ein ausländischer Botschafter, einer dieser habgierigen römischen Wölfe, soll sich am hochheiligsten aller Tiere – einer ägyptischen Katze – vergriffen und sie … *getötet* haben.

Für die Einwohner von Alexandria war eine Katze nicht ein Tier wie viele andere. Katzen waren magische Wesen, Dienerinnen der Isis, die höchste Verehrung und Respekt verdienten.

Falls ein Abgesandter Roms wirklich eine Katze getötet hatte, war dies kein gewöhnliches Verbrechen, sondern ein Sakrileg – ein Verbrechen gegen die Götter.

Schon bald hatte sich eine Menschenmenge vor einem der elegantesten Häuser der Stadt versammelt. Fäuste hämmerten gegen die Tür, wutverzerrte Schreie hallten durch die Straßen. Das konnte nicht gut ausgehen. Und als die Männer des Pharaos eintrafen, war es bereits zu spät.

Als die Wachen sich ihren Weg durch die schwitzende Menge bahnten, war zuerst nichts Genaues auszumachen.

Dann teilte sich der Mob und stob in alle Richtungen auseinander. Die Wachen starrten auf eine Leiche, die in unnatürlich verdrehter Haltung vor der Tür lag. Blut rann in den Sand.

Es war der römische Abgesandte. Er war tot.

So fing es an.

4

Die Feuer von Ägypten

In der gedämpften Stille der Bibliothek las Kleopatra mit kaum hörbarer Stimme:

Wenn sie mich dorthin bringen und töten,
werden die laut lachen, die mich hassen.

Sie hob den Kopf und blickte in die Augen ihres Lehrers, der ihr aufmunternd zunickte.

Sie saßen vor einer Abschrift der Tragödie *Medea*, geschrieben fast vierhundert Jahre zuvor vom Athener Dramatiker Euripides. Sie erzählt die Geschichte der zauberkundigen Königstochter Medea, die dem Helden Jason hilft, das Goldene Vlies zu stehlen, von diesem jedoch verraten wird.

Kleopatra kannte diese Geschichte sehr gut, hatte sie schon immer geliebt. Wenn sie von Medeas loderndem Zorn las, von ihrem Stolz, ihrer Leidenschaft und ihrer wilden Verzweiflung, dann war ihr, als spräche die legendäre Königstochter direkt zu ihr und berührte dabei etwas tief in ihrem Innersten.

Sie las weiter:

Nein, am besten gefällt mir die alte Art, der einfache Weg des Gifts, der uns den Männern ebenbürtig macht.

Dann schaute sie verwirrt auf. Irgendetwas stimmte nicht …

Die Bibliothek war einer von Kleopatras Lieblingsorten: ein riesiges Gebäude, ruhig und elegant, die Wände gesäumt von Papyrus-Schriftrollen. Hier gab es von jedem Text, der je in griechischer Sprache verfasst worden war, eine Abschrift – geordnet nach Themen und in alphabetischer Reihenfolge. Man sagte, es seien insgesamt eine halbe Million, aber sie wusste nicht, ob sie jemals gezählt worden waren.

Die Bibliothek war jedoch nur Teil eines größeren Forschungszentrums, das von den ersten Ptolemäern als Tempel der Musen – der neun Schutzgöttinnen von Kunst und Literatur – gegründet worden war.

Der Tempel der Musen wurde auch *Mouseion* genannt, von dem sich unser heutiges Wort Museum ableitet. Doch dieses ursprüngliche Museum war keine trostlose Ansammlung alter, verstaubter Schüsseln und Töpfe. Es war ein lebendiger und geschäftiger Ort, an dem einige der klügsten Männer ihrer Zeit arbeiteten: Zenodot von Ephesos, Kallimachos von Kyrene, Aristophanes von Byzanz – Namen, die in der gesamten mediterranen Welt bekannt waren.

Untergebracht in Schlafräumen und versorgt in einem riesigen Speisesaal, testeten sie in Laboratorien neue Medikamente, debattierten in den Hörsälen und schlenderten vom Morgengrauen bis zur Abenddämmerung durch die Gärten und unterhielten sich dabei über alles Mögliche. Ein griechischer Autor bezeichnete sie spöttisch als »Bücherwürmer, die sich im Vogelkäfig der Musen in endlose Diskussionen verstricken«. Doch wenn man sich als junger Wissenschaftler einen Namen machen wollte, war Alexandria genau der richtige Ort.

Die Gelehrten des Museums hatten auf fast jedem Gebiet außergewöhnliche Fortschritte gemacht. So sezierten sie Leichen, um die Funktionsweise des Herzens zu verstehen. Sie waren unter den ersten, die Weltkarten gezeichnet und Nachschlagewerke erstellt haben. Sie fertigten die erste Übersetzung des hebräischen Alten Testaments an und bewiesen sogar, dass sich die Erde um die Sonne dreht.

Außerdem begeisterten sie sich für die verschiedensten Apparate und Maschinen. Es waren Wissenschaftler aus Alexandria, die die erste Dampfmaschine konstruierten, die erste Schiebetür, die erste Armbrust und die ersten Verkaufsautomaten mit Münzeinwurf.

Und obwohl Kleopatra erst elf Jahre alt war, kannte sie viele der Gelehrten gut. Jeden Morgen kam der ein oder andere von ihnen in den Palastgarten, um Kleopatra zu unterrichten.

Ihr Vater war der Meinung, dass die Tochter des Pharaos das gebildetste Mädchen der Welt sein sollte. Sobald sie sprechen konnte, hatte sie auch schon Lesen und Schreiben gelernt und dabei die Buchstaben des griechischen Alphabets in einer Art Sprechgesang von einer Tafel abgelesen, bis sie sie auswendig konnte:

Alpha, Beta, Gamma, Delta, Epsilon, Zeta, Eta, Theta, Iota, Kappa, Lambda, My, Ny, Xi, Omikron, Pi, Rho, Sigma, Tau, Ypsilon, Phi, Chi, Psi, Omega

Alle Lehrer waren sich einig, dass sie eine exzellente und fleißige Schülerin war, die das Griechische – die Sprache der Ptolemäer – sehr früh beherrschte. Ihre Stimme sei dabei »so süß wie Honig« und klinge »wie ein Instrument mit vielen Saiten«.

Ebenso war sie eine wissbegierige (und erfolgreiche) Schülerin der Naturwissenschaften, der Arithmetik, der Gesetzeskunde und Geschichte, der Astronomie und der Theorie der Musik. Sie wusste alles über die Götter des Olymps und über die Aufgaben, die Herkules zu meistern hatte. Sie konnte genau erklären, wie das politische System Roms funktionierte, und konnte viele Dramen und Gedichte größtenteils auswendig.

Sie liebte Sprache und Sprachen, und so dauerte es nicht lange, bis sie auch das Lateinische und Ägyptische fließend beherrschte. Ständig drängte sie ihre Lehrer, ihr neue Sprachen beizubringen. Wie wäre es mit der Sprache der Äthiopier? Der Sprache der Troglodyten, der Hebräer, der Araber und der Parther?

Doch vor allem hatte Kleopatra ein gutes Gespür für die

menschliche Natur. Sie wusste, wie man andere bezauberte, sie zum Lachen brachte und für sich einnahm. Wenn ein verschmitztes Lächeln über ihr Gesicht huschte, dann musste selbst der strengste Lehrer klein beigeben.

Doch jetzt gerade lächelte sie nicht. Sie runzelte die Stirn.

Von draußen hörte sie wildes Geschrei, dann das Krachen berstenden Holzes, das Trampeln von Füßen, das Scheppern zersplitternden Glases – und all das wurde nicht leiser, sondern lauter.

Ihr Lehrer sprang auf, sein Gesicht war kreidebleich. Auch die anderen Gelehrten waren nun auf den Beinen, in ihren Augen spiegelte sich die Angst.

Kleopatra wartete nicht auf Erlaubnis, sondern rannte zum Fenster und sah hinaus. Sie sog scharf die Luft ein, dann hielt sie sich entsetzt die Hand vor den Mund.

Tausende grölende, randalierende Menschen. Sie rannten wild umher und schlugen alles kurz und klein.

Und Alexandria – *Alexandria brannte.*

Die elfjährige Kleopatra war zu Tode erschrocken und konnte nicht glauben, was sie da sah. Das musste ein Albtraum sein.

Jemand Älteren, Erfahreneren hätte der Anblick womöglich nicht ganz so überrascht. Alexandria war zwar ein Zentrum der Wissenschaft und Gelehrsamkeit, war aber ebenso bekannt für seine unruhige und rebellische Bevölkerung. »Alexandria«, schrieb ein griechischer Besucher, sei »wild und brutal, ein unübersichtliches Durcheinander von Tänzerinnen, Musikanten und Mördern«.

»Wenn die Leidenschaft der Menschen erregt ist«, stimmte der Historiker Polybius zu, »dann ist ihre Wildheit furchterregend.«

Die gemeinen Alexandriner betrachteten sich als Königsmacher. Wenn ihnen ein Pharao nicht mehr passte, zögerten sie nicht lange. Sie strömten in die Straßen, belagerten den Palast und jagten ihn davon.

In gewisser Weise war Kleopatras Vater Ptolemaios XII. ein wahres Kunststück damit gelungen, so lange an der Macht zu bleiben. Die Alexandriner liebten es, sich über die Vorlieben des Flötenspielers, was Wein und ausgelassene Feste betraf, lustig zu machen. Über zwanzig Jahre lang war ihm dieser Drahtseilakt gelungen – hatte er das Gespött der Massen ertragen, die Römer im Zaum gehalten und sich irgendwie an seinen wackligen Thron geklammert.

Anscheinend hatte ihn sein Glück jetzt verlassen.

Die hohen Steuern, die Deals mit Rom und die Ermordung der Katze hatten bereits seit Längerem an seiner bröckelnden Beliebtheit genagt. Das Fass zum Überlaufen gebracht hatte aber die Nachricht, dass die Römer die reiche Insel Zypern besetzt hätten, die einst unter ägyptischer Kontrolle gestanden hatte. Und was hatte Kleopatras Vater getan, um ihnen Einhalt zu gebieten? Nichts.

Als die ersten Berichte aus Zypern Alexandria erreichten, liefen die Menschen Amok. Marodierende Horden zogen durch die Straßen, schlugen alles kurz und klein oder steckten es in Brand. Als Kleopatras Lehrer sie in Sicherheit brachten, stieg über dem Hafen bereits dichter, schwarzer Rauch auf.

Was auch immer man über Ptolemaios sagen konnte – ein Narr war er nicht. Als er an diesem Abend seine Berater zusammenrief, um sich mit ihnen über das zunehmende Chaos zu beratschlagen, sah er ihren Gesichtern an, dass er die Besprechung gleich wieder absagen konnte. Der Hauptmann der Palastwache erklärte unverblümt, dass der Pharao keinen Rückhalt mehr bei den Truppen habe. Die Männer würden nicht mehr für ihn kämpfen. Es war vorbei.

Kleopatras Vater nickte schweigend. Es gab nichts mehr zu sagen.

Wenig später – die Feuer der Plünderer erhellten den Nachthimmel – betrat an der palasteigenen Anlegestelle eine vermummte Gestalt ein Boot. Sie drehte sich noch einmal um und warf einen letzten Blick auf Alexandria. Für einen Augenblick fiel das Licht des Leuchtturms auf ein altes, müdes und graues Gesicht.

Dann zog Ptolemaios XII. sich die Kapuze über den Kopf und wandte sein Gesicht dem offenen Meer zu. Das Boot legte vom Kai ab – und schon bald war es nicht mehr zu sehen.

■

Monate vergingen.

Kleopatra stand an ihrem Schlafzimmerfenster und spähte

hinaus in die Palastgärten. Wenige Meter unter ihr faulenzte das Lieblingskrokodil ihrer Schwester in der Morgensonne.

Drei Männer überquerten, in ein Gespräch vertieft, den Innenhof des Palastes. Zuvorderst der Hauptmann der Palastwache, dessen Rüstung in der Morgensonne glänzte. Gleich hinter ihm – von dunklerem Teint als der Hauptmann und in eine weiße Robe gehüllt – ein ägyptischer Priester. Der neue Palastkämmerer – die letzten Spionageberichte in seinen pummeligen Fingern – hatte Mühe, mit ihnen Schritt zu halten.

Kleopatra schürzte vor Abscheu die Lippen. Die Männer ihrer Schwester – und ihre Gefängniswärter.

Eine schrille und herrische Stimme gellte durch die Gärten. Kleopatra konnte sich ein Grinsen nicht verkneifen. Berenike war wohl wieder mal unzufrieden mit ihrem aktuellen Ehemann.

Nach der Flucht ihres Vaters hatte Berenike nicht lange gefackelt und sich kurzerhand zur Königin erklärt. Für Kleopatra, die sich noch nie besonders mit ihrer Schwester verstanden hatte, waren das schlechte Neuigkeiten gewesen. Doch daran ändern konnte sie nichts.

Selbst an den Gepflogenheiten ihrer Familie gemessen, konnte man den Auftakt von Berenikes Regentschaft nur als höchst fragwürdig bezeichnen. Damit ihr niemand mehr die Krone streitig machen konnte, hatte sie ihre Berater beauftragt, einen Ehemann für sie zu finden.

Der erste Kandidat war ein entfernter Cousin gewesen. Er hatte das richtige Alter und konnte zudem seine Herkunft ebenfalls bis nach Makedonien zurückverfolgen. Leider war er, als die Hochzeitsvorbereitungen bereits in vollem Gange waren, völlig überraschend tot umgefallen.

Kleopatra war ja der Meinung, dass der Tod einer Ehe mit ihrer Schwester unbedingt vorzuziehen sei. Aber das sagte sie ihr natürlich nicht.

Schließlich gaben Berenikes Höflinge bekannt, dass sie den perfekten Mann für sie gefunden hätten: einen gewissen Seleukos, benannt nach einem von Alexanders Generälen und ebenfalls ein entfernter Verwandter. Kleopatra hatte noch nie von ihm gehört, doch wenn man den Höflingen glauben konnte, war er Prinz Charming persönlich.

Als Seleukos zum ersten Mal den Palast betrat, hätte Kleopatra am liebsten laut losgelacht. Der Zukünftige ihrer Schwester war einer der unattraktivsten Männer, die sie je gesehen hatte – ein ungehobelter Bursche ohne Haltung und ohne jegliche Manieren, dessen Griechisch jeder Beschreibung spottete.

Berenike hatte vor Wut kaum an sich halten können, die Hochzeitsvorbereitungen aber nicht unterbrochen. Bereits wenige Tage später konnte Kleopatra die Diener auf den Gängen tuscheln und kichern hören.

Auch die Bevölkerung Alexandrias schien sich schnell ein Urteil über Berenikes Ehemann gebildet zu haben. In den Tavernen war er, ob seiner ungehobelten Manieren und seiner wenig wohlriechenden Ausdünstungen, bald nur noch der »Cybiosactes« – »der, der eingesalzenen Fisch feilbietet«.

Doch der Salzfischhändler hielt sich nicht lange im Palast. Schon nach wenigen Wochen konnte Berenike den Spott und das Getuschel nicht länger ertragen, verlor die Geduld und befahl ihren Beratern, ihr Seleukos vom Hals zu schaffen.

Als seine Diener am nächsten Morgen das königliche Schlafgemach betraten, lag er erdrosselt auf seinem Bett.

Ein paar Monate später heiratete Berenike erneut. Diesmal war die Wahl auf einen Prinzen von den Ufern des Schwarzen Meeres gefallen. Er hieß Archelaos und war so langweilig, dass nicht einmal den Alexandrinern ein passender Spitzname für ihn einfiel. Auch sonst gab es nicht viel zu tratschen, weil natürlich klar war, wer in dieser Ehe das Sagen hatte.

Das Leben im Palast fiel in einen gleichförmigen Trott und ein langer, ereignisloser Tag folgte dem anderen.

Kleopatra wurde in ihr Zimmer verbannt und verbrachte viel Zeit damit, sich zu fragen, was wohl aus ihrem Vater geworden war. Wo war er hin? Lebte er überhaupt noch? Und falls ihr Vater tot war, was hielt das Schicksal dann für sie bereit?

Ihr mitternächtlicher Ausflug zum Grab Alexanders war nur noch eine ferne Erinnerung. Selbst die aufregende Reise nach Memphis schien ihr unendlich lange her – obwohl sie nachts immer noch von der Göttin Isis träumte.

Oft lag sie nachts aber auch wach und horchte auf Schritte in den Korridoren. Und dachte darüber nach, wie viel Zeit ihr wohl noch blieb, ehe Berenike den Wachen befahl, ihre Schwester umzubringen.

Dann – es muss ungefähr ein Jahr nach der Flucht ihres Vaters gewesen sein – belauschte sie zufällig zwei von Berenikes Höflingen, die in einer Ecke des Palastes miteinander tuschelten. Was sie hörte, versetzte sie in eine Aufregung, die sie seit dem Besuch von Alexanders Grab nicht mehr gekannt hatte.

Ihr Vater lebte.

■

Ptolemaios' Flucht war eine seltsame Angelegenheit gewesen. Zunächst hatte er die Insel Rhodos angesteuert, in der Hoffnung, dort beim höchsten römischen Beamten der Insel – einen als ernst und streng bekannten Senator namens Cato – vorsprechen zu können.

Als er schließlich zu Cato vorgelassen wurde, hatte dieser gerade ein Mittelchen eingenommen, um seiner Verdauung auf die Sprünge zu helfen. Ptolemaios musste also sein Anliegen vortragen, während sein Gesprächspartner auf der Toilette saß. Für den Pharao von Ägypten eine neue – und demütigende – Erfahrung.

Catos unter lautem Ächzen und Stöhnen hervorgebrachter Ratschlag war ebenso schroff wie vorhersehbar. Der Pharao sei selbst schuld, sagte er. Warum habe er sich auch so viel Geld geliehen? Er könne ja nach Alexandria zurückkehren und seine Leute um Verzeihung bitten.

Einen Moment lang spielte Ptolemaios mit dem Gedanken, genau das zu tun. Seine Berater konnten ihn jedoch schnell davon überzeugen, dass das eine Reise in den Tod werden würde. Er musste sich also etwas anderes einfallen lassen.

Schließlich reiste er nach Rom weiter, in der Hoffnung auf Unterstützung durch die Senatoren, die er so lange bestochen hatte. Er setzte vor allem auf seinen alten Verbündeten Pompeius, der ihn dann auch in seine prächtige, auf einem Hang außerhalb Roms gelegene Villa einlud.

Für die Bankiers der Republik stellte das Exil des Pharaos ein ernsthaftes Problem dar. Schließlich schuldete er ihnen geradezu astronomische Summen, die er nur würde zurückzahlen können, wenn er wieder uneingeschränkten Zugriff auf die ägyptische Staatskasse hatte.

Sie erklärten sich also bereit, ihm noch mehr Geld zu leihen – ein rein zweckgebundener Kredit allerdings, ausschließlich dafür gedacht, in Rom um Unterstützung für sein Anliegen zu werben. Kleopatras Vater blieb also erst einmal bei Pompeius wohnen und gab Monat um Monat Unsummen dafür aus, die Werbetrommel in eigener Sache zu rühren. Er veranstaltete aufwendige Feste und Bankette für seine Unterstützer und ließ das Forum mit Plakaten zupflastern, die erklärten, warum das, was für den Pharao gut war, auch für Rom gut war.

Als Berenikes Agenten ihr die Nachrichten aus Rom überbrachten, tobte sie vor Wut. Das Letzte, was sie wollte, war, ihren Vater an der Spitze einer römischen Flotte in den Hafen von Alexandria einlaufen zu sehen.

Sie beorderte sofort einhundert Botschafter nach Rom, die

ihre Sicht der Dinge darlegen sollten – unter ihnen der Philosoph Dion, der zu den berühmtesten Gelehrten Alexandrias gehörte. Doch ihr Vater hatte immer noch ein, zwei Spione in seinem ehemaligen Palast, die ihn sogleich über die Pläne seiner Tochter informierten.

Nach ihrer Landung an der italienischen Küste hatten sich Berenikes Botschafter gerade auf den staubigen Weg nach Rom gemacht, als sie von einer Bande angegriffen wurden, die mit gezückten Schwertern aus dem Wald hervorgebrochen war.

Einige der Gesandten konnten fliehen und sich sogar bis in die Stadt durchschlagen. Doch im düsteren Labyrinth Roms waren sie für Ptolemaios' Schergen eine leichte Beute. Als die Schwerter im Schatten der engen Gassen aufblitzten, blieb Berenikes Männern nicht der Hauch einer Chance.

Einzig Dion gelang die Flucht – und er stolperte schließlich völlig erschöpft auf das Forum Romanum, den großen Hauptplatz im Zentrum der Stadt. Er wollte sich gerade an die dort flanierenden Politiker und Geschäftsleute wenden, da bot ihm jemand einen Becher Wasser an, weil er so erschöpft und durstig aussehe.

Der alte Mann nahm dankbar an und trank begierig. Im nächsten Moment verzog sich sein Gesicht in qualvollem Schmerz. Er griff sich keuchend an die Kehle – dann sank er tot zu Boden.

Nur wenige Kilometer entfernt ließ Kleopatras Vater seinen Blick über die Hügel schweifen und führte zufrieden seinen

Weinkelch an die Lippen. Bisher war das ein Tag ganz nach seinem Geschmack.

So vertrieb man sich also die Zeit. In Rom bedrängten Ptolemaios' Agenten den Senat, diesem zur Rückkehr nach Ägypten zu verhelfen. In Ägypten schäumte Berenike vor Wut darüber, dass ihr Vater überlebt hatte.

Und in ihrem Zimmer im Palast blickte ein einsames Mädchen zu den Sternen empor und träumte von einer besseren Zukunft. Würde diese jemals kommen? Konnte sie vom Leben mehr erwarten, als die Gefangene ihrer Schwester zu sein?

Dann, kurz nach Kleopatras vierzehntem Geburtstag, nahmen die Dinge plötzlich eine dramatische Wendung.

Es war ein kühler Frühlingsmorgen, und sie hatte sich mit einer Schreibtafel in den Palastgarten gesetzt, als sie Fußgetrappel und aufgeregte Rufe hörte. Sie legte die Tafel zur Seite und lauschte. Dann leuchtete ihr Gesicht vor Freude auf.

Aus dem Osten waren spektakuläre Neuigkeiten eingetroffen. Nach Monaten geheimer Verhandlungen hatte ihr Vater mit dem römischen Statthalter in Syrien, Aulus Gabinius, eine Abmachung getroffen. Diese Abmachung sicherte ihm die schwindelerregende Summe von zehntausend Silbertalenten zu, sobald er wieder auf dem ägyptischen Thron saß.

Gabinius' junger Kavalleriekommandant ritt bereits mit einer riesigen Söldnerarmee – Gallier, Germanen und Nordmänner voller Narben und Tätowierungen – der ägyptischen Grenze entgegen. Und dicht hinter ihnen folgte Kleopatras Vater.

Im Palast war man fassungslos. Berenike – außer sich vor Wut – schrie alles und jeden an, während ihr unglückseliger Ehemann Archelaos, den Helm schief auf dem Kopf, verzweifelt nach seinem Schwert suchte.

In all dem Durcheinander bemerkte niemand, dass Kleopatra die Treppe hinaufschlich und sich in ihrem Zimmer einschloss. Fürs Erste, so dachte sie, wäre es wohl besser, ihrer Schwester aus dem Weg zu gehen.

Während der nächsten Tage – ihr Ohr immer an der Tür, um so viel wie möglich von den getuschelten Gerüchten mitzubekommen – fiel es ihr schwer, ihre Aufregung im Zaum zu halten. Der junge Anführer der römischen Kavallerie hatte Gabinius' Truppen anscheinend schon durch die Sümpfe im Osten geführt und die Grenzfestung bei Pelusium eingenommen.

Inzwischen waren seine Männer nur noch wenige Tage von Alexandria entfernt. Die Armee ihrer Schwester marschierte ihnen bereits entgegen, doch Kleopatra wusste, dass es Wahnsinn war, die Römer in einer offenen Feldschlacht herauszufordern.

Und sie behielt recht. Zwei Tage später, als sie die Anspannung kaum noch aushalten konnte, hörte sie Stimmen über die Straße gellen.

Der junge römische Befehlshaber hatte einen weiteren triumphalen Sieg errungen – er hatte seine Kavallerie um Berenikes Armee herumgeführt und diese von hinten angegriffen, während seine Söldnertruppe den Gegner frontal gestellt hatte. Das

Ergebnis war ein Massaker gewesen, dem auch Archelaos zum Opfer gefallen war.

Nur wenige Stunden später ritten die ersten Römer in die Stadt ein. Ihre roten Umhänge waren zwar matt von Schweiß und Staub, doch ihre Rüstungen funkelten in der Frühlingssonne und die Federbüsche wippten stolz auf ihren schimmernden Helmen.

Als Kleopatra neben ihren Dienerinnen aus dem Fenster sah, konnte sie ihren Blick nicht von ihnen abwenden – vor allem von einem von ihnen nicht. Er sah aber auch zu verwegen aus und ein bisschen hochmütig, mit seinem kantigen Kinn und seinen ungebändigten Haaren.

Eine Dienerin flüsterte, dass das der junge Kommandant der Kavallerie sei – der, von dem ständig alle jungen Frauen sprächen. Sein Spitzname sei »neuer Herkules«, doch in Wirklichkeit heiße er Marcus Antonius.

Offenbar hatte er nach der Schlacht darauf bestanden, den Leichnam von Archelaos suchen und mit allen Ehren bestatten zu lassen – eine demonstrative Geste, die bei den Einwohnern Alexandrias außerordentlich gut ankam. Sie jubelten ihm zu, als er an ihnen vorbei in die Stadt einritt.

Als sich der junge attraktive Kommandant vom Pferd schwang und seinen Helm absetzte, fiel sein Blick zufällig auf eines der offenen Fenster über ihm. Für einen kurzen Moment trafen seine dunklen Augen auf die von Kleopatra und er setzte ein breites Grinsen auf.

Für einen Augenblick schien die Zeit stillzustehen und Kleopatra wurde von einem Schauer erfasst. Sie kannte dieses Gefühl: Angst, Gefahr. *Doch da war noch etwas anderes* …

Mit einem Mal wandte sich der römische Offizier wieder ab und rief seinen Männern einen Befehl zu. Weiter hinten drängten immer neue Soldaten in den Hof des Palastes – sie brauchten jetzt seine Aufmerksamkeit.

■

Wenige Tage später kehrte Kleopatras Vater nach Alexandria zurück. Drei lange Jahre lang war er fort gewesen, und als er jetzt sah, wie blass und dünn Kleopatra geworden war, füllten sich seine Augen mit Tränen. Dann schloss er sie in seine Arme und für einen Moment waren alle Sorgen und Nöte vergessen.

Für seine in Ungnade gefallene Tochter Berenike gab es hingegen keine Umarmung. Als die Wachen sie in den Hof zerrten, schluchzte und schrie sie, doch ihr Vater rührte sich nicht, und sein Gesicht war wie versteinert.

Einen Augenblick später noch einmal ein furchtbarer Schrei … dann Stille. Der Pharao nickte knapp, dann warfen seine Männer ihre Leiche den Hunden vor.

Doch Ptolemaios' Rache war damit noch nicht beendet. Berenikes Unterstützer wurden zusammengetrieben. Manche tötete man an Ort und Stelle wie ihre Königin, anderen wurden nur ihre Häuser und Besitztümer genommen.

Doch obwohl Kleopatra erleichtert aufatmete, dass ihr Vater endlich zurückgekehrt war, stimmte irgendetwas nicht. Trotz all der Siegesfeierlichkeiten lag ein dunkler Schatten über Alexandria. Ein nagendes Gefühl, dass etwas zerbrochen war, das nicht mehr repariert werden konnte.

Einige der Römer verließen die Stadt nach wenigen Tagen, unter ihnen auch der junge Kavallerieoffizier, der Kleopatras Blick auf sich gezogen hatte. Doch andere blieben, stolzierten über die Prachtstraßen der Stadt und behandelten ihre Bewohner mit unverhohlener Verachtung. Und wann immer Kleopatra das Arbeitszimmer ihres Vaters besuchte, sah sie, wie sich Fremde über die Schriftrollen beugten und sich auf ihren kleinen Wachstafeln Notizen machten.

Die Bankiers der Republik hatten ihren Teil der Abmachung eingehalten. Und jetzt, da Ptolemaios wieder auf dem Thron saß, verlangten sie ihre Belohnung. Kalt und unbarmherzig begannen sie, Ägypten auszubluten.

Bauern im ganzen Land fürchteten den Anblick der römischen Steuereintreiber, deren Karren mit Gold und Silber beladen waren. Im Hafen von Alexandria arbeiteten große Gruppen von Sklaven die ganze Nacht, um die zum Bersten gefüllten Schatztruhen auf die Schiffe nach Rom zu verladen.

In den Tavernen murrten die Leute, dass, wenn die Wölfe ihre Arbeit hier beendet hätten, von Ägypten nichts mehr übrig sein würde. Aus den ländlichen Gebieten kamen Berichte über Brände und Unruhen, und die Bauern drohten damit, keinen

Finger mehr zu rühren, wenn die Römer sie nicht in Ruhe ließen.

Im Palast schüttelte Kleopatras Vater deprimiert den Kopf. Um die Krone wiederzuerlangen, hatte er sein Volk an die Römer verkauft, und nun gab es kein Zurück mehr.

Alexandria war voller römischer Soldaten, deren Augen hart und wachsam waren. Die meisten Stadtbewohner hassten es, sich von den Soldaten herumkommandieren zu lassen. Doch nur wenige wagten es, sich ihren Schwertern entgegenzustellen.

Vier Jahre vergingen. Ägypten weinte.

Die Götter zürnten. Das Nilhochwasser kam spät und die Ernten waren dürftig. Die Lebensmittelpreise waren höher als je zuvor. Auf dem Land ging das Gerücht, es könne zu einem großen Aufstand, vielleicht sogar zu einem Bürgerkrieg kommen.

Und dann, im Frühling des Jahres 51 v. Chr., erkrankte Kleopatras Vater schwer. Und alles veränderte sich.

5

Die Herrin beider Länder

Nacht lag über Alexandria. Die langen Korridore des Palastes waren von Weihrauchschwaden und dem monotonen Singsang eines Klagelieds erfüllt.

Im Halbdunkel der großen Marmorhalle erhellte der Schein einer Kerze Kleopatras tränenüberströmtes Gesicht. Sie beugte sich vor und legte ihrem Vater eine Münze auf die Zunge.

Von jahrelangen Intrigen und dem Leben im Exil erschöpft, hatte sich Ptolemaios von seiner Krankheit nicht wieder erholt. Nacht für Nacht hatte Kleopatra zu Isis gebetet und die Göttin angefleht, sein Leben zu verschonen.

Doch es hatte nichts genützt. Eines Abends – die glimmenden Aschereste in der Feuerstelle waren gerade noch einmal aufgeflammt und dann erloschen – tat der zwölfte der Ptolemäer seinen letzten, gequälten Atemzug, ein Zittern durchlief seinen Körper, und dann war es vorbei.

Jetzt, in der großen Halle, küsste ihn seine Tochter ein letztes Mal auf die Stirn. Dann wischte sie sich die Tränen aus den Augen und richtete sich auf.

Die Reise ihres Vaters auf der Erde war zu Ende, seine Seele befand sich bereits auf dem Weg in die Unterwelt. Dort, im Dunkel der ewigen Nacht, würde Charon, der Fährmann, ihm die Münze von der Zunge nehmen und ihn auf dem Fluss Styx zu den Gefilden Elysiums bringen, damit er dort, mit den alten Helden als Gefährten, ewig weiterleben konnte.

Hier und jetzt jedoch, während ihre Sklaven auf leisen Sohlen um sie herumhuschten, beschäftige sich Kleopatra mit sehr irdischen Fragen.

In den letzten Monaten vor seinem Tod war Kleopatras Vater die Zukunft Ägyptens nicht mehr aus dem Kopf gegangen. Er hatte zwei Kopien seines Testaments anfertigen lassen. Die eine hatte er der Bibliothek, die andere seinem alten Verbündeten Pompeius dem Großen zukommen lassen.

Was er wollte, war glasklar – oder schien es zumindest zu sein. Nach seinem Tod würde die Krone auf seine älteste Tochter Kleopatra und seinen ältesten Sohn Ptolemaios senior übergehen, die gemeinsam als Herrscherpaar regieren sollten. Ihr Wohlergehen legte er den Römern anheim.

Kleopatra war klar, dass hier taktisches Geschick gefordert sein würde. Sie war jetzt achtzehn Jahre alt – eine nachdenkliche junge Frau, die aus der Flucht ihres Vaters eine Lehre fürs Leben gezogen hatte. Ihr Bruder Ptolemaios war gerade mal zehn Jahre alt. Ein unmäßiger, verzogener Junge, der jetzt schon von einigen der skrupellosesten Männer Alexandrias umgeben war.

Wie sollten sie gemeinsam regieren? Wer würde die Entscheidungen treffen? Und welche Rolle würden die römischen Wächter spielen?

Kleopatra zweifelte nicht an ihren Fähigkeiten. Ägypten war schließlich voll von selbstbewussten, weltgewandten Frauen, die weitaus mehr Freiheiten genossen als ihre Geschlechtsgenossinnen in Rom oder Griechenland.

Einige reiche Ägypterinnen verfügten über eigenen Grundbesitz und gingen ihren eigenen Geschäften nach. Sie verliehen Geld, betrieben Bauernhöfe oder handelten mit Sklaven und Gewürzen. Manche waren Priesterinnen in den großen Tempeln, andere arbeiteten als Künstlerinnen, Musikerinnen, Ärztinnen oder Anwältinnen.

In jedem Fall würde Kleopatra nicht die erste Frau auf dem ägyptischen Thron sein. Es hatte bereits mehrere Pharaoninnen gegeben – die bekannteste von ihnen war Hatschepsut gewesen, »die Erste der Edlen Frauen«, die während der achtzehnten Dynastie regiert hatte und einige der schönsten Tempel im ganzen Land hatte errichten lassen.

Mit einem Mal wusste Kleopatra genau, was zu tun war. Sie hatte keinen Bedarf an ihrem kleinen Bruder oder seinen »Freunden«. Wie eine Königin aus alter Zeit würde sie selbst die Zügel in die Hand nehmen. Als Herrin beider Länder würde sie Alexandria regieren und sich ihrer mächtigen Ahnen als würdig erweisen.

Und mit dem Beistand der göttlichen Isis würde sie ihr

Schicksal annehmen und Ägypten in eine ruhmreiche Zukunft führen.

■

Kleopatra verlor keine Zeit. Wenige Wochen nach der Beerdigung ihres Vaters fuhr sie gemeinsam mit ihrem Bruder auf der königlichen Barke den Nil hinauf, beide in voller Staatstracht und mit allen herrschaftlichen Insignien.

In der heiligen Stadt Memphis schritten sie den langen Dammweg hinunter, dann vorbei an den jubelnden Massen, den Sphinxen und Statuen, bis sie das große weiße Portal des Ptah-Tempels erreichten.

Während die Fahnen wehten und die Höflinge sich verneigten, senkte der Hohepriester die rot-weiße Doppelkrone der beiden Länder auf ihre Häupter. Zuerst dem kleinen Ptolemaios, der zufrieden grinste. Dann der blassen, ernsten Kleopatra.

Am heiligsten Ort des Tempels kniete sie nieder, um den Eid abzulegen – auf Ägyptisch. Sie war stolz darauf, die Sprache der Einheimischen zu beherrschen, und freute sich über den anerkennenden Blick des Hohepriesters, als sie es richtig hinbekam.

Dann spürte sie eine Hand an ihrer Stirn, als ihr das goldene Diadem – das Symbol des Königtums – aufgesetzt wurde.

Nun war sie keine Sterbliche mehr, sondern Kleopatra VII., Königin von Ägypten, die Große, die vaterliebende Göttin, Herrin beider Länder, Herrin der Vollkommenheit.

Neben ihr kicherte ihr Bruder.

Nach dem Ende der Feierlichkeiten, die sich ein wenig hingezogen hatte, wies Kleopatra die Besatzung der Barke an, den Weg Richtung Süden fortzusetzen, hinein in die brütende Hitze von Oberägypten.

Über zehn Tage lang waren sie unterwegs. Der Nil wurde jetzt langsamer und schlammiger, die Dörfer ärmer und verschlafener. Die Menschen hier hatten dunklere Haut und sprachen mit starkem Akzent. Für viele ihrer Höflinge, denen die Hitze arg zu schaffen machte, hätte dies ebenso gut ein fremdes Land sein können.

Als sie Theben erreichten, die steinerne Hauptstadt Oberägyptens, ließ Kleopatra die Barke festmachen. Sie hatte hier etwas Wichtiges zu erledigen.

Der heilige weiße Stier von Hermonthis, die Inkarnation des Kriegsgottes Montu, war gestorben, und es musste ein Nachfolger benannt werden. Die Priester hätten das selbst tun können, doch Kleopatra wollte den Bewohnern von Oberägypten eine Botschaft zukommen lassen.

Jahrelang hatten sie sich von ihren griechisch sprechenden Herrschern ignoriert gefühlt. Doch Kleopatra hatte nicht vergessen, was ihr ihr Vater damals in Memphis gesagt hatte: Ein Pharao braucht die Unterstützung des Volkes.

Jetzt nahm sie auf der festlich geschmückten Barke wieder ihren Platz ein, um den Stier zu seinem Tempel zu bringen. Eine in Stein gemeißelte Inschrift, die die Jahrtausende überdauert hat, hält den Moment fest:

Die Königin, die Herrin beider Länder, die vaterliebende Göttin, ruderte ihn in der Barke des Amun, begleitet von den königlichen Schiffen. Alle Einwohner von Theben und Hermonthis und die Priester waren zugegen. Er erreichte Hermonthis, seinen Bestimmungsort, am 22. Mechir …

Von dort zurück nach Alexandria waren es über sechshundert Kilometer. Doch als Kleopatra bei ihrer Abreise die jubelnden Männer, Frauen und Kinder sah, die die Ufer zu beiden Seiten des Flusses säumten, waren die Strapazen der bevorstehenden Rückreise vergessen.

■

Es war bereits dunkel in Alexandria. Auf den Straßen regte sich nichts und die Kerzen in Kleopatras Vaters altem Arbeitszimmer waren bis auf kurze Stummel heruntergebrannt. Sie war seit Stunden in Dutzende Schriftrollen vertieft, die sie über den gesamten Schreibtisch verteilt hatte.

Schließlich richtete sie sich auf, übergab einem Sklaven ein Schriftstück und signalisierte ihm, dass er sich zurückziehen könne. Sie lehnte sich auf ihrem mit Schnitzereien verzierten Holzstuhl zurück und dachte nach.

Es musste viele Jahre her sein, dass ein gerade gekrönter Pharao vor solch enormen Herausforderungen stand. Ägyptens Größe war Vergangenheit. Kyrene und Zypern, einst in ägyptischem Besitz, gehörten nun jemand anderem. Im gesamten

Mittelmeerraum konnten die römischen Wölfe ungehindert tun und lassen, was sie wollten.

Jahrelange Verschwendung und Maßlosigkeit hatten nichts als leere Schatzkammern zurückgelassen. Zuletzt hatte Kleopatras Vater sogar den Silberanteil in den Drachmen reduziert. Die Preise waren in die Höhe geschossen, in einigen der ländlichen Gegenden waren teils offene Revolten ausgebrochen. Und gerade hatten Kleopatras Berater von neuen Aufständen entlang des Nils berichtet – Bauern, die sich gegen die Steuereintreiber zur Wehr setzten.

Auch in Alexandria lag etwas in der Luft, eine unbestimmte Angst, die mit jedem Tag stärker spürbar war.

Die Besatzungstruppen – einige Römer, inzwischen jedoch größtenteils germanische und gallische Söldner, die sich ihrerseits Banden von Piraten, Banditen und entlaufenen Sklaven bedienten – benahmen sich großspuriger und rüpelhafter denn je. Man nannte sie »Gabiner«, nach dem römischen Statthalter, der sie nach Ägypten entsandt hatte. Sie hingen an jeder Straßenecke herum, tranken viel zu viel und verhöhnten die Einheimischen.

Viele hatten sich ägyptische Freundinnen zugelegt und forderten nun auch eigene Bauernhöfe. Noch beunruhigender: Kleopatras Agenten hatten ihr berichtet, dass sich die Anführer der Gabiner regelmäßig mit den zwielichtigen Vertrauten ihres Bruders trafen.

Ihr Bruder … Kleopatra war sich sicher, dass er das größte Problem von allen war.

Ptolemaios war zwar gerade erst zehn Jahre alt geworden, doch er empörte sich maßlos darüber, dass seine Schwester ihn nicht an den Regierungsgeschäften teilhaben ließ. Eigennützig, wie er schon immer gewesen war, hatte er einen eigenen Beraterstab um sich geschart, der sich aus Höflingen rekrutierte, die mit einem weiblichen Pharao nichts anfangen konnten.

Wann immer Kleopatra an diese Männer dachte, lief ihr ein kalter Schauer über den Rücken. Da war der Hauslehrer ihres Bruders, Thedotos, der von der griechischen Insel Chios stammte: ein schmieriger Mann mit einem gruseligen kleinen Spitzbart, der ständig flüsterte und im Verborgenen seine Intrigen spann.

Da war Achillas, der Hauptmann der Palastwache, ein arroganter Schlägertyp, der jedes Mal, wenn er sie sah, das Gesicht verzog.

Und dann war da noch der Chefberater und Kammerherr ihres Bruders – Pothinus. Er hatte eine sanfte Stimme, einen kahl geschorenen Kopf und glitzernde Ringe an kurzen, plumpen Fingern. Seine eng stehenden Augen huschten stets unruhig umher. Wie Kleopatra diesen Typen verabscheute!

Doch was konnte sie schon tun? Sie selbst hatte nur wenige Verbündete und ihre eigene Position war immer noch gefährlich schwach. Wenn sie gegen die Vertrauten ihres Bruders vorging, konnte das einen Aufstand der ägyptischen Bevölkerung nach sich ziehen.

Also wartete sie erst einmal ab. Doch ein Jahr nachdem sie

ihre Regentschaft angetreten hatte, begannen die Dinge endgültig aus dem Ruder zu laufen.

Zunächst ereignete sich ein Vorfall mit den Gabinern. Der Statthalter der römischen Provinz in Syrien forderte seine nach Alexandria zu den Besatzungstruppen abgestellten Männer zurück.

Doch als er seine beiden Söhne schickte, um die Truppe nach Hause zu beordern, reagierten die Gabiner mit schockierender Brutalität: Anstatt die Söhne des Statthalters einfach zu ignorieren, zogen sie ihre Schwerter und metzelten die beiden an Ort und Stelle nieder.

Das brachte Kleopatra in eine äußerst schwierige Lage. Schließlich entschloss sie sich, die Mörder in Ketten nach Syrien zu schicken – eine durchaus nachvollziehbare Entscheidung, die allerdings die übrigen Gabiner zu ihren erbitterten Feinden machte. Einige von ihnen schworen, sie würden Alexandria erst verlassen, wenn man ihnen Kleopatras abgeschlagenen Kopf auf einem Tablett servierte.

Doch die tödlichste Bedrohung ging nicht von den Gabinern aus, sondern von der »Mutter aller«, deren Launen das gesamte Königreich zu Fall bringen konnten – dem Nil.

Jedes Jahr, wenn der Sommer nahte, beteten die Bauern zu den Göttern, sie möchten die Wasser des Nils wieder steigen lassen, und beobachteten mit Sorge dessen Pegelstand. Hierfür bedienten sie sich spezieller Vorrichtungen – sogenannter Nilometer – in Form von Steinsäulen, Brunnen oder Treppen, die zum Flussufer hinunterführten. Der Nil *musste* über seine Ufer treten, damit er ihre in den Flussniederungen gelegenen Felder überschwemmte und die Erde weich und fruchtbar machte.

Doch im Sommer des Jahres 51 v. Chr. schien der Nil überhaupt nicht zu steigen. An den Ufern vertrocknete die Erde in der sengenden Hitze, bildete Risse und wurde steinhart. Die Kanäle führten kein Wasser mehr, das Getreide verdorrte, die Bauern flehten die Götter um Regen an.

Und wie zum Hohn brannte die Sonne den ganzen Sommer über erbarmungslos von einem wolkenlosen blauen Himmel herab.

Im nächsten Winter hungerte Ägypten. Jeden Morgen standen die Menschen auf den Märkten Schlange, doch die Standbesitzer breiteten nur hilflos die Arme aus. Es gab kein Brot, kein Obst, kein Gemüse, gar nichts.

Im Palast arbeitete Kleopatra bis tief in die Nacht an ihrem mit Schriftrollen übersäten Schreibtisch, bis sie es vor Kopfschmerzen kaum noch aushielt. Aber was konnte sie schon tun? Sicher würde Isis, die Königin des Himmels, im nächsten Jahr Erbarmen zeigen und die Fluten schicken.

Doch im Sommer darauf wiederholte sich das Drama. Kein Regen, kein Hochwasser, nur ewige sengende Sonne.

Tausende starben. Verzweifelte Menschen machten sich zuhauf aus den Dörfern auf in die Städte. An den Stadttoren von Alexandria hatten Kleopatras Wachen alle Hände voll damit zu tun, die Massen halb verhungerter Bauern und Dorfbewohner zurückzudrängen.

Gegen Ende des Sommers begannen Recht und Ordnung zusammenzubrechen. Plündernde Banden zogen durchs Land, verwüsteten die Tempel und stahlen das wenige, das sie an Nahrungsmitteln finden konnten. Die Schwachen gingen zugrunde, nur die Starken überlebten.

Dann kam der Herbst und nun begann auch Alexandria zu hungern.

Im Palast verschaffte sich jetzt Pothinus' einschmeichelnde Stimme Gehör. Kleopatra sei noch jung, sagte er milde. Sie habe Pech gehabt. Sie würde dazulernen. Doch fürs Erste würden erfahrenere Köpfe im Namen ihres göttlichen Bruders Ptolemaios XIII. das Ruder übernehmen.

Der Palast erließ eine Notverordnung. Da Alexandria hungerte, seien alle Getreidevorräte unverzüglich in die Hauptstadt zu bringen. Die Nichtbefolgung der Anordnung würde mit dem Tode bestraft. Die Dorfbewohner wurden dazu angehalten, verdächtige Nachbarn zu melden. Auf dem Land konnte man ruhig hungern, die Hauptstadt musste, komme was wolle, am Leben erhalten werden.

Die Verordnung war im Namen beider Monarchen erlassen worden: Bruder und Schwester. Doch Ptolemaios' Name wurde zuerst genannt. Er und seine Vertrauten hatten nun das Sagen.

Regen und Flut blieben weiterhin aus. Auf den Feldern

stapelten sich die Leichen, Fliegenschwärme verdunkelten den Himmel.

In der Stadt waren die Getreidepreise so hoch wie nie zuvor. Jeden Tag kam es beim Kampf um das wenige Brot zu Rangeleien auf den Märkten. Rebellion und Bürgerkrieg schienen nur noch Tage entfernt.

Und dann – Alexandria konnte bereits nicht mehr – kamen von der anderen Seite des Meeres plötzlich sensationelle Neuigkeiten.

Rom war in Aufruhr. Das Triumvirat war Vergangenheit, die trügerische Ruhe war gebrochen.

Crassus war tot, Pompeius hatte den Oberbefehl an sich gerissen, und die Truppen von Julius Cäsar marschierten auf die Hauptstadt zu. Die Welt stand am Rande eines Krieges.

■

Über den Ufern des Tibers hatten sich seit Jahren dunkle Wolken zusammengezogen. Wie die klugen alten Köpfe vorhergesagt hatten, hatte das Triumvirat – die Allianz der drei mächtigsten Generäle Roms – den Bürgerkrieg nicht verhindert, sondern lediglich hinausgezögert.

Im Nachhinein war es bemerkenswert, dass der Frieden überhaupt so lange gehalten hatte. Crassus und Pompeius hatten sich stets gehasst, und Julius Cäsar war viel zu ehrgeizig, um auf Dauer die dritte Geige zu spielen.

Den ersten Schritt auf den Abgrund zu tat im Jahr 54 v. Chr.

ein Mitglied des Triumvirats – Crassus – selbst. Der reiche und arrogante Crassus war erpicht darauf, einen eigenen militärischen Erfolg feiern zu können. Bei brütender Sommerhitze führte er seine Legionen nach Osten, um Alexander dem Großem nachzueifern und das Partherreich* zu vernichten.

Der Feldzug endete in einem Desaster. Von seiner Gier nach Ruhm geblendet, führte Crassus dreißigtausend Soldaten tief in die syrische Wüste, ohne an deren Versorgung mit Wasser zu denken. Als die Römer von der Sonne verbrannt und halb verdurstet waren, gingen die berittenen Bogenschützen der Parther zum Angriff über. Crassus' Männer hatten nicht die geringste Chance.

Die Parther erbeuteten nicht nur die römischen Adlerstandarten, sondern nahmen auch Crassus selbst gefangen. Manchen Quellen zufolge töteten sie ihn, indem sie ihm geschmolzenes Gold in den Hals schütteten, ehe sie seinen abgetrennten Kopf als Requisite für an ihrem Hof aufgeführte Schauspiele benutzten.

Das Triumvirat bestand also jetzt nur noch aus zweien. Und römische Politik war auf einen Schlag gefährlich einfach geworden. Entweder war man für Pompeius oder für Julius Cäsar.

---

* Die Parther, ein Reitervolk, stammen aus einer kargen Gegend, die heute im Grenzgebiet zwischen dem Iran und Turkmenistan liegt. Auf ihre Expansion nach Westen folgend, hatten sie das alte Perserreich unterworfen, über das sie dann fast fünfhundert Jahre lang herrschten.

Für ein »dazwischen« oder ein »ich weiß nicht so genau« war kein Platz.

Die Spannungen nahmen zu, das Leben in Rom wurde immer gefährlicher. Rivalisierende Banden streiften durch die Gassen, auf der Suche nach Opfern.

Im Jahr 52 v. Chr. verlor die alte Garde des Senats die Geduld. In ihrer Angst vor dem Zerfall der Republik wandten sie sich an Pompeius und baten den gealterten Wunderknaben, die Alleinherrschaft zu übernehmen und die Ordnung auf den Straßen wiederherzustellen.

Für Pompeius waren das großartige Neuigkeiten. Doch als Cäsar Hunderte Kilometer von Rom entfernt davon erfuhr, schüttelte er grimmig den Kopf.

In den letzten Jahren hatte Cäsar die römischen Streitkräfte in Gallien befehligt und eine Reihe überwältigender Siege für sich verbuchen können. In nur acht Jahren hatte er seine Legionen bis an die Küste des Atlantiks geführt und jeden Widerstand niedergeschlagen.

Als er seinen Eroberungszug beendet hatte, waren eine Million »Barbaren« tot und eine weitere Million versklavt worden. Doch Cäsar hatte keinerlei Grund, irgendetwas zu bedauern. Mit kaltem Stahl und eisernem Willen hatte er das gesamte Gebiet des heutigen Frankreich für die Römische Republik erobert.

Im Jahr 55 v. Chr. hatte er seine Truppen sogar über den Ärmelkanal geführt und war mit zehntausend Legionären in

Britannien eingefallen. Doch schließlich zog er sich wieder zurück. Offenbar waren die Briten aus härterem Holz geschnitzt als ihre gallischen Nachbarn.

In Rom lösten Cäsars Siege Begeisterungsstürme aus. Pompeius' Eroberungen in Kleinasien schienen auf einen Schlag vergessen zu sein. Jetzt war es Cäsars Name, den die Menschenmengen auf Roms Straßen skandierten.

Auf den Bänken des Senats grollten Pompeius' Freunde vor Zorn. Schon bald würde Cäsar mit reicher Beute und seinen altgedienten, kampferprobten Soldaten nach Rom zurückkehren. Was plante er als Nächstes?

Er hatte bereits einen Abgesandten, der sein volles Vertrauen genoss, in die Hauptstadt vorgeschickt, um alle nötigen Vorbereitungen zu treffen: Marcus Antonius, den attraktiven Kavallerieoffizier, dessen Einzug in Alexandria Kleopatra beobachtet hatte. Er hatte in Gallien Seite an Seite mit Cäsar gekämpft und war zu einem von dessen treuesten Gefolgsleuten geworden.

Nun drängte ihn Cäsar, sich selbst zur Wahl aufstellen zu lassen. Cäsar brauchte Freunde in hohen Positionen und als gut aussehender Kriegsheld schien ihm Marcus Antonius der perfekte Kandidat zu sein.

Doch Pompeius' Freunde hatten da etwas andere Vorstellungen. Gegen Ende des Jahres 50. v. Chr. stand ihr Plan fest: Sie würden Cäsar zwingen, sein Kommando niederzulegen, ihn nach Rom zurückbeordern und dort wegen Korruption vor Gericht stellen.

Als die Winterkälte einsetzte, begaben sich die führenden Köpfe des Senats zu Pompeius' Villa. Vor einer sichtlich erregten Menge überreichten sie ihm ein Schwert und forderten ihn auf, damit die Republik zu verteidigen.

Dann kam es zu einer dramatischen Wendung. Am 1. Januar 49 v. Chr. verlas Marcus Antonius im Plenum des Senats einen Brief seines Freundes. Ja, schrieb Cäsar, er sei bereit, sein Kommando niederzulegen – aber nur, wenn Pompeius das Gleiche tue.

Daraufhin brüllten und pfiffen Pompeius' Verbündete. Sie waren außer sich vor Wut und forderten Cäsars Kopf. Falls er nicht sofort aufgebe, sei er des Hochverrats schuldig, schrien sie.

Der Lärm der Kriegstrommeln war nun kein bloßes Hintergrundgeräusch mehr. Am 7. Januar erließ der Senat eine Notverordnung, die Cäsar zum Staatsfeind erklärte und Pompeius beauftragte, ihn aufzuspüren und nach Rom zu überführen.

In Rom patroullierten jetzt bewaffnete Banden durch die Straßen, und Marcus Antonius hielt es für angebracht, sich erst einmal zu verabschieden. Er verkleidete sich als Sklave und floh in Richtung Norden. Sein Schicksal lag an der Seite seines Freundes.

Cäsar wartete zur selben Zeit mit der dreizehnten Legion auf der anderen Seite des Rubikon, eines seichten Flusses, der die Nordgrenze Italiens markierte. Eine Armee über den Fluss zu führen, wäre nicht nur eine Kriegserklärung. Es wäre mit allergrößter Wahrscheinlichkeit auch das Ende der Republik.

Jeder andere General wäre angesichts dessen, was er vorhatte, erschaudert. Nicht aber Julius Cäsar.

Am Nachmittag des 10. Januar – seine Legionäre harrten im eiskalten Nebel aus und warteten auf seinen Befehl – nahm Cäsar ein langes Bad. Dann aß er gemütlich zu Abend und plauderte gut gelaunt mit seinen Offizieren.

Erst als die Dämmerung hereinbrach, erhob er sich und ließ sich in einem Wagen zum Fluss bringen. Und als die Dunkelheit sich endgültig über die Landschaft gesenkt hatte, gab er Befehl, den Fluss zu überqueren.

Julius Cäsar war stets ein Spieler gewesen. Doch einen so hohen Einsatz hatte auch er noch nie riskiert.

»Folgen wir, wohin uns die Zeichen der Götter und die Verderbtheit unserer Feinde führen!«, rief er. »Die Würfel sind gefallen!«

■

Cäsars Entscheidung, den Rubikon zu überqueren, war einer der großen Wendepunkte der Geschichte. Er leitete damit das Ende der Römischen Republik ein und überschwemmte den Mittelmeerraum mit Strömen von Blut.

Jedes Schiff, das in den Hafen von Alexandria einlief, führte aufsehenerregende Neuigkeiten mit sich: Cäsar marschiere kampfbereit in Richtung Süden … Pompeius habe die Evakuierung Roms angeordnet … Pompeius habe ein Schiff nach Griechenland bestiegen … Cäsar sei ihm dicht auf den Fersen …

Kleopatra hörte all diese Gerüchte, legte die Stirn in Falten und schwieg. Ägypten litt, hungerte, war schwach und in sich geteilt. Doch in einer Welt, die sich im Krieg befand, war es unmöglich, neutral zu bleiben. Auf welche Seite sollte sie sich schlagen? Die Antwort schien auf der Hand zu liegen.

Pompeius war über viele Jahre ein Freund ihres Vaters gewesen. Es war Pompeius, der ihm seine Villa vor den Toren Roms angeboten hatte. Es war Pompeius, dem ihr Vater sein Testament geschickt hatte. Es konnte kein klareres Zeichen geben, dass er Pompeius als Garant der ägyptischen Interessen betrachtet hatte.

Als also im Sommer 49 v. Chr. Pompeius' Sohn Gnaeus nach Alexandria segelte, wurde er von Kleopatra und ihrem Bruder mit offenen Armen empfangen. Und sobald sie ihre wichtigsten Berater um sich geschart hatten, kam Gnaeus zur Sache.

Sein Vater ziehe in Griechenland bereits eine riesige Armee zusammen, um den Verräter Cäsar zu vernichten. Pompeius habe Ägypten oft geholfen und nun verlange er im Gegenzug das Gleiche.

Für einen kurzen, verhängnisvollen Moment zögerte Kleopatra. So ergriff Pothinus mit seiner gewohnt schmeichlerischen Stimme das Wort. Natürlich würde Ägypten seinen Freunden mit Freude zu Hilfe eilen, erklärte er. Sie könnten sechzig Kriegsschiffe entbehren, mehrere Schiffsladungen Weizen und fünfhundert Soldaten aus den Reihen der Gabiner.

Gnaeus nickte. Ausgezeichnet. Er habe auch nie bezweifelt,

dass die Ptolemäer hinter ihren Freunden stehen würden. Sobald sein Vater die Verräter vernichtet habe, würde Ägypten für seine Loyalität belohnt werden.

Kleopatra lächelte verhalten. Sie wurde ein mulmiges Gefühl nicht los. Wie würde diese Zusage auf den Straßen Alexandrias ankommen? Wie konnte sie es rechtfertigen, Pompeius eine solch riesige Menge Weizen zu überlassen, wenn ihr eigenes Volk hungern musste?

Als sie das Grinsen auf Pothinus' Gesicht sah, verwandelte sich ihr mulmiges Gefühl in bohrende Angst. Was führte er im Schilde?

Wenige Tage später fand sie es heraus.

Die Neuigkeit hatte schnell die Runde gemacht und eine neue Welle des Zorns ausgelöst. *Und schon wieder*, schrie man in den Tavernen, *verraten die Blutsauger im Palast ihr eigenes Volk.*

Zu Kleopatras Entsetzen fiel dabei immer wieder ein Name. Nicht »Pothinus«, nicht »Ptolemaios« – ihr eigener. *Kleopatra, diese Römerfreundin, hat ihnen unsere sämtlichen Nahrungsvorräte überlassen! Kleopatra steht auf Pompeius' missratenes Balg und lässt uns deswegen verhungern!*

Erst jetzt erkannte sie das Perfide an Pothinus' Plan. Unmittelbar nachdem die Vereinbarung mit den Römern getroffen worden war, hatte er seine Agenten in die Stadt geschickt und sie dort verbreiten lassen, dass Kleopatra an allem die Schuld trage.

Sie bohrte sich ihre Nägel in die Handflächen und hätte schreien können vor Wut. Doch es war zu spät.

Auf den Straßen stimmten die Leute bereits wütende Sprechchöre an. Vor dem Palast hatten sich Menschentrauben gebildet. Hasserfüllte Gesichter spien ihren Namen aus. Fäuste wurden in den Himmel gereckt.

Ein Schatten erschien in der Tür, sie blickte auf.

Es war eine ihrer Sklavinnen, ihr Gesicht weiß vor Angst. Der Pöbel hämmere an die Tore, sagte sie zitternd. Und Achillas' Wachen kämen bereits mit gezückten Schwertern die Treppen herauf …

Für einen Augenblick stand Kleopatra nur da, ihre Gedanken rasten. Dann traf sie eine Entscheidung.

Als die Wachen in das Zimmer stürmten, war sie verschwunden.

TEIL ZWEI

ALLE WEGE FÜHREN NACH ROM

6

Blut im Sand

Als Kleopatra erwachte, war es noch dunkel. Sie mochte diesen kurzen Augenblick der Stille – noch halb im Traum –, bevor unweigerlich die Pflichten des Tages riefen.

Gleich würde durch die Fensterläden das erste Licht des Tages auf das Mosaik an der gegenüberliegenden Wand fallen. Draußen, im Palastgarten, zwitscherten schon die Vögel. Nicht mehr lange, dann würden die Ebenholztüren aufschwingen, und ihre Dienerinnen würden ihr Handtücher und Wasser bringen.

Sie gähnte, streckte sich – und plötzlich wusste sie wieder, wo sie war.

Der Boden unter ihr war hart und uneben. Über ihr Segeltuch, nicht die gewohnte hölzerne Zimmerdecke. Es gab keine Fensterläden und auch Dienerinnen würden keine kommen. Ihr tat alles weh. Statt kühler, frischer Morgenluft spürte sie bereits die heiße, brennende Wüstensonne.

Willkommen in Syrien, dachte sie und seufzte. Dann hörte sie außerhalb des Zelts das Klirren von Rüstungen und rappelte sich mühsam auf.

Es war der Sommer des Jahres 48 v. Chr. Kleopatra war seit einem Jahr auf der Flucht.

Sie dachte an den Moment im Palast zurück, als sie eine Entscheidung hatte treffen müssen: bleiben und kämpfen oder fliehen und sich in Sicherheit bringen? Hatte sie die richtige Wahl getroffen?

Wieder seufzte sie. Sie würde es wohl nie erfahren.

Zunächst war sie, gemeinsam mit ihrer Schwester Arsinoë, nilaufwärts nach Süden geflohen, bis sie die alte Stadt Theben erreichten. Dort – da war sie sich sicher gewesen – würde man sie willkommen heißen und ihr Zuflucht gewähren.

Doch schon nach wenigen Wochen war die Atmosphäre immer bedrückender geworden. Ihre Spione berichteten, dass ihr Bruder Attentäter auf sie angesetzt hatte, und sie konnte die Angst in den Gesichtern der thebanischen Priester sehen.

Hier konnte sie also nicht bleiben. Weiter ging es – den Nil hinunter, dann nach Osten durch die Wüste Sinai, durch das kleine Königreich Judäa und hinauf in das karge Syrien. Hier, weit entfernt von den Schergen ihres Bruders, machte sie sich daran, eine eigene Armee zu rekrutieren.

Aber das war kein leichtes Unterfangen. Sie war gerade mal einundzwanzig Jahre alt, eine junge Frau auf der Flucht, mit staubigen Kleidern und zerzausten Haaren. Und sie hatte noch nie Männer in die Schlacht geführt. Doch sie war Kleopatra, Tochter einer der glanzvollsten Dynastien der Weltgeschichte. Und wenn sie sprach – und sich ihre Stimme hob und senkte gleich einer wunderschönen Melodie –, konnten ihr nur wenige widerstehen.

Kleopatra schob die Zeltplane zur Seite und ließ ihren Blick über das Lager schweifen – die langen Zeltreihen, die Pferde und Kamele, all die Männer, die geduldig im Wüstensand ausharrten. Sie musste zugeben, dass es ein ziemlich zusammengewürfelter Haufen war: Geächtete und Kriminelle, von Kampf und Krankheiten gezeichnete Söldner und Deserteure, Angehörige verschiedener arabischer Stämme, entlaufene Sklaven.

Sie konnte nur hoffen, dass sie genügen würden.

Sie schickte Isis ein gemurmeltes Gebet, dann hob sie ihre Stimme und gab den Befehl zum Aufbruch.

Sieben Tage lang marschierte Kleopatras Armee in Richtung Süden. Sie nutzten die weniger heißen Morgen- und Abendstunden, mittags ruhten sie und achteten darauf, dass das wenige Wasser nicht verschwendet und gerecht verteilt wurde. Sie durchquerten das Königreich Judäa – dann nach Westen durch die Wüste Richtung Ägypten.

Als sie nur noch wenige Kilometer vom Flussdelta entfernt waren, kamen ihnen die Späher, die sie vorgeschickt hatte, im Galopp entgegen. Vor ihnen lag die befestigte Küstenstadt Pelusium, die Pforte Ägyptens, mit ihren dicken roten Backsteinmauern und hoch aufragenden Türmen. Das war aber nicht das Einzige, was die Späher gesehen hatten.

Im Schatten der Festung hatten sie Zelte und Fahnen ausgemacht, glitzernde Waffen, gesattelte Pferde. Ihr Bruder. Mit

Pothinus, Achillas und den anderen Mitgliedern seines Rates. Und, nicht zu vergessen, zwanzigtausend bis an die Zähne bewaffneten Männern – den Gabinern.

Wieder ließ Kleopatra den Blick über ihren bunten Haufen schweifen. Es war hoffnungslos. Gegen die Gabiner würden sie keine Chance haben.

Doch sie würde nicht aufgeben. Niemals!

Sie würden hier haltmachen, verkündete sie mit lauter Stimme, und sich auf die Schlacht vorbereiten. Sie sollten keine Angst haben. Die Götter seien mit ihnen.

Sie klang zuversichtlich. Ihre Stimme verriet nicht den Hauch eines Zweifels. Doch als sich die Dunkelheit über die Küsten des Mittelmeers senkte, kniete sie allein im Sand und betete …

■

Inzwischen war die Welt in Brand geraten.

Cäsars riskanter Schachzug hatte den blutigsten Bürgerkrieg in der römischen Geschichte ausgelöst. Von den Ufern des Rubikons breitete sich das Gemetzel wie ein Flächenbrand aus – hinunter nach Italien und weiter nach Süden, nach Westen nach Spanien hinein und nach Osten nach Griechenland. Freundschaften zerbrachen, Familien wurden auseinandergerissen. Väter wandten sich gegen Söhne, Brüder gegen Schwestern.

Doch zunächst war der Krieg anders verlaufen, als alle erwartet hatten. Als der Senat Pompeius das symbolische Schwert überreichte, war man davon ausgegangen, dass dieser unverzüglich aufbrechen und seinen Rivalen stellen würde.

Doch der erfahrene, jetzt fast sechzigjährige General hatte andere Pläne. Es sei Wahnsinn, sagte er, die jungen unerfahrenen Rekruten gegen Cäsars Veteranen zu führen.

Während Cäsar also vom Rubikon aus nach Süden zog, tat Pompeius einen Schritt, mit dem niemand gerechnet hatte. Statt Rom zu verteidigen, überließ er die Stadt sich selbst.

Seine Machtbasis, klärte er den Senat auf, hätte schon immer eher im östlichen Mittelmeerraum, in Griechenland und Kleinasien gelegen. Dann stellte er ein Ultimatum, bei dem den anwesenden Senatoren die Luft wegblieb.

Rom müsse aufgegeben werden und der Senat unter seinem Schutz in den Süden umziehen. Jeder, der bleibe, sei ein Verräter und werde auch so behandelt.

Pompeius' Plan war ebenso simpel wie skrupellos. Sobald er die östlichen Provinzen gesichert hatte, würde er sämtliche Getreidelieferungen nach Italien unterbinden. Und erst wenn Cäsars Soldaten am Verhungern waren, würde er angreifen und die Hauptstadt zurückerobern.

Alles geschah jetzt in rasender Geschwindigkeit. Im Frühjahr 49 v. Chr. hatte Pompeius bereits seine gesamte Armee, mitsamt den murrenden und nörgelnden Senatoren, über das Meer ins nördliche Griechenland verlegt. Cäsar konnte also ungehindert in Rom einziehen, sich die Staatskasse unter den Nagel reißen und sich selbst zum Diktator erklären.

Alles war jetzt bereit für den Showdown der Titanen: Cäsar in Italien, unterstützt von der Bevölkerung Roms, gegen Pompeius in Griechenland, unterstützt vom römischen Senat.

Auf den Verlierer wartete der Tod, auf den Sieger ewiger Ruhm.

Einmal mehr war es Cäsar, der das Schicksal herausforderte. Im Januar 48 v. Chr. überquerte er gemeinsam mit seinem höchsten Offizier, Marcus Antonius, völlig unerwartet das Meer nach Griechenland und ging dort – mehr oder weniger direkt vor Pompeius' Augen – mit seiner Armee an Land.

Die beiden Feldherrn begannen jetzt ein taktisches Spielchen, bei dem sie ihre Armeen bewegten wie auf einem Schachbrett, stets auf den einen, alles entscheidenden Vorteil wartend. Ein halbes Jahr später, in der sengenden Hitze des Hochsommers, stand Pompeius seinem Widersacher schließlich vor der Stadt Pharsalos in Zentralgriechenland Auge in Auge gegenüber.

Alles schien für Pompeius zu sprechen: Er hatte die größeren Vorräte und ungefähr doppelt so viele Legionäre wie Cäsar. Und sein Lager auf den Hügeln, von denen aus das flache Gelände gut einzusehen war, gab ihm einen weiteren taktischen Vorteil.

Erst einmal passierte jedoch überhaupt nichts. Die Sonne brannte unentwegt vom Himmel, keiner der beiden Kontrahenten rührte sich. Keiner von beiden, so schien es, wollte den einen katastrophalen Fehler machen, der zur Niederlage führen konnte.

Da Pompeius mehr Proviant, mehr Wasser und mehr Soldaten hatte, passte ihm das ausgezeichnet ins Konzept. Er konnte es sich leisten zu warten.

Die Senatoren an seiner Seite sahen das jedoch anders. Sie verstanden zwar nichts von Militärstrategie, doch viele von ihnen hatten ihm nicht verziehen, dass er Rom im Stich gelassen hatte. An die edlen Weine, warmen Bäder und üppigen Bankette der Hauptstadt gewöhnt, waren sie es leid, Trampelpfade rauf und runter durchs griechische Niemandsland zu marschieren.

Während einer angespannten Lagebesprechung in Pompeius' Zelt ließen sie ihrer Frustration freien Lauf. Was sollte die ewige Warterei? Warum hatte er Angst zu kämpfen? Fürchtete er sich etwa davor, Julius Cäsar von Angesicht zu Angesicht gegenüberzustehen?

Als die Senatoren immer hämischer, gehässiger und lauter wurden, ballte Pompeius wütend die Fäuste. Was wussten diese verzogenen Papageien schon vom Krieg? Nun gut, er würde ihnen zeigen, wie der neue Alexander mit seinen Feinden umging!

Als die Dunkelheit hereinbrach, ließ er verkünden, dass man sich kampfbereit machen solle. In wenigen Stunden würde der Krieg ein für alle Mal entschieden sein.

Doch in dieser Nacht träumte Pompeius schlecht.

■

Über der Ebene von Pharsalos graute der Morgen.

Julius Cäsar hatte die Nacht mit Nachdenken zugebracht.

Nach der langen Pattsituation hatte er jegliche Hoffnung auf eine Schlacht aufgegeben. Seine Männer waren hungrig und ihre Vorräte gingen zur Neige. Er hatte beschlossen, die Zelte abzubrechen und sich einen besseren Standort zu suchen.

Doch als seine Soldaten gerade mit dem Abbau der Zelte und dem Beladen der Pferde begonnen hatten, stürmten seine Späher mit erstaunlichen Neuigkeiten auf ihn zu.

Pompeius' Männer hatten sich in Bewegung gesetzt und würden bald die Ebene erreichen.

Cäsars hageres Gesicht leuchtete auf. War es doch noch so weit. Auf diesen Moment hatte er lange gewartet. Jetzt würden die Würfel ein letztes Mal fallen – für Ruhm und Ehre.

Sein Diener hängte Cäsars purpurfarbenen Umhang vor das Zelt – das Zeichen, dass der Kampf unmittelbar bevorstand. Ein Schlachtruf gellte durch die Reihen, dann trat Cäsar vor.

»Der Tag ist gekommen!«, rief er. »Heute kämpfen wir – nicht gegen Hunger und Not, sondern gegen Männer!«

Ein weiterer Jubelschrei lief durch das Lager. Cäsar grinste Marcus Antonius an. Die Götter waren auf ihrer Seite, dessen war er sich sicher.

Jetzt nahmen beide Seiten ihre Schlachtformation ein. Cäsar beorderte Marcus Antonius auf die linke Seite zur kampferprobten achten und neunten Legion. Er selbst würde den rechten Flügel besetzen – und somit Pompeius direkt gegenüberstehen.

Es war der 9. August 48 v. Chr. – ein brütend heißer Sommermorgen – und das Schicksal der römischen Welt hing am seidenen Faden. Als Cäsar die Schlachttrompete an die Lippen setzte, zögerte er.

An der Loyalität seiner Männer hatte er nie gezweifelt. Sie alle trugen die Narben aus vielen Schlachten, einige von ihnen waren ihm bis an die Küste Britanniens gefolgt. Doch insgesamt waren sie nur etwa zwanzigtausend – Pompeius hingegen mochte etwa fünfzigtausend Mann unter seinem Kommando haben. Selbst Cäsar war klar, dass das keine besonders günstigen Voraussetzungen waren. Aber daran war jetzt nichts mehr zu ändern.

Er blies die Trompete.

Nachdem der letzte Ton verklungen war, trat ein Zenturio vor. Cäsar erkannte ihn sofort. Es war Gaius Crastinus von der zehnten Legion, ein Mann mit bemerkenswertem Mut.

»Kameraden!«, rief Crastinus heiser. »Folgt mir und tut eure Pflicht für den General! Dies ist die letzte Schlacht. Danach werden wir freie Männer sein!«

Er blickte Cäsar in die Augen. »Heute, General«, sagte er mit schiefem Grinsen, »werde ich Euch Grund geben, mir zu danken, ob tot oder lebendig.«

Dann drehte Crastinus sich um, senkte seinen Speer und richtete ihn auf die feindlichen Reihen.

In seinem Rücken ließ das Siegesgeheul von Cäsars Soldaten die Erde erzittern, dann stürmten sie über die Ebene Pompeius' Truppen entgegen.

■

Stunde um Stunde wogte der Kampf hin und her. In einem Moment waren die Armeen in blutiger Umarmung, dann ließen sie wieder voneinander ab. Mal hatte eine Seite die Oberhand, mal die andere. Und die Leichen türmten sich immer höher.

Es war eine verworrene Hölle aus Schweiß und Staub, aus Hacken, Stechen und Schreien.

Zenturio Crastinus war als Erster gefallen. Er hatte die feindliche Frontlinie durchbrochen, als einer von Pompeius' Soldaten hinter ihm auftauchte und ihm sein Schwert tief in den Hals stieß. Crastinus war tot, ehe sein Körper auf dem Boden aufschlug.

Doch Crastinus' alte Kameraden hielten stand – Stunde um verzweifelte Stunde. Wieder und wieder ging Pompeius' Kavallerie zum Angriff über. Doch Cäsar schrie seiner Infanterie zu, nicht zurückzuweichen, sondern ihre Speere stattdessen auf die Gesichter ihrer Feinde zu richten.

Pompeius' Reiter, schrie er, seien verwöhnte reiche Jungen, die sich lieber aus dem Staub machen würden, statt ihr gutes Aussehen zu riskieren.

Pompeius' erschöpfte Kavallerie geriet allmählich ins Hintertreffen und Cäsars Legionäre drängten weiter vorwärts, schweißüberströmt und trotzige Kampfeslieder auf den Lippen. Sie drückten weiter und weiter, und ihre Gegner wichen weiter und weiter zurück.

Und dann, mit einem Mal, sah man einige von Pompeius' Soldaten, die gerade noch rückwärtsgestolpert waren, sich umdrehen und – rennen. Immer mehr warfen ihre Waffen von sich und ergriffen Hals über Kopf die Flucht – es war eine geschlagene Armee, die da die Hügel hinaufströmte.

In all dem Tumult fanden einige von Pompeius' Offizieren einen gebrochenen alten Mann im Feldherrnzelt vor – aschfahl, abgehärmt, erschöpft, geschlagen. Es dauerte einen Moment, bis sie erkannten, dass es Pompeius selbst war.

»Pompeius der Große«, schrieb ein Chronist, »sah wie ein Mann aus, der seinen Verstand verloren hatte, der völlig vergessen hatte, wer er ist.«

Langsam, als würde er aus tiefem Schlaf erwachen, kam Pompeius zu sich. Er starrte seine Offiziere an und schüttelte den Kopf. Dann streifte er alle Insignien eines Feldherrn ab und stieg in die Montur eines einfachen Soldaten. Einen Augenblick später waren er und seine Männer verschwunden.

An diesem Abend dinierte Cäsar in Pompeius' Zelt. Er trank den Wein, den Pompeius für seinen Sieg hatte bereitstellen lassen, und ließ sich das Festmahl schmecken, das Pompeius' Koch zubereitet hatte.

Früh am Morgen des nächsten Tages begann die Jagd auf seinen besiegten Rivalen.

■

Pompeius floh über das Meer. Cäsars Agenten waren ihm dicht

auf den Fersen, als er ein Boot nach Lesbos bestieg, wo seine Frau Cornelia voller Angst auf ihn wartete.

Von dort aus flohen sie in die heutige Türkei. Hier legte er eine Verschnaufpause ein und überlegte, was zu tun sei.

Trotz des Albtraums von Pharsalos schien ihm der Krieg noch nicht komplett verloren. Seine Verbündeten kontrollierten immer noch einen Großteil Nordafrikas und er verfügte weiterhin über seine Flotte. Was er brauchte, war ein neuer Stützpunkt. Ein Ort, an dem er seine Wunden lecken und zu alter Stärke zurückfinden konnte. Ein Ort, an dem er freundlich empfangen wurde und vor Cäsars Schergen sicher war.

Die offensichtlichste Möglichkeit war Ägypten. Dort gab es Schiffe, Getreide und Gold – drei Dinge, die er dringend brauchte. Außerdem schuldete ihm die Herrscherfamilie noch einen Gefallen, weil er den alten Ptolemaios – den Flötenspieler – stets unterstützt hatte.

Natürlich war der neue König nur ein kleiner Junge, der sich zudem in einen hässlichen Kleinkrieg mit seiner Schwester verstrickt hatte. Doch aus Pompeius' Perspektive war das perfekt. Wenn er seine Karten richtig ausspielte, würde dieser alexandrinische Welpe bald nach seiner Pfeife tanzen. Die ägyptische Staatskasse würde ihm in die Hände fallen. Dann konnte er eine neue Armee auf die Beine stellen und für Pharsalos Rache nehmen. Cäsars Kopf auf einem Speer wäre eine schöne Trophäe.

Damit war die Entscheidung gefallen. Als die Herbstwinde

zu wehen begannen, wies Pompeius seine Flotte an, Kurs auf Ägypten zu nehmen. Als sie vier Tage später vor Pelusium ankerten, schickte er einen Boten an Land, der um eine Audienz beim jungen König bitten sollte.

Als der Abgesandte das königliche Lager erreichte, fand er es in heller Aufregung. Erst sieben Tage zuvor war Kleopatras Armee unweit der Festung aufgetaucht. Der inzwischen dreizehnjährige König hatte diese Woche damit verbracht, seine Höflinge anzuschreien, dass sie umgehend dafür zu sorgen hätten, dass die Gabiner seiner Schwester den Garaus machten.

Doch seine Berater mahnten ihn zur Vorsicht. Der Ausgang von Schlachten sei schwer vorauszusagen. Wer hätte zum Beispiel geahnt, dass Pompeius die Schlacht von Pharsalos verlieren würde? Und jetzt ankere derselbe Pompeius durch eine außerordentliche Wendung des Schicksals unmittelbar vor der Küste und bitte Ägypten um Hilfe. Wer hätte *das* voraussagen können?

Nachdem er vom Wunsch des Boten gehört hatte, berief Pothinus ein Treffen ein. Mit sanfter Stimme fragte er jeden der königlichen Berater nach seiner Meinung: Sollten sie Pompeius an Land willkommen heißen oder nicht?

Manche waren dafür, andere dagegen, doch es war der Hauslehrer des Königs, der schmierige Theodotos, dessen Stimme den Ausschlag gab.

Es gebe nur einen sicheren Weg, sagte er, und der bestehe darin, weder das eine noch das andere zu tun. Wenn sie ihren Besucher willkommen hießen, würden sie sich »Cäsar zum Feind und Pompeius zum Herrn machen«. Wenn er erst einmal an Land wäre, würde sich Pompeius vielleicht mit Kleopatra verbünden oder gar versuchen, selbst an die Krone zu kommen. So oder so würde Ägypten dann von Cäsars Legionen bedroht werden.

Wenn sie Pompeius jedoch abwiesen, würden sie sich diesen zum Feind machen. Und sollte er den Bürgerkrieg doch noch gewinnen, würde er ihnen nie vergeben. Auch diese Option sei also keine.

Theodotos beugte sich vor.

»Es gibt nur einen Weg« – er sprach jetzt sehr leise – »Cäsar zu gefallen und Pompeius nicht fürchten zu müssen.« Sie müssten Pompeius in eine Falle locken und ihn töten.

»Tote Männer beißen nicht«, fügte er lächelnd hinzu.

■

Zwei Tage später legte ein Fischerboot von der ägyptischen Küste ab und pflügte durch die Wellen, der römischen Flotte entgegen.

An Bord des Flaggschiffs hatten sich Pompeius' Frau und seine Offiziere versammelt, um ihn zu verabschieden. Als sie das kleine Boot sahen, das ihnen langsam entgegenkam, tauschten sie besorgte Blicke.

Warum hatte ihnen der Pharao so ein armseliges Boot geschickt? Begrüßte man so den größten römischen Feldherrn?

Als das Boot näher kam, erblickte Pompeius darauf drei Männer, die schweigend dasaßen, während sich Sklaven mit den

Rudern abmühten. Einer der Männer war Achillas, der Hauptmann der Palastwache. Neben ihm ein gabinischer Zenturio, Salvius, und auch den dritten Mann hatte er irgendwo schon einmal gesehen.

Als das kleine Boot in Rufweite war, kam der dritte Mann auf die Füße. »*Ave, Imperator!*«, rief er. »Sei gegrüßt, Feldherr!«

Und da erkannte Pompeius ihn: Lucius Septimus, der vor vielen Jahren unter ihm gedient hatte. Ein vertrauenswürdiger Bursche.

Achillas stand auf. Der General sei ihnen sehr willkommen, rief er Pompeius entgegen. Doch der Hafen sei zu seicht für größere Schiffe, deshalb würde man ihn in diesem bescheidenen Fischerboot zum Pharao bringen.

Pompeius ließ seinen Blick über das Ufer schweifen und sah bewaffnete Wachen, die am Strand Haltung annahmen.

Er wandte sich an seine Frau Cornelia, deren Gesicht blass und angespannt war. Er beugte sich vor und gab ihr einen Kuss.

Dann gab er seinem treuen Diener, einem Mann namens Philip, ein kurzes Zeichen, worauf sich beide zu dem kleinen Boot hinunterließen.

Die Sklaven griffen wieder zu den Rudern und das Boot wendete Richtung Küste.

Die Ruderer ruderten. Das Boot glitt durch die Wellen. Niemand sprach. Schließlich brach Pompeius die Stille.

»Ich irre mich doch nicht«, sprach er Septimus an. »Seid Ihr nicht ein alter Kamerad von mir?«

Septimus nickte. Dann wieder Schweigen.

Pompeius griff in seinen Umhang, zog eine kleine Schriftrolle heraus und überflog noch einmal die kurze Rede, die er in griechischer Sprache für sein Zusammentreffen mit dem Pharao vorbereitet hatte.

Das Ufer kam näher. Pompeius blickte auf. Am Strand sah er eine Reihe von Soldaten und eine kleine Gestalt mit einem purpurfarbenen Umhang und einem funkelnden Diadem auf der Stirn. Das musste der junge König sein.

Auf dem Flaggschiff stand Cornelia reglos da, den Blick auf ihren Ehemann geheftet.

Sie waren fast am Ufer angelangt. Die Ruder glitten durchs seichte Wasser, schließlich schob sich das Boot knirschend über den Sand. Pompeius streckte seine Hand nach Philip aus, um sich aufhelfen zu lassen.

In diesem Moment griff Septimus an. Ohne ein Wort zu sagen, zog er sein Messer und stieß es seinem alten Kommandanten in den Rücken.

Auf dem Flaggschiff stieß Cornelia einen herzzerreißenden Schrei aus.

Auch Salvius war jetzt über ihm und stach immer wieder zu. Blut spritzte über die Planken. Schließlich zog Achillas sein Schwert und schlug Pompeius den Kopf ab.

Alles war so schnell gegangen, dass dieser keinen einzigen Laut von sich gegeben hatte.

■

Während Pompeius' Flotte über das Meer floh, feierten der junge König und seine Gefolgsleute am Abend ihren Erfolg.

So seltsam sich das auch anhören mag, keiner von ihnen hatte auch nur einen einzigen Gedanken an Pompeius' Diener verschwendet. Nachdem sie den Kopf des Generals abgeschlagen und seinen Körper ins Meer geworfen hatten, waren sie triumphierend an Land gewatet und hatten den armen Philip schluchzend im Boot zurückgelassen.

Lange Zeit kauerte er auf den blutdurchtränkten Planken. Und erst als er ganz sicher sein konnte, dass Achillas und seine Männer verschwunden waren, wankte auch er an den Strand.

Wenige Meter von ihm entfernt starrten ein paar Fischer entsetzt ins seichte Wasser, wo der kopflose Leichnam seines Herrn trieb.

Nachdem sich die Fischer zurückgezogen hatten, zog Philip den Leichnam an Land. Er wusch das Blut mit Salzwasser ab und hüllte die Leiche in seine Tunika.

Ein Stück den Strand hinunter entdeckte er das Wrack eines alten Fischerboots. Er hatte gerade damit begonnen, einen Scheiterhaufen zu errichten, als er hinter sich eine Bewegung wahrnahm.

Er drehte sich um und sah einen alten Mann mit wettergegerbtem Gesicht.

Einst sei er ein römischer Soldat gewesen, erzählte der alte Mann. Und auch er habe vor vielen Jahren unter Pompeius gedient.

»Lasst mich diese Ehre teilen«, bat er, »und Pompeius mit Euch bestatten – den größten römischen Feldherrn aller Zeiten!«

Philip nickte.

Die Dunkelheit senkte sich über den Strand. Zwei Männer knieten dort im stillen Gebet, und während die Flammen zum Abendhimmel emporschlugen, verabschiedeten sie sich von Pompeius dem Großen.

7

Verrat um Mitternacht

Vier Tage nach dem Tod seines Rivalen lief Cäsars Flotte in den Hafen von Alexandria ein.

Nachdem er Pompeius quer über das Mittelmeer gejagt hatte, war Cäsar auf alles gefasst. Doch als er den Kai betrat, sah er nur eine Gruppe von alexandrinischen Höflingen, die sich vor ihm verbeugten.

Ein bärtiger Mann, offensichtlich ein Grieche, trat vor. Er hielt etwas unter einem Tuch verborgen. Ein eigentümliches Lächeln umspielte seine Lippen.

Zuerst streckte er Cäsar einen Siegelring entgegen. Es war Pompeius' Siegel – ein Löwe, der ein Schwert hielt. Wie ein Kellner, der das Gericht des Tages serviert, enthüllte er darauf ein zweites Geschenk.

Es war der Kopf des Pompeius.

Julius Cäsar war kein zimperlicher Mann. Er hatte schon viele Schlachten geschlagen und den Tod Tausender Menschen befohlen. Doch so etwas hatte er nie zuvor zu Gesicht bekommen.

Angewidert wich er einen Schritt zurück. Zum Erstaunen

der Alexandriner hatte er Tränen in den Augen. Sie hatten erwartet, dass er hocherfreut sein würde, doch stattdessen wirkte er entsetzt.

Was brachte ihn so aus der Fassung? Schließlich war Pompeius sein geschworener Feind gewesen.

Doch Pompeius war eben auch ein römischer Bürger gewesen, ein großer Feldherr und ein respekteinflößender Gegner. In Cäsars Augen hatte er Besseres verdient, als von einer Bande von Feiglingen hinterrücks ermordet zu werden.

Theodotos begann etwas zu stottern, doch Cäsar brachte ihn mit einer Geste zum Schweigen. Wie die meisten Römer hatte er eine äußerst geringe Meinung von der alexandrinischen Elite. Er hielt sie für grausam, feige und unmännlich – verdorben durch ihre Liebe zum Luxus. Und das grausige Geschenk hatte seine schlimmsten Erwartungen bestätigt.

Jetzt gab er seinen Schiffen ein Zeichen. Römische Soldaten strömten auf den Kai und nahmen dort mit der Präzision eines Uhrwerks Formation an.

Die alexandrinischen Höflinge standen bedröppelt und mit offenen Mündern herum. Die Trommler schlugen den Takt und Cäsar marschierte mit seinen Soldaten in die Stadt.

■

Jetzt – die Sonne war gerade über dem Hafen untergegangen – nippte der römische Feldherr an seinem Wein und überlegte, was nun zu tun sei.

Bei seiner Ankunft in der großen Palastanlage hatte er in einer der Gartenwohnungen sofort sein Hauptquartier aufgeschlagen. Draußen blühten noch immer die Lilien und die Springbrunnen plätscherten fröhlich.

Alexandria war genauso überwältigend, wie überall erzählt wurde: die Gerüche, die Sphinxen, die Affen, die Katzen. Und erst der Palast! Ein Fest für die Sinne, eine funkelnde Fantasie aus Gold und Marmor, Rosen und Perlen, Smaragden und Teppichen …

Es schüttelte ihn. Nein. Das ganze Parfum, die ganzen Blumen und der ganze andere Firlefanz – all das war zu viel. Schließlich war er ein Sohn Roms, kein griechischer Lackaffe. Und so oder so musste er sich jetzt um andere Dinge kümmern.

Der Ärger hatte begonnen, als seine Männer sich vom Hafen aus auf dem Weg in die Stadt machten. Kaum hatten sie die Straßen Alexandrias betreten, hatten die Einheimischen begonnen, sie zu bedrängen, anzuschreien und mit Steinen und faulem Obst zu bewerfen.

Als sie sich schließlich bis zum Palast durchgekämpft hatten, war die halbe Stadt in Aufruhr. Glücklicherweise waren seine Leute gut ausgebildet und so hatten sie auch die letzten paar Meter in die Palastanlagen hinein ohne allzu große Verluste geschafft.

Jetzt brach bereits die Nacht herein und er konnte immer noch die schreiende Menge gegen die Palasttore hämmern hören.

Was sollte er tun? Er wusste, dass ihn einige seiner Offiziere für verrückt hielten, sich in diesen schwelenden, scheinbar alles erstickenden Bürgerkrieg hineinziehen zu lassen. Warum nicht retten, was zu retten war, und schnellstmöglich von hier verschwinden?

Doch Cäsar spielte um mehr. Pompeius mochte tot sein, doch die ägyptische Königsfamilie schuldete Rom noch immer fast zwanzig Millionen Drachmen. Und er brauchte dieses Geld, um seine Soldaten zu bezahlen. Sobald er über die ägyptische Staatskasse verfügte, konnte er so viele Schiffe bauen und so viele Legionäre rekrutieren, wie er wollte. Dann würde ihn niemand mehr aufhalten können.

Auf dem Papier klang der Plan großartig. Doch irgendwie wollte sich die wirkliche Welt nicht nach seinem Plan richten.

Jeder Tag brachte neue Probleme und mit jedem Tag wurde die Stimmung schlechter. Wann immer die Römer das Palastviertel verließen, stellte sich ihnen der Mob in den Weg, sie wurden angespuckt und mit Steinen beworfen.

Cäsar saß im Palastgarten und zermarterte sich das Gehirn. Die offensichtliche Lösung bestand darin, die beiden Streithähne Ptolemaios und Kleopatra einzubestellen und zu einer Übereinkunft zu zwingen. Vielleicht würde das für etwas mehr Ruhe auf den Straßen sorgen.

Also erging folgende Nachricht: Bruder und Schwester sollten ihre Armeen auflösen und unverzüglich in den Palast zurückkehren.

Ptolemaios war der Erste, der reagierte. Er ließ seine Truppen vor Pelusium zurück, ritt mit seinen Getreuen – dem Teiggesicht Pothinus und dem Grobian Achillas – nach Alexandria und zog wieder in den Palast ein.

Doch von seiner Schwester war nichts zu sehen und zu hören. Was war mit Kleopatra geschehen?

▪

Der Stein flog über den Sand, hüpfte ein paarmal über den harten Boden und verfehlte den Baum um Haaresbreite.

Kleopatra seufzte. Es war ein weiterer glühend heißer Tag und sie langweilte sich. Sie hatte die syrische Wüste verlassen, um ihre Krone einzufordern, nicht um in der Einöde Steine über den Boden springen zu lassen. Was genau sie hätte tun sollen, wusste sie allerdings nicht.

Ihre Spione hatten sie natürlich mit den neusten Nachrichten versorgt: von Pompeius' Tod, von Cäsars Ankunft in Alexandria und von den dortigen Straßenschlachten. Doch sie saß hier jenseits des Nildeltas fest und war zur Untätigkeit verdammt.

Im Westen lag die Festung von Pelusium, das Einfallstor nach Ägypten. Doch an den zwanzigtausend Gabinern, die dort ihr Lager aufgeschlagen hatten, würde sie nicht vorbeikommen. Das Schicksal der Welt stand auf Messers Schneide – und sie war nur eine hilflose Zuschauerin.

Sie wollte gerade nach dem nächsten Stein greifen, als sie aus dem Augenwinkel etwas wahrnahm. Eine Staubwolke am Horizont. Ein einzelner Reiter hielt auf das Lager zu. Ein Bote!

Als der Mann vom Pferd stieg und ihr schwer atmend Cäsars Forderung auseinandersetzte, breitete sich ein Lächeln auf ihrem Gesicht aus. Das war genau das, was sie gebraucht hatte. Die Chance, dem mächtigsten Mann der Welt ihre Sache zu unterbreiten.

Doch im nächsten Moment ließ sie schon wieder die Schultern hängen. Es war vollkommen unmöglich. Die Truppen ihres Bruders würden ihr niemals erlauben, das Flussdelta zu passieren. Noch ehe sie Pelusium hinter sich gelassen hatte, würde sie tot sein.

Dann dachte sie an ihren Bruder und seine Berater – Pothinus, Achillas, die ganze gewissenlose Bande – und spürte, wie ein gewaltiger Zorn in ihr aufstieg. Sie durfte nicht zulassen, dass sie sich Cäsars Vertrauen erschlichen. Mit der Unterstützung Roms würde diese Clique unschlagbar sein und dann wären all ihre Bemühungen umsonst gewesen.

Wenn es nur irgendeinen Weg für sie gäbe, nach Alexandria zu gelangen …

Jeder wusste, dass Cäsar einem hübschen Gesicht nicht abgeneigt war. Wenn sie ihn nur irgendwie alleine zu fassen bekommen könnte und unter vier Augen mit ihm sprechen. Sie würde ihm schon zeigen, was für eine Königin sie war …

Sie hatte offensichtlich laut nachgedacht, denn jetzt meldete sich einer ihrer Gefährten zu Wort. Apollodoros war ein Kaufmann aus Sizilien und seit Langem einer ihrer treusten Anhänger, der sie auch ins Exil in die syrische Wüste begleitet hatte.

Er habe da eine Idee, sagte er nachdenklich. Sicher riskant und alles andere als würdevoll – aber … ja, er könne sich vorstellen, dass das funktionierte.

Sie solle sich ganz schlicht kleiden. Keine Krone, kein Schmuck, nur eine lange Tunika und ein Diadem auf der Stirn. Er selbst brauche ein Ruderboot und ein langes Stück Seil.

Außerdem einen Wäschesack aus Leinen – oder besser noch einen Teppich …

■

So war es also gekommen, dass Apollodoros mitten in der Nacht mit seinem kleinen Boot den Hafen von Alexandria ansteuerte.

Nachdem er es am Kai festgemacht hatte, machte er sich mit einem Bündel über der Schulter auf den Weg zum Palast. Er spazierte die Kolonnaden entlang, durchquerte die Gärten, stahl sich an den Wachen vorbei, stieg die Stufen zum Eingang von Cäsars Gartenvilla hinauf und verschwand mit seiner wertvollen Fracht im Haus.

Erst dort legte der sizilianische Kaufmann den Teppich* ab, löste das Seil, trat zurück und ließ den Dingen ihren Lauf …

---

* War es wirklich ein Teppich? Griechische und römische Quellen für diese Geschichte stimmen hier nicht überein. An einigen Stellen wird von einem »Teppich« gesprochen – es kann aber genauso gut einfach nur ein Wäschesack gewesen sein.

Was genau spielte sich dann vor den Augen des sprachlosen Julius Cäsar im Schein der Fackeln ab?

Er sah eine zierliche, feingliedrige Frau von einundzwanzig Jahren mit rabenschwarzen Haaren und dem olivfarbenen Teint der Makedonier. Sie hatte eine hohe Stirn, eine scharf geschnittene Nase und große, tief liegende Augen.

Jetzt redete sie und stellte sich vor – und wenn sie sprach, war es unmöglich, sich ihrem Esprit und dem warmen griechischen Tonfall ihrer Stimme zu entziehen. Und dem vergnügten Funkeln in ihren Augen.

Und Kleopatra? Was hat sie gesehen, als sie sich nach ihrer anstrengenden Reise so anmutig wie möglich aus ihrer Verpackung schälte?

Sie sah einen großen, wettergegerbten Mann von zweiundfünfzig Jahren, dessen Haare schon einmal dichter gewesen sein mochten, doch dessen Blick klar und selbstbewusst war. Einen klugen, findigen, gutmütigen Mann, der aber, wenn es darauf ankam, einen eisernen Willen besaß.

Später sagten viele, es sei Liebe auf den ersten Blick gewesen. War das so? Wir werden es nie erfahren.

Klar ist jedoch, dass Kleopatra Cäsar fasziniert hat. Sie war verschmitzt, mutig und intelligent, eine würdige Vertreterin der berühmtesten Dynastie der Welt. Ein schmachtender Teenager war er jedoch nicht – er war bereits zum dritten Mal verheiratet, und seine Frau, Calpurnia, wartete in Rom auf ihn.

Der eigentliche Grund dafür, warum er die Nähe zu Kleopatra suchte, lag auf der Hand. Vor allem brauchte er Geld, um seine Truppen zu bezahlen und die Eroberung der römischen Welt zu finanzieren.

Trotz der Schulden Ägyptens war Kleopatra immer noch die reichste Frau der Welt. Und schon auf den ersten Blick schien sie eine weitaus bessere Verbündete zu sein als ihr intriganter kleiner Bruder und seine aalglatten Freunde.

Und was mag Kleopatra in Julius Cäsar gesehen haben? Er war schließlich alt genug, um ihr Vater zu sein.

Was ihr wirklich wichtig war, war das Überleben ihrer Dynastie und die Zukunft ihres Königreichs. Und der Mann vor ihr erschien ihr wie die Antwort auf all ihre Gebete: ein erfahrener Feldherr mit Tausenden von Soldaten.

Später an diesem Abend saßen Cäsar und Kleopatra beim Essen zusammen, und im Schein der Kerzen schlossen sie einen Pakt: Er würde ihr wieder zum ägyptischen Thron verhelfen und sie würde ihn im Gegenzug mit dem dringend benötigten Geld versorgen.

■

Am nächsten Morgen brach die Hölle los. Ptolemaios und seine Gefolgsleute waren am Abend zuvor in dem Glauben zu Bett gegangen, die Oberhand zu haben. Sie hatten keinen Grund gehabt, daran zu zweifeln, dass Kleopatra nach wie vor bei Pelusium handlungsunfähig in der Wüste saß.

Schon bald, sagten sie sich, würde sich Cäsar der politischen

Realität beugen und den dreizehnjährigen Pharao als Herrn über beide Länder anerkennen.

Doch als sie an diesem Morgen wie selbstverständlich zu Cäsars Tür hereinschlenderten, gefror ihnen das blasierte Lächeln auf den Gesichtern. *Kleopatra? Hier? Mit einem Grinsen im Gesicht, weil Cäsar ihr offensichtlich gerade einen Witz erzählt hat?*

»Sie hat den alten Mann verhext!«, raunte Pothinus.

Doch Ptolemaios hörte ihm überhaupt nicht zu. Er war vor Wut lila angelaufen und die Augen traten ihm fast aus dem Kopf. Wäre er ein Kochtopf gewesen, hätte man ihn jetzt von der Feuerstelle nehmen müssen.

Er explodierte. Er schrie und heulte und trampelte auf der Stelle wie ein kleines Kind.

Kleopatra brach in Gelächter aus. Cäsar machte – sichtlich irritiert – einen Schritt auf ihn zu, um ihn zu beruhigen.

Doch dazu war es zu spät. Ptolemaios machte auf dem Absatz kehrt und stürmte aus dem Zimmer, dann quer durch die Palastgärten und dann durch die Tore des Palasts, wo er der Menge, die sich wie immer davor versammelt hatte, direkt in die Arme lief.

»Ägypten ist verraten worden!«, schrie er. »Meine Schwester hat sich an die Römer verkauft! Die Ausländer stehlen den Reichtum Alexandrias! Ihre Soldaten werden uns alle töten!«

Voller Wut riss er sich das Diadem vom Kopf und warf es in den Staub. Er brüllte immer noch, doch inmitten der tobenden Menge waren seine Worte nicht zu verstehen.

Römische Soldaten packten ihn von hinten und zerrten den schreienden und um sich tretenden Jungen wieder auf das Palastgelände zurück. Dort stand Cäsar mit ausdrucksloser Miene.

Die Tore fielen krachend ins Schloss. Die Menge hielt überrascht inne – dann brandete sie wie ein tosendes Meer gegen die Palastpforten. Manche schlugen mit Stöcken dagegen und schleuderten Pflastersteine, andere schleppten bereits Fackeln und Brennholz herbei.

Cäsar war zum Balkon des Palasts hinaufgeeilt. Das Ganze sei ein unglückseliges Missverständnis, rief er. Er sei als Freund gekommen. Niemandem liege Ägypten mehr am Herzen als ihm, und er würde für sie tun, was immer sie verlangten.

In seinen Händen hielt er eine Abschrift des Testaments des verstorbenen Pharaos. Als Vertreter der Römischen Republik, erklärte er, habe er die Pflicht, die königlichen Geschwister zu beschützen. Er wolle nichts anderes, als dass Kleopatra und Ptolemaios ihre Waffen niederlegten und die Macht miteinander teilten – so, wie es sich ihr Vater gewünscht habe.

Cäsar war stets ein brillanter Redner gewesen, und während sich seine Stimme so hob und senkte, beruhigte sich die Menge allmählich. Vielleicht, murmelte der ein oder andere, sagte er ja die Wahrheit.

Als er vom Balkon zurücktrat, stand Kleopatra neben ihm, ihr Gesicht bleich vor Anspannung. Er zwinkerte ihr aufmunternd zu. Alles würde gut werden.

Doch er irrte sich.

■

Als Cäsar an diesem Abend ein Bankett für seine königlichen Gäste ausrichtete, war der Kämmerer Pothinus ebenfalls sehr beschäftigt.

Der hinterhältige und gerissene Pothinus hasste Kleopatra mehr denn je und er hatte die Römer sehr genau beobachtet. Es schien ihm, dass ihre Position – Cäsars großsprecherischem Getue zum Trotz – schwächer war, als es den Anschein hatte.

Schließlich standen dem Feldherrn nur viertausend Mann zur Verfügung, die kaum ausreichten, um den Palast zu halten. Zudem schien Cäsar keine Vorstellung davon zu haben, wie groß der Hass der Ägypter auf die Römer war.

Noch während Cäsar auf den Frieden mit Ägypten sein Glas erhob, flüsterte Pothinus seinem Freund Achillas etwas zu. Sie sollten lieber jetzt zuschlagen, statt abzuwarten, bis die Römer Verstärkung erhielten.

Am Nachmittag hatte Pothinus Agenten in die Stadt geschickt, die das Gerücht verbreiten sollten, dass Cäsar seine Schiffe bereits mit ägyptischem Gold belud. Außerdem sollten sie einen großen Straßenprotest am nächsten Morgen organisieren. Achillas, flüsterte Pothinus, solle sich unauffällig aus dem Palast entfernen, nach Osten reiten und die Gabiner mobilisieren. Mit ein bisschen Glück könne er in ein paar Tagen zurück sein und dann würden sie die Straßen mit römischem Blut wischen.

Achillas nickte. Und wer würde sich um Cäsar und Kleopatra kümmern?

Pothinus gab ein glucksendes Geräusch von sich. Das solle er mal ihm überlassen. Er habe da genau das richtige Mittel – ein Gift, das so tödlich sei und so schnell wirke, dass die beiden kaum etwas davon mitbekommen würden.

Ein Lächeln machte sich auf Achillas' Gesicht breit. Er streckte den Arm aus und umfasste die Hand seines Freundes.

Er ließ noch ein paar Minuten verstreichen, dann entfernte er sich, fast unbemerkt inmitten der Feierlichkeiten, von seinem Tisch. Kurz darauf befand er sich zu Pferde auf dem Weg nach Pelusium.

▪

Aber nur *fast* unbemerkt. Ein Sklave hatte Pothinus' und Achillas' heimlichtuerische Flüsterei belauscht.

Er war ein schüchterner, nervöser Mann, von dem bisher niemand Notiz genommen hatte. Doch er war ein ausgezeichneter Zuhörer. Und wie der Zufall es wollte, war er außerdem der Barbier von Julius Cäsar.

Unmittelbar nachdem Achillas den Bankettsaal verlassen hatte, murmelte der Sklave etwas in das Ohr seines Herrn. Cäsar war sofort auf den Beinen, in seinen Augen blitzte der Zorn. Dann rief er seine Leibwächter.

Als die Soldaten in den Raum stürmten, flehte Pothinus schon stammelnd um sein Leben. Er blickte verzweifelt zum jungen König hinüber, doch Ptolemaios sagte kein Wort. Kleopatra neben ihm sah Pothinus mit ausdruckslosen Augen an, sie ließ keine Regung erkennen.

Cäsar nickte seinen Soldaten zu, worauf diese ihren Gefangenen aus dem Raum schleiften. Keiner der übrigen Gäste hatte sich bewegt. Sie schienen geschockt.

Draußen hörte man Pothinus immer lauter und lauter jammern, schreien, kreischen …

Dann hörte man nichts mehr.

Die Soldaten kehrten mit reglosen Gesichtern in den Saal zurück. Einer von ihnen nahm sich eine Serviette und wischte damit, als wäre nichts weiter dabei, das Blut von seinem Schwert.

■

Mit Pothinus' Tod geriet die Krise völlig außer Kontrolle. Als sich die Nachricht verbreitete, strömten riesige Menschenmengen auf den Straßen von Alexandria zusammen. Und diesmal wusste Cäsar, dass es keinen Zweck hatte, mit ihnen zu reden.

Glücklicherweise hatten er und Kleopatra immer noch den schmollenden Ptolemaios, die fünfzehnjährige Arsinoë und den elfjährigen Ptolemaios junior unter ihrer Kontrolle. Doch angesichts des wütenden Mobs auf der Straße saßen sie im Palast in der Falle.

Wenige Tage später marschierte Achillas' Armee in die Stadt ein. Wütend darüber, dass ihnen Kleopatra erneut entkommen war, dürsteten die Gabiner nach Blut. Von früh bis spät stolzierten sie vor dem Palast auf und ab und beschimpften die römischen Wachen mit absichtlich feuchter Aussprache.

Auch Cäsar wusste, dass die Gabiner nur schwer zu besiegen waren. Sie hatten fast viermal so viele Leute wie er. Manche von ihnen waren zwar bloß Banditen und Piraten, doch ihre Anführer waren gut ausgebildet und äußerst skrupellos.

Am Tag nach ihrer Ankunft versuchte Cäsar, die Situation zu entschärfen, indem er Unterhändler schickte, um mit ihnen zu reden. Er wählte ein paar Höflinge aus, die allesamt zuvor Diener von Ptolemaios dem Flötenspieler gewesen waren.

Achillas entpuppte sich jedoch als sehr schlechter Zuhörer. Als er die Abgesandten des Palasts sah, gab er seinen Soldaten ein kurzes Zeichen, woraufhin diese die Männer wegzerrten und ihnen die Kehlen durchschnitten.

Als Cäsar davon erfuhr, stieß er einen langen, betrübten Seufzer aus. Nun gut, dann eben Krieg.

In dieser Nacht begannen seine Soldaten, den Palast in ein befestigtes Militärlager zu verwandeln. Sie verstärkten die Tore, hoben in den Gärten Gräben aus und verbarrikadierten die Kolonnaden. Falls ihnen eine lange Belagerung bevorstand, war es wichtig, auf das Schlimmste vorbereitet zu sein.

Währenddessen hatte sich Cäsar mit seinen Hauptmännern zurückgezogen, um eine Karte von Alexandria zu studieren.

Die Römer kontrollierten den Palastkomplex, ein Labyrinth aus Pavillons und Höfen. Doch die übrige Stadt gehörte den Gabinern: die Straßen, das Stadion, die Vororte – alles. Und

Achillas sorgte unentwegt für Truppennachschub aus dem Landesinneren.

Cäsar deutete auf den Hafen und die dahinterliegende Insel Pharos, auf der der riesige Leuchtturm stand und die über einen Steindamm mit dem Festland verbunden war. Sie müssten unbedingt die Kontrolle über den Hafen und die Insel behalten, sagte er mit Entschiedenheit.

Der Hafen …

Cäsar erstarrte. Der Hafen. *Die Schiffe!* Wie hatte er nur so blind sein können?

Sofort rief er seine Männer und befahl ihnen, zum Hafen zu marschieren. Sie müssten die Kriegsschiffe in Brand setzen! Wenn der Feind ihre Flotte in seine Gewalt brachte, würde er die Meere beherrschen – und die Römer saßen in der Falle.

Doch als die Legionäre den Hafen erreichten, taten sie das zeitgleich mit den Gabinern, die sich aus einer anderen Richtung ebenfalls auf den Weg dorthin gemacht hatten.

Schon bald tobte am Hafen eine Schlacht: Metall klirrte, Holz splitterte, Sterbende und Verwundete ächzten und stöhnten. Als Nächstes hörte man ein verräterisches Knistern, als Cäsars Bogenschützen mit brennenden Pfeilen ihre eigenen Schiffe in Brand setzten.

Und dann passierte es.

Niemand wusste später genau, ob sich das Feuer von selbst ausgebreitet oder ein römischer Brandpfeil sein Ziel verfehlt hatte. Doch plötzlich zeigten mehrere Männer auf die Lagerhäuser am Kai, aus denen die Flammen bereits in den Himmel schlugen.

Eine Walze aus Qualm, Feuer und Hitze rollte über die Docks hinweg. Das erste Lagerhaus brach krachend zusammen, brennende Balken flogen durch die Luft. Manche sprangen verzweifelt ins Meer, um dem Inferno zu entgehen.

Bald brannte das gesamte Hafengelände, schwarzer Rauch quoll in Richtung Stadt. Kleopatra stand wie versteinert am Fenster ihres Zimmers und starrte hinunter zum Hafen.

Ihre Augen folgten den Flammen, die sich durch die Nacht fraßen – dann stieß sie einen entsetzten Laut aus. Die Bibliothek!

Doch sie konnte nichts tun. Hilflos stand sie da und Tränen liefen ihr über das Gesicht.

Das Inferno wütete die ganze Nacht.

Schließlich dämmerte ein düsterer, grauer Morgen. Über den schwelenden Resten der Hafenanlagen lag eine dichte Rauchdecke.

Die Flammen waren endlich erloschen, doch die Bibliothek hatte furchtbaren Schaden genommen. Niemand wusste genau, wie viele Schriftrollen verloren waren. Einige sprachen von wenigen Tausend, andere von Zehntausenden.

Dann kam eine noch schlimmere Nachricht: Arsinoë, Kleopatras fünfzehnjährige Schwester, war verschwunden.

Eine stundenlange Suchaktion blieb zunächst erfolglos. Dann, als Kleopatra gerade überlegte, wo sie noch nicht gesucht hatte, kam ihr ein Diener entgegengelaufen. Als er keuchend und stotternd seine Nachricht vorbrachte, wich die Farbe aus ihrem Gesicht.

Offenbar waren Arsinoë und ihr Hauslehrer im Tumult der Nacht unbemerkt durch einen Seiteneingang geschlüpft und hatten sich direkt zum Lager der Gabiner begeben.

Arsinoë war es anscheinend leid gewesen, neben ihrer älteren Schwester stets die zweite Geige spielen zu müssen. In einem schier unglaublichen Akt des Verrats war sie zu den Gabinern übergelaufen.

Und es kam noch schlimmer. Mit wohlüberlegter Kaltblütigkeit hatte sie sich selbst zur Königin von Ägypten erklärt und den Römern den Tod geschworen.

Und nun marschierte sie an der Spitze einer Armee dem Palast entgegen.

8

In der Falle

An diesem Abend – die Kerzen waren bereits weit heruntergebrannt – scharten sich Kleopatra, Cäsar und ihre Offiziere mit ernsten Gesichtern um eine Karte von Alexandria.

Die Lage war zum Verzweifeln. Cäsars Soldaten hielten zwar nach wie vor das Palastviertel, der gesamte Rest der Stadt gehörte aber Arsinoë, Achillas und der gabinischen Armee.

Ein Großteil der königlichen Hafenanlagen war vom Feuer zerstört worden. Die Kais sowie die Insel Pharos konnten die Römer bisher mit Mühe und Not unter ihrer Kontrolle halten. Doch sie hatten nur wenig Proviant, und was Trinkwasser anging, waren sie auf die schmalen Kanäle angewiesen, die vom Mareotis-See gespeist wurden.

Mit anderen Worten: Sie saßen in der Falle.

An diesem Nachmittag sandte Cäsar Boten aus, um Hilfe zu holen. Seine Schiffe lagen vor Rhodos, Syrien und Sizilien, außerdem besaß er Freunde im gesamten Mittelmeerraum. Ob die Hilfe rechtzeitig eintreffen würde, war eine andere Frage.

Inzwischen hatte er seine Zenturionen angewiesen, die Mauern zu befestigen, alle Öffnungen unpassierbar zu machen, die Häuser nach Lebensmitteln zu durchsuchen und alle Vorkehrungen für eine Belagerung zu treffen. Sie würden womöglich über Monate hier eingesperrt sein.

Cäsar blickte auf. Ein Soldat verbeugte sich in der Türöffnung, kam dann zu ihm und flüsterte ihm etwas ins Ohr.

Cäsar nickte. Genau das habe er sich gedacht, sagte er mit düsterer Miene. Seinen Informanten zufolge hätten Achillas und Arsinoë gerade bei einer öffentlichen Kundgebung versprochen, die Ausländer ein für alle Mal zu vernichten.

Helfershelfer des Feindes waren bereits seit geraumer Zeit in ganz Ägypten unterwegs, um Rekruten anzuwerben und Waffen zu besorgen. Reiche Alexandriner hatten ihre Sklaven bewaffnet, während in den Werkstätten unablässig Schwerter und Speere für die Gabiner gehämmert würden.

Cäsar sah Kleopatra in die Augen. Es gebe keinen Grund zur Verzweiflung, sagte er. Trotzdem müssten sie sich auf alles gefasst machen.

Er hatte recht.

Zwei Tage später hörte Kleopatra ein dumpfes Trommeln in der Ferne, das allmählich lauter wurde. Als sie zum Fenster lief und hinausblickte, sah sie riesige schwarze Gebilde, die sich auf den Straßen langsam dem Palast entgegenschoben.

»Belagerungstürme«, bemerkte Cäsar leise.

Es hatte also begonnen.

■

Was dann folgte, war für Kleopatra ein langer, wirrer und schrecklicher Albtraum.

Abend für Abend setzte aufs Neue der erbarmungslose Rhythmus der Kriegstrommeln ein, der bereits für sich genügt hätte, ihr den Kopf platzen zu lassen. Nacht für Nacht prasselte von den Belagerungstürmen eine wütende Flut aus Pfeilen und Brandgeschossen auf sie ein. Nacht für Nacht hämmerten die Rammböcke riesigen Fäusten gleich gegen die Mauern. Und Nacht für Nacht gellten die Schlachtrufe der gabinischen Soldaten und die Schreie und Anfeuerungsrufe der Schaulustigen durch die Luft.

Auch der junge König Ptolemaios XIII. war mit seiner kleinen Gruppe von Getreuen immer noch im Palast. Doch zog er sich die meiste Zeit jammernd in seine Gemächer zurück.

Cäsar hingegen schien überall zu sein. Er wirbelte von Stellung zu Stellung, eine knappe Anweisung hier, ein Wort der Aufmunterung dort, Kleopatra – ihr Gesicht eine Maske der Entschlossenheit, ihre Augen rot vor Erschöpfung – immer an seiner Seite.

Tag um Tag verstrich und zu beiden Seiten der Palastmauern stapelten sich die Toten. Wieder und wieder beschwor Cäsar seine Männer, die Nerven zu behalten.

Er wusste aber, dass das nicht ewig so weitergehen konnte. Irgendwann brach auch der tapferste Krieger zusammen.

Und dann – Kleopatra schien der Belagerungszustand bereits endlose Normalität – trafen aus dem Feindeslager plötzlich verblüffende Neuigkeiten ein.

Mit ihren fünfzehn Jahren besaß die junge Arsinoë bereits den brennenden Ehrgeiz ihrer makedonischen Vorfahren. Sie hatte nicht vor, weiter eine Marionette der Gabiner zu sein. Sie wollte die Zügel selbst in die Hand nehmen.

Als Achillas sie bei der täglichen Lagebesprechung zurechtwies wie ein kleines Kind, verengten sich ihre Augen. Ihr Privatlehrer Ganymedes versuchte, ihre Partei zu ergreifen, doch Achillas lachte sie nur aus. Was verstand ein kleines Mädchen schon vom Krieg?

Nach dem Treffen nahm Arsinoë Ganymedes zur Seite, ihre Stimme war eiskalt. Dieser ungehobelte Tölpel denke wirklich, sie sei nichts als ein kleines Mädchen? Nun, dann habe sie eine kleine Überraschung für ihn …

An diesem Abend durchquerte Ganymedes die Stadt und steckte dabei hie und da einem alexandrinischen Hauptmann etwas Gold zu. Schließlich erreichte er Achillas' Hauptquartier. Er zog sein Messer und schlich sich hinein.

Als Kleopatra am nächsten Tag erwachte, hatte die Nachricht schon den Palast erreicht: Achillas war tot, jemand hatte ihm im Schlaf die Kehle durchgeschnitten. Sein Nachfolger war Ganymedes und Arsinoës Wort war jetzt Gesetz.

Kleopatra schüttelte in widerstrebender Bewunderung den Kopf. Ihre Schwester mochte zwar ihre Todfeindin sein, doch sie war eine würdige Gegnerin und eine wahre Tochter der ptolemäischen Dynastie.

Zum Erstaunen der Verteidiger erwies sich Ganymedes als äußerst fähiger Befehlshaber. Er hatte zwar keine nennenswerte militärische Erfahrung, war aber klug und umsichtig und lernte schnell.

Nur wenige Tage nachdem Ganymedes die Befehlsgewalt übernommen hatte, beschwerten sich die römischen Soldaten darüber, dass das Wasser, das aus den Brunnen der Palastanlage kam, trüb war und faulig schmeckte.

Schon bald war klar, was passiert war: Ganymedes' Leute hatten die unterirdischen Kanäle, die vom Mareotis-See gespeist wurden, blockiert und leiteten jetzt ungenießbares Meerwasser hinein.

Cäsars Soldaten waren hartgesottene Burschen. Was sie jedoch wirklich fürchteten, war Durst, den man nicht stillen konnte. Als ihre Kehlen zu brennen begannen, flehten einige ihren Befehlshaber an, ihre Stellung hier aufzugeben.

Doch Hals über Kopf zu fliehen, passte nicht zu Julius Cäsar. Stattdessen wies er seine Zenturionen an, ihre Männer in Gruppen einzuteilen und sie nach Wasser graben zu lassen.

Und wie so oft waren die Götter mit ihm. Schon nach wenigen Stunden stieß ein Zenturio einen Freudenschrei aus, worauf sich die anderen um ihn scharten und sahen, wie frisches Wasser aus der Erde sprudelte.

Diese Episode zeigt sehr deutlich, was Cäsar so besonders

machte. Im Laufe der Jahrhunderte hatte Rom viele furchtlose Feldherrn hervorgebracht, doch keiner blieb unter Druck so gelassen wie er, und keinem lächelte die Glücksgöttin so oft zu wie ihm.

Ein paar Wochen später stellte Cäsar seinen Mut erneut unter Beweis. Es war eine der gefährlichsten und dramatischsten Situationen seiner Karriere.

Von Anfang an hatte er gewusst, wie wichtig es war, die Kontrolle über die Insel Pharos zu behalten. Falls seine Feinde Pharos eroberten, würden die Römer keine Chance mehr haben, ihre Truppen vom Meer her zu verstärken. Dann wären sie dem Untergang geweiht.

Doch Pharos war verwundbar. Nur durch einen schmalen Steindamm mit der Stadt verbunden, war die Insel ein logisches Ziel für Ganymedes' Soldaten. Also machte sich Cäsar eines frühen Morgens mit einem kleinen Trupp per Boot dorthin auf, um die Verteidigungsanlagen entlang des Damms zu verstärken.

Doch die Römer hatten kaum mit der Arbeit begonnen, als eine Horde feindlicher Soldaten mit gezogenen Schwertern auf den Damm stürmte. Gleichzeitig hielten mehrere brennende Schiffe, von denen schwarzer Rauch in den Himmel stieg, auf Cäsars Galeere zu.

Immer mehr Gabiner drängten mit wilden Schlachtrufen auf den Damm. Da sie hoffnungslos in der Unterzahl waren, schrie Cäsar seinen Soldaten zu, auf seine Galeere zu springen.

Doch das Ergebnis war eine Katastrophe. Während ein wütender Pfeilregen auf sie niederging, knarrte und ächzte Cäsars Schiff immer lauter. Dann begann es – fürchterlich schnell – zu sinken.

Kleopatra beobachtete alles entsetzt von ihrem Fenster aus und befürchtete das Schlimmste. Doch dann sah sie plötzlich einen bekannten lichten Haarschopf aus dem Wasser ragen.

Es war Cäsar. Er schwamm um sein Leben, die kostbaren Pläne in einer Hand über den Kopf gestreckt, und hielt auf den Kai zu. Unablässig schwirrten die Pfeile um ihn herum, doch kein einziger traf ihn.

Als seine Männer ihn aus dem Wasser zogen, war er völlig erschöpft und hatte ein paar Schrammen abbekommen, doch als er Kleopatra sah, die ihn am Palasttor erwartete, hatte er bereits sein selbstsicheres Lächeln wiedergefunden.

Er habe die ganze Zeit gewusst, dass er da heil herauskommen würde, sagte er mit einem Lachen. Habe er ihr denn nie erzählt, dass er von der Göttin Venus abstamme? Die Göttin der Liebe würde es niemals zulassen, dass er wie eine Ratte in einem ägyptischen Hafenbecken ertrank.

Kleopatra küsste ihn lachend. Sie konnte aber nicht umhin, sich zu fragen, ob nicht auch das Glück ihres Freundes eines Tages aufgebraucht sein würde.

■

Monate vergingen, die Belagerung hielt an.

Dann kam der Winter. Jeden Tag, jede Nacht Trommeln,

Geschrei, Pfeile, Brandgeschosse, Steine … Die täglichen Essensrationen wurden immer kleiner, die Kampfmoral der Verteidiger sank auf einen neuen Tiefpunkt.

Zu Beginn des nächsten Jahres wurde Kleopatra zweiundzwanzig Jahre alt, doch es gab nichts zu feiern. Sie war zu einer geisterhaften Erscheinung geworden, ihr Gesicht leichenblass, ihre Stimme heiser, ihre Nägel bis aufs Nagelbett abgekaut. Ein Entkommen schien unmöglich, ein Sieg unvorstellbar.

Und dann, kurz nach Kleopatras Geburtstag, nahm der Krieg abermals eine überraschende Wendung.

An einem grauen, nebligen Tag signalisierten die Belagerer plötzlich per Fahne »Waffenstillstand«. Cäsars Männer öffneten daraufhin das Haupttor und eine Gruppe alexandrinischer Stadtältester stiefelte herein.

Die Einwohner der Stadt seien des Kämpfens müde, erklärten sie. Und sie hätten es satt, »einer Frau untergeben zu sein« und Ganymedes' Befehlen zu gehorchen. Man sei deshalb zu einem Entschluss gekommen.

Falls Cäsar ihnen ihren wahren König, Ptolemaios XIII., zukommen ließe, würden sie Arsinoë festsetzen, sich Ganymedes' entledigen und dem Jungen als ihrem rechtmäßigen Herrscher huldigen. Sobald Ptolemaios mit seinem Volk vereint sei, würden sie den Krieg beenden.

Cäsar runzelte die Stirn. Er müsse darüber nachdenken.

Nachdem die alexandrinische Abordnung sich wieder zurückgezogen hatte, sammelte er seine Offiziere um sich. Für einen Moment saß er nur da und dachte nach. Dann hob er seine Stimme.

Immer wieder, begann er, hätten sich die Alexandriner als »durch und durch falsch und verräterisch« erwiesen. Man könne ihrem Wort einfach nicht trauen.

Aber. Ihre Lage sei verzweifelt. Sie hätten keinen Proviant mehr, die Moral sei am Boden und Verstärkung nicht in Sicht.

Also sei es einen Versuch wert. Im besten Falle sei der Junge der Schlüssel zum Frieden. Und so man doch hereingelegt worden sei – er räusperte sich –, sei es »ehrenvoller, gegen einen König zu kämpfen, als gegen Sklaven und Banditen«.

Erschrocken schüttelte Kleopatra den Kopf. Doch Cäsar hatte sich entschieden.

Er ließ Ptolemaios zu sich rufen und teilte ihm mit, dass es ihm freistehe, den Palast zu verlassen. Dann ergriff er seine Hand und bat ihn eindringlich, Mitleid mit seinem ruhmreichen Heimatland zu haben, das von Feuer und Elend entstellt sei. Er möge damit beginnen, seinem Volk die Augen zu öffnen, und es so zu retten. Und er möge bitte auf die Römer vertrauen – und auf sich selbst.

Die Reaktion von Ptolemaios kam für Cäsar völlig überraschend. Nachdem er seine Ansprache beendet hatte, brach der Junge in Tränen aus. »Bitte«, flehte er, »schickt mich nicht weg!« Er sei voller Respekt für Cäsar, vertraue ihm wie einem Freund und liebe ihn wie einen Vater. »Eure Gesellschaft«, fügte er schluchzend hinzu, »ist mir wichtiger als ein Königreich!«

Cäsars Augen weiteten sich überrascht. Wer hätte gedacht, dass dieser bemitleidenswerte Junge ihn inzwischen ins Herz geschlossen hatte.

Die beiden umarmten sich. Sie würden sich bald wiedersehen, tröstete ihn Cäsar. Dessen sei er sicher.

Als die großen Tore am nächsten Morgen weit aufschwangen, hatte Ptolemaios erneut Tränen in den Augen. Er blickte zu Cäsar und gab ihm einen kurzen Abschiedsgruß, dann wandte er sich um und marschierte den gabinischen Linien entgegen.

Dort angekommen, drehte er sich ein weiteres Mal um. Die Tränen in seinen Augen waren verschwunden. Stattdessen stand ihm der blanke Hass ins Gesicht geschrieben.

Unter den Belagerern brach Gelächter aus. Ihre Reihen teilten sich, worauf Arsinoë und Ganymedes sichtbar wurden. Bruder und Schwester fielen sich in die Arme.

Dann kreischte der junge König einen Befehl. Geschosse flogen durch die Luft und die Belagerung begann erneut.

Auf der anderen Seite der Palasttore stieß Kleopatra einen langen, erschöpften Seufzer aus. Es war also alles nur ein Trick gewesen, wie sie vermutet hatte. Sie hatte Cäsar immer wieder gesagt, dass man Ptolemaios nicht trauen konnte. Würden diese Römer je lernen?

■

Der Frühling kam, feucht und trostlos, und ein Ende der Belagerung war nicht in Sicht. Kleopatra war drauf und dran, den Mut zu verlieren. Die meiste Zeit über grübelte sie in ihren Gemächern und fühlte sich einmal mehr wie eine hilflose Zuschauerin.

Dann wachte sie eines Morgens im hellen Sonnenlicht auf. Die Vögel zwitscherten, der Himmel war blau, selbst die Gärten schienen frisch erblüht zu sein.

Als sie zögernd die Treppe hinunterstieg, hörte sie, dass aus Cäsars Arbeitszimmer lautes Gelächter drang. Sie öffnete die Tür, Cäsar und seine Offiziere blickten von ihren Karten auf und grinsten von einem Ohr zum anderen.

Es gebe Neuigkeiten, sagte Cäsar und eilte ihr entgegen, um ihre Hände zu ergreifen. Wundervolle Neuigkeiten!

Er habe gerade Nachricht von seinem alten Verbündeten Mithridates von Pergamon erhalten. Nachdem dieser in den syrischen Provinzen eine Armee zusammengestellt hatte, war er weiter nach Judäa marschiert, wo er dank Cäsars Freund Herodes weitere dreitausend Mann rekrutieren konnte.

Kleopatra stutzte für einen Moment. Herodes? Den Namen hatte sie schon einmal gehört ... Dann fiel es ihr ein. Ein junger Mann aus der Wüste südlich des Toten Meeres. Ehrgeizig. Stolz. Mochte Kinder nicht besonders.

Cäsar redete immer noch. Mithridates sei nur noch wenige Tagesmärsche entfernt. Pelusium habe er bereits eingenommen und jetzt durchquere er gerade das Delta.

Das einzige Problem bestand darin, dass auch Ptolemaios und Arsinoë davon gehört haben mussten. Cäsars Späher hatten

Reiter in östliche Richtung aufbrechen, Transportschiffe am Seeufer Truppen aufnehmen und Lastkähne die Nilkanäle hinabfahren sehen.

Es gab keine Zeit zu verlieren. Falls die Gabiner planten, Mithridates auf dem Nil aufzuhalten, dann musste auch Cäsar zur Stelle sein, wenn es zum Showdown kam.

Er zeigte auf die Karte. Der mit Abstand schnellste Weg sei der über das Meer und um die Mündung des Deltas herum. Und dann, wenn Ptolemaios' Männer am wenigsten damit rechneten, würde er *zuschlagen*. Beim letzten Wort hatte er sein Messer so schnell und heftig in die Tischplatte gerammt, dass Kleopatra zusammengezuckt war.

Als sie aufblickte, lachte er. Noch nie hatte sie ihn so fröhlich gesehen.

■

Später an diesem Tag schifften sich Cäsars Truppen in Richtung Delta ein. Für etwa fünfzig Kilometer segelten sie nach Osten, bevor sie in einen Nebenarm des Nils abbogen.

Als die Dunkelheit hereinbrach, legten sie eine Pause ein. Doch bei Anbruch des Tages setzten sie sich wieder in Bewegung und glitten lautlos am Ufer entlang.

Schon bald erblickten ihre Späher die Schutzwälle des gabinischen Lagers – die Flaggen wehten in der Frühlingsbrise, die Wachen gähnten nach einer langen Nacht, der Rauch der Feuerstellen stieg über den Palisaden auf.

Alles war so einfach.

Der erste römische Angriff kam von vorn, auf die am Nilufer gelegene Seite des Lagers. Cäsars Vorhut stürzte sich frontal auf die feindlichen Wachposten. Als die Kriegsschreie gellten, eilte ihnen der Rest der Gabiner zu Hilfe – genau wie Cäsar es geplant hatte.

Jetzt griffen die übrigen Römer von hinten an, stürmten den steilen Abhang auf der Rückseite des Lagers hinunter, wo sie am wenigsten erwartet wurden. Um die überraschten Gabiner zog sich die Schlinge zu. Sie hatten nicht den Hauch einer Chance.

Die Römer rückten erbarmungslos vor, jeder ihrer Schwerthiebe fand sein Ziel. Die Schlachtrufe der Gabiner verwandelten sich in panische Schreie. Viele versuchten, über die Palisadenwände zu entkommen, rissen sich die Brustpanzer herunter, warfen die Waffen weg und flohen zum Nil.

Mitten unter ihnen: ein Junge mit schreckgeweiteten Augen und goldenem Harnisch, der ebenfalls verzweifelt zum Fluss stolperte. Ptolemaios XIII. stieß die anderen zur Seite und sprang an Bord eines Schiffes, das bereits voll beladen war.

Hinter ihm drängten weitere Söldner an Bord. Pfeile surrten durch die Luft. Der Kapitän schrie Befehle, die Sklaven hoben die Ruder. Doch immer mehr Söldner schoben sich an Bord, warfen sich gegen den Rumpf und klammerten sich schreiend daran fest.

Langsam – es hatte nicht anders kommen können – begann das Schiff, sich auf eine Seite zu neigen.

Vom Ufer aus konnte Julius Cäsar alles genau beobachten. Die Zeit schien jetzt langsamer zu laufen – die Männer, das Schiff, die rudernden Arme, die panischen Schreie …

Das Schiff bekam jetzt mehr und mehr Schlagseite. Dann ein schreckliches Knirschen und kurz darauf ein grauenvolles Krachen.

Von einem Moment auf den anderen lag das Schiff ganz auf der Seite und sank. Planken splitterten, das schlammige Wasser war voller schreiender Männer, und die Krokodile machten sich gemächlich auf den Weg.

Sie brauchten nicht lange. Nur wenige von Ptolemaios' und Arsinoës Soldaten konnten schwimmen, und viele wurden von ihren schweren Rüstungen nach unten gezogen. Das Grauen war in wenigen Minuten vorbei und eine gespenstische Stille legte sich über den Nil.

Später zogen Cäsars Männer eine blutige, verbeulte Rüstung aus dem trüben Wasser. Doch die Leiche des jungen Königs, wie auch die von Ganymedes, fanden sie nicht.

So endet die Geschichte von Kleopatras Bruder, Ptolemaios XIII.: Auf der Flucht ertrunken im Nil. Er wurde vierzehn Jahre alt.

■

Cäsar kehrte als Eroberer nach Alexandria zurück. An der Spitze seiner Kavallerie, deren Adlerstandarten in der Frühlingssonne funkelten, ritt er durch die Stadttore.

Als die Hufe der Pferde über das Pflaster klapperten, legte die Bevölkerung der Stadt ihre Waffen nieder. Viele knieten vor ihrem neuen Herrn – dem Mann, den sie bis zu seinem Sieg am Nil so erbittert bekämpft hatten.

Vor dem Palast erwarteten die römischen Wachen ihren Befehlshaber. Als sie ihn hoch zu Ross erblickten, brachen sie in triumphalen Jubel aus. Und als Cäsar vom Pferd stieg, erwartete ihn Kleopatra auf den Stufen und breitete zur Begrüßung ihre Arme aus.

An diesem Abend – das Echo der Feierlichkeiten hallte noch durch die Korridore des Palastes – kniete sie nieder und richtete ein leises Dankesgebet an Isis. Die Göttin war doch auf ihrer Seite gewesen.

Nach den langen Monaten des Exils, dem Schrecken der Belagerung und dem angsterfüllten Warten hatten sich ihre Träume endlich erfüllt. Alle ihre Rivalen waren weg. Pothinus war tot. Achillas war tot. Ganymedes war tot, und sogar ihr verhasster Bruder war tot. Und was Arsinoë betraf – sie lag in Ketten und war dazu verdammt, den Rest ihres Lebens in römischer Gefangenschaft zu verbringen.

Einen Bruder gab es noch: den zwölfjährigen Ptolemaios den Jüngeren, der während der Belagerung an ihrer Seite gestanden hatte. Auf Cäsars Vorschlag hin wurde der Junge nun ihr zweiter Ehemann – ein sehr seltsames Arrangement für eine normale Familie, aber nichts Besonderes für die Ptolemäer.

Königliche Abgesandte verkündeten in ganz Ägypten die

Botschaft, dass Kleopatra VII. und Ptolemaios XIV., die vaterliebenden und geschwisterliebenden Götter, gemeinsam regieren würden. Doch in Wahrheit war der Junge nur eine Marionette.

Im Palast war es Kleopatra, die sämtliche Entscheidungen traf – Cäsar immer an ihrer Seite, um sie, wo nötig, zu beraten. Und es war der römische Feldherr, nicht ihr Bruder, der des Nachts ihr Bett teilte.

Während der Tortur der Belagerung waren sich die beiden näher und näher gekommen. Mehr als je zuvor bewunderte Kleopatra den Weitblick und die Führungsqualitäten ihres Freundes, seine Tatkraft und seinen Ehrgeiz.

Und Cäsar hatte noch nie eine Frau mit solchem Mut kennengelernt, mit so viel Charme und Charakterstärke. Ja – zwischen ihnen lagen Jahrzehnte, doch als Partner ergänzten sie sich perfekt.

In Alexandria zog der Frieden ein. In den folgenden Wochen paradierten die siegreichen Truppen die Kanopische Straße entlang und wurden mit Bändern und Rosen überhäuft. Die Mauern wurden repariert, die Hafenanlagen instand gesetzt und die Belagerungsmaschinen zerlegt. In den Tavernen leerten römische Soldaten ihre Weinbecher und grölten ihre Lieder.

Im Palast wurden jeden Abend Bankette und Feste veranstaltet, auf denen Cäsar und Kleopatra bis tief in die Nacht schlemmten und feierten. Die Kriegstrommeln waren verstummt. Aus den Fenstern hörte man nur noch das Flötenspiel und das Lachen der Tänzerinnen.

Für Kleopatra war das Leben nie schöner gewesen. Sie hatte ihre Krone und ihr Königreich zurückerobert. Und an ihrer Seite hatte sie den mächtigsten Mann der Welt und Tausende kampferprobte römische Legionäre.

Und da war noch etwas, von dem nur sehr wenige wussten. Kleopatra erwartete ein Kind.

9

Das Gesicht der Isis

Das Krokodil starrte Julius Cäsar mit kalten und grausamen Augen an.

Einen Moment lang stand der römische Feldherr einfach nur da, unfähig, sich zu bewegen, wie gebannt von diesen grauenvollen gelben Schlitzen.

Dann berührte Kleopatra leicht seinen Arm und reichte ihm ein Glas Wein.

Es war ein brütend heißer Nachmittag. Wenn das der Frühling war, dachte Cäsar, der dankbar das Glas an die Lippen setzte, wie würde dann erst der Sommer sein?

An den Ufern des Nils leuchteten die Lilien und Lotusblumen weiß und blau, rosa und violett. Über ihren Köpfen hingen die Datteln in schweren Trauben an den Palmen. Und hin und wieder, während Kleopatras Sklaven die Ruder durchs Wasser zogen, hob ein Nilpferd seinen riesigen Kopf und fletschte warnend die Zähne.

Sie waren nun seit drei Wochen auf der königlichen Barke den Fluss hinauf unterwegs. Jeder Tag war heißer als der davor.

Jeder Tag zeigte ihnen aber auch eine immer farbenprächtigere Landschaft, eine immer exotischere Tierwelt und ein immer außergewöhnlicheres Spektakel.

Für manche von Cäsars Offizieren, die ungeduldig auf ihre Rückkehr nach Rom warteten, war ihr Chef von allen guten Geistern verlassen. Warum nur schipperte er hier herum, wenn die Welt ihm zu Füßen und so viel Arbeit vor ihm lag?

Doch in Wahrheit gab es für diese Reise triftige politische Gründe. Für die Pharaonen war es jahrhundertealte Tradition, den Nil hinauf- und hinunterzufahren, um sich in aller Pracht der Bevölkerung zu zeigen.

Es ergab also absolut Sinn für Kleopatra, genau jetzt, nach einem blutigen Bürgerkrieg, diese Reise zu unternehmen und dabei immer wieder anzulegen, um den Tribut der örtlichen Statthalter entgegenzunehmen und so alle daran zu erinnern, wer ihre Königin war. Und als ihr wichtigster Verbündeter musste Cäsar einfach dabei sein.

Der wiederum hatte seine ganz eigenen Gründe, den Nil genauer in Augenschein nehmen zu wollen. Denn er war nicht nur Soldat, sondern ein kluger, belesener Mann, der von Naturwissenschaft und Geografie fasziniert war. Später vermuteten einige römische Autoren sogar, dass er gehofft hatte, auf dieser Reise die Quelle des großen Flusses zu entdecken.*

---

* Tatsächlich wurde die Quelle des »Weißen Nils« – der etwa 3700 Kilometer südlich der Küste gelegene Victoriasee – erst 1858 vom britischen Forscher John Hanning Speke entdeckt.

Von alledem abgesehen: Wer hätte zu einer Reise auf Kleopatras königlicher Barke, mit ihren Speise- und Lesesälen, mit Fitnessraum und Aquarium, schon Nein gesagt?

So verstrichen die langen und faulen Tage. Sie kamen an den großen Pyramiden vorbei, der Sphinx und den in der Sonne leuchtenden Tempeln von Memphis und Theben.

Wo immer sie an Land gingen und die Huldigungen der Priester und den Jubel der Bevölkerung entgegennahmen, trug Kleopatra ein langes, strahlend weißes Gewand, das sich über ihren Babybauch spannte. Cäsar – groß und Ehrfurcht gebietend, im wehenden, purpurfarbenen Umhang eines römischen Feldherrn und mit einem hintergründigen Lächeln auf dem Gesicht – stehts an ihrer Seite.

Schließlich erblickten sie die zerklüfteten Felsen der ersten Nil-Stromschnelle, wo das Wasser um viele kleine Inseln und Felsbrocken herumwirbelt. Jenseits der Stromschnelle lag die unerbittlich heiße und trockene nubische Wüste, in der einst eine uralte Zivilisation – das Reich von Kusch – beheimatet war.

Doch selbst einen so unruhigen und neugierigen Geist wie Cäsar zog es hier nicht weiter flussaufwärts. Als der nächste Morgen graute, drehten sie um und traten die lange Rückreise nach Alexandria an.

■

Hochsommer.

Kleopatra saß in ihrem Arbeitszimmer und musste an ihren

Vater denken, der ihr damals gesagt hatte, worum es beim Regieren eigentlich ging: Eine Papyrusrolle jagte die nächste; ständig Berater an ihrem Ohr; Beamte, die nervös von der Tür her auf sich aufmerksam machten; der Flur voll wartender Gäste.

Cäsar hatte sich schon vor einigen Wochen verabschiedet und war zu den östlichen Provinzen Kleinasiens aufgebrochen. Dort gab es ein paar Überreste von Pompeius' alten Truppen, um die er sich kümmern musste, ehe er als unumschränkter Herrscher nach Rom zurückkehren konnte.

Man hatte sich so voneinander verabschiedet, wie das gute Freunde tun: Kleopatra hatte versprochen, Rom weiterhin mit Getreide aus Alexandria zu versorgen. Und im Gegenzug hatte Cäsar ihr dauerhafte Unterstützung durch die Römische Republik zugesagt und drei Legionen zurückgelassen, die für Kleopatras Sicherheit – und die Wahrung seiner eigenen Interessen in Ägypten – sorgen sollten.

Insgeheim war sie nicht nur traurig über seinen Abschied gewesen. Sosehr sie seine Gesellschaft genoss, so sehr wusste sie auch, dass es für sie höchste Zeit war, sich ihrem Volk als Königin *der Ägypter* zu beweisen, die mehr war als eine Marionette Roms.

Es gab so viel zu tun. So viele Tempel zu besuchen, so viele Botschafter zu begrüßen, so viele Feierlichkeiten mit ihrer Gegenwart zu beehren, so viele Schriftstücke zu lesen und abzuzeichnen.

Das ist das Problem mit dem Regieren, dachte sie erschöpft.

Es hört nie auf. Schon am Morgen hatte sie sich einen düsteren Vortrag über die ägyptischen Staatsschulden anhören müssen, die sich auf Dutzende Millionen Drachmen beliefen. Und dann war da natürlich der Nil, der in den letzten Jahren kaum über seine Ufer getreten war und der auch in diesem Sommer bedrohlich wenig Wasser führte.

Wenn die Flut ausblieb, bedeutete das eine schlechte Ernte. Und eine schlechte Ernte bedeutete weniger Nahrungsmittel und höhere Preise. Und weniger Nahrungsmittel und höhere Preise bedeuteten, dass die Einwohner Alexandrias hungern mussten.

Kleopatra hatte ihre Männer angewiesen, Getreide aus den königlichen Vorratslagern an die Bevölkerung zu verteilen, was ein guter Weg war, um sich die Unterstützung der Armen zu sichern. Doch lange konnte das so nicht mehr weitergehen. Wann würden die Götter sie endlich mit einer richtigen Flut belohnen?

Für einen Moment legte sie den Stift aus Schilfrohr beiseite und lehnte sich auf ihrem Stuhl zurück. Durch das Fenster hörte sie den Lärm der Stadt: Träger und Händler, Soldaten und Kaufleute, das Kichern der Dienstmädchen und die Rufe der Jungen auf den Märkten.

Doch war da noch etwas anderes: das Klirren von Meißeln auf Stein, die schroffen Anweisungen der Baumeister, das dumpfe Geräusch, wenn große Steinblöcke an ihren Platz gewuchtet wurden.

Die langen Monate des Kampfes hatten in den Straßen von Alexandria tiefe Narben hinterlassen: Überall gab es eingestürzte Mauern, klaffende Löcher und ausgebrannte Häuser.

Gleich als sie von ihrer Nilfahrt zurückgekehrt war, hatte Kleopatra angeordnet, mit den Renovierungsarbeiten zu beginnen. Jetzt waren die Baumeister in der ganzen Stadt damit beschäftigt, die Fundamente für neue Lagerhäuser, Tempel und Bibliotheken ausheben zu lassen. Es entstand sogar eine neue Dammstraße hinüber zum großen Leuchtturm, entworfen vom Architekten Dexiphanes von Knidos.

Kleopatra betonte gegenüber ihren Beratern immer wieder, dass das neue Alexandria prächtiger denn je werden müsse – eine Hauptstadt, die ihrer Königin und ihren Nachfahren würdig sei. Und beim Gedanken an die, die nach ihr kommen würden, berührte sie unwillkürlich ihren Bauch.

Die Ärzte hatten keinen Zweifel, dass das Kind jetzt jederzeit kommen konnte. Ihre Hebammen hatten sie dringend gebeten, sich auszuruhen, doch Kleopatra hatte darauf hingewiesen, dass einfach zu viel zu tun sei. Für alle Fälle hatten die Priester die Götter befragt – und alle Vorzeichen waren günstig.

Plötzlich spürte sie einen stechenden Schmerz … dann noch einen. Jetzt war es also so weit, das Baby wollte auf die Welt.

Kleopatras Sohn wurde am 23. Juni 47 v. Chr. geboren. Er begrüßte seine Mutter standesgemäß laut brüllend in einem der Schlafgemächer des Palastes, umgeben von Hebammen, die – mit allerlei Tränken und Salben bewaffnet – Kleopatra während

Wehen und Geburt beigestanden hatten. Eine wickelte ihn in Windeln, eine zweite durchtrennte die Nabelschnur mit einem Messer aus vulkanischem Glas, und eine dritte legte den Neugeborenen der erschöpften, aber überglücklichen Mutter in die Arme.

Um der Welt die Abstammung des Kindes kundzutun, nannte sie ihn Ptolemaios Cäsar. Doch die Alexandriner nannten ihn einfach Cäsarion, den »kleinen Cäsar«, und dieser Spitzname blieb ihm.

Für die zweiundzwanzigjährige Mutter war die Geburt ihres Sohnes der süßeste Triumph von allen. Endlich hatte sie einen eigenen Erben, durch dessen Adern sowohl römisches als auch ägyptisches Blut floss – das von Cäsar und das der Ptolemäer.

Glückwünsche des Vaters blieben aus, was nicht allzu verwunderlich war. Schließlich war dieser in Rom glücklich verheiratet, und eine derartige Botschaft nach Ägypten hätte bei Cäsars zu Hause nur für unnötige Unruhe gesorgt.

In Ägypten fanden hingegen in jedem Ort und jeder Stadt ausgelassene Feste statt. Der Tradition gemäß wurde der Neugeborene von den Priestern als Sohn des Sonnengottes Ra willkommen geheißen, obwohl jeder wusste, wer der wirkliche Vater war.

Die meisten Bilder zeigen Cäsarion als Horus, auf den Knien seiner Mutter Isis. Und aus Kleopatras Sicht war dies schlicht perfekt. Seit sie ein kleines Mädchen war, hatte sie von der Mondgöttin geträumt. Und nun begann sie, sich ganz und gar mit der beliebtesten ägyptischen Göttin zu identifizieren, die ebenfalls eine alleinerziehende Mutter war.

Münzen und offizielle Bekanntmachungen zeigten Kleopatra als »Neue Isis« und sie selbst kleidete sich im Stil der bekanntesten Abbildungen der Göttin. Bei offiziellen Anlässen trug sie ein fließendes Gewand, das mittels eines speziellen Knotens an der Brust zusammengehalten wurde, sowie eine Lockenperücke und eine Krone, die mit ineinander verschlungenen Kobras, einer Sonnenscheibe und Kuhhörnern verziert war.

Die Botschaft war klar: Ägypten war wieder »ganz«. Die heilige Ordnung war wiederhergestellt und die Zukunft gehörte der Neuen Isis und dem Neuen Horus.

An seinem ersten Geburtstag konnte der kleine Cäsarion schon krabbeln und brabbelte vor sich hin, und kurz darauf berichtete sein Kindermädchen stolz, dass er seine ersten wackligen Schritte unternommen hatte.

Doch Kleopatra war mit ihren Gedanken woanders. In Ägypten war Ruhe eingekehrt. Der Nil machte ihr zwar immer noch Sorgen, doch die Renovierungsarbeiten gingen gut voran und die Steuern flossen wieder.

Zwischenzeitlich war von jenseits des Meeres die Nachricht eingetroffen, dass Julius Cäsar die letzten Anhänger von Pompeius vernichtet und sich in Rom zum Diktator erklärt hatte.

Zeit, dass der Diktator seinen Sprössling kennenlernt, befand Kleopatra. Falls sie ihn dazu bringen konnte, den kleinen Jungen als seinen Erben anzuerkennen, würden sich ihm ungeahnte Möglichkeiten eröffnen.

Und so bestieg die Herrscherin über beide Länder im Jahr 46 v. Chr. mit einem Gefolge aus Leibwächtern, Dienstmädchen, Beamten und Höflingen ihr Schiff, um sich auf die Reise über das Mittelmeer zu machen.

Einen Monat lang segelten sie im warmen Sommerwind und mit jedem neuen Sonnenaufgang wuchs ihre Vorfreude. Schließlich begann sich am nordöstlichen Horizont ein trüber Fleck abzuzeichnen.

»Die italienische Küste«, informierte sie der Kapitän. Kleopatra nickte. Dann atmete sie einmal tief durch. Rom.

▪

Drei Tage nachdem sie angelegt hatten, rumpelte Kleopatras Kutsche in die Hauptstadt der Römischen Republik.

Sie konnte bereits auf den ersten Blick erkennen, dass Rom und Alexandria nicht viel gemeinsam hatten. Rom war eine Stadt aus Ziegeln, nicht aus Marmor, ein schlammiges, lärmendes Labyrinth aus verwinkelten Gassen und schier endlosen Elendsvierteln. Im Gegensatz zu Alexandria wirkte alles hier chaotisch und ungeplant. Tempel drängten sich neben Markthallen; Schreine und wacklige Hütten schienen sich gegenseitig den Platz streitig machen zu wollen.

Kleopatra fand die Stadt vor allem unglaublich dreckig. Die Rinnsteine waren mit Müll verstopft, die Gassen wurden von

Bettlern gesäumt, die Häuser waren mit Ruß bedeckt und die Wände voller Schmierereien. Und über allem hing ein ekelerregender Geruch, der Kleopatra den Hals zuschnürte – eine Mischung aus verbranntem Holz, frisch geschlachtetem (und nicht so frisch geschlachtetem) Fleisch, Fäkalien und schwitzenden, ungewaschenen Leibern.

Kein Wunder, dachte sie, dass die Römer unbedingt den Rest der Welt erobern wollen. So fürchterlich, wie es hier ist, wollen sie sicher einfach nur weg.

Doch diese Gedanken behielt sie für sich. Schließlich war sie als Gast hier und sie wollte unbedingt einen guten Eindruck machen.

Zu ihrer Erleichterung empfing sie Cäsar ausgesprochen herzlich und bot ihr sogar an, sie in seinem Landhaus auf der anderen Seite des Tibers – im heutigen Stadtteil Trastevere – wohnen zu lassen. Für Kleopatra war das perfekt: ein Zufluchtsort vor all dem Gestank, wo sie mitsamt ihrer Schar von Dienern und Höflingen so vornehm leben konnte, wie es einer Königin zukam.

Cäsars Ehefrau Calpurnia hingegen – selbst nie mit Kindern gesegnet – machte einen großen Bogen um sie.

Doch die meisten von Cäsars Freunden waren erfreut, die junge Ägypterin kennenzulernen. Die Frauen umschwärmten sie, bewunderten ihre Kleider und ihren Schmuck, und manche ahmten sogar ihre geflochtenen Frisuren nach. Und da Kleopatra jede Menge Edelsteine, Gold und Silber dabeihatte, ging kein Gast wieder, ohne ein kleines Geschenk mit auf den Weg zu bekommen. Schon ihr Vater hatte sie gelehrt, dass eine Königin sich ihren Freunden stets erkenntlich zeigen müsse.

In der Flut der Gäste gab es einen, der einen besonderen Eindruck bei ihr hinterließ. Eines Abends stellte ihr Cäsar seinen obersten Offizier vor, der mit ihm in Gallien und Griechenland Dienst getan hatte. Und als Kleopatra sein schelmisches Grinsen sah, erkannte sie ihn sofort wieder.

Es war der junge Kavallerieoffizier, der einst dabei geholfen hatte, dass ihr Vater auf seinen Thron zurückkehren konnte. Er hieß … *Marcus Antonius*! Sie hatte ihn nie vergessen.

Für den Bruchteil einer Sekunde trafen sich ihre Blicke. Er zwinkerte ihr verschmitzt zu. Und wie damals spürte sie ein Kribbeln, eine seltsame Mischung aus Furcht und Erregung …

■

Wenige Tage nach Kleopatras Ankunft feierte Cäsar seinen Triumph – oder besser gesagt: seine vier Triumphe – anlässlich seiner Siege in Gallien, Ägypten, Kleinasien und Nordafrika.

Wie üblich gab es Spiele und Festivitäten, Prozessionen und Paraden. Auf großen Festwagen waren Cäsars Siege über seine Feinde dargestellt, inklusive eines spektakulären Bildes des brennenden großen Leuchtturms.

Es gab Giraffen aus Afrika und Streitwagen von der sagenumwobenen Insel Britannien – obwohl der Feldzug dorthin einer seiner weniger erfolgreichen gewesen war. Es wurden riesige Landkarten und Gemälde gezeigt, und – nebst anderer

Trophäen und Beutestücke – ganze Wagenladungen Gold und Silber. Außerdem ein riesiges Plakat, auf dem in mannshohen Lettern Cäsars berühmte Worte standen, die er nach seinem raschen Erfolg in Asien gesprochen hatte: »Veni, vidi, vici« – »Ich kam, sah und siegte.«

Nie zuvor hatten Roms Massen solch ungeheure Schätze zu Gesicht bekommen. Nie zuvor so viele Sklaven, die in Ketten durch den Dreck schlurften – unter ihnen nicht nur der gallische Häuptling Vercingetorix und der numidische König Juba, sondern auch Kleopatras Schwester Arsinoë.

Es war ziemlich ungewöhnlich, dass man auch eine junge Frau während eines Triumphzugs zur Schau stellte, und als die Menge Arsinoë so durch den Staub trotten sah, begannen viele, ihr zuzujubeln. Kleopatra, die ihrer Schwester ihren Verrat niemals verziehen hatte, fand das äußerst ärgerlich, doch dagegen tun konnte sie nichts.

Auf jeden Fall hatte sie von Arsinoë nichts mehr zu befürchten. War ihr Freund Cäsar nicht der mächtigste Mann auf Erden?

Soweit Kleopatra das beurteilen konnte, hatte Cäsar bereits die Macht eines Königs, wenn auch noch nicht den Titel. Der Senat hatte ihn auf zehn Jahre zum Diktator ernannt und ihn mit Befugnissen ausgestattet, die für viele Leben oder Tod bedeuten konnten.

Und wie ihr Cäsar beim Abendessen erzählte, hatte er große Zukunftspläne. Jetzt, da der Bürgerkrieg vorbei war, würde er seine Soldaten mit Grundstücken und Höfen in Griechenland und Nordafrika belohnen. Verstoßene durften zurückkehren, alte Zwistigkeiten sollten begraben werden.

Im Stadtzentrum hatten die Arbeiten für ein neues Forum begonnen, das eine große Bibliothek, ein Theater und einen riesigen Tempel beherbergen sollte. Jenseits der Stadtmauern plante er Straßen und Kanäle, Brücken und Häfen.

Und weil das alles noch nicht genügte, würde er außerdem einen neuen Kalender einführen, der auf den neuesten Berechnungen des alexandrinischen Mathematikers Sosigenes beruhte. Die Länge der Monate würde sich ändern und zwischen achtundzwanzig und einunddreißig Tagen variieren. Und um mit der Bahn der Erde um die Sonne Schritt zu halten, würde das Jahr 365 und jedes vierte Jahr 366 Tage haben.*

Für Cäsar waren die Regeln des neuen Kalenders vernünftig und nachvollziehbar. Doch im Senat schüttelten einige alte Patrizier missbilligend die Köpfe.

Es sei kein Zufall, murrten sie, dass die Berechnungen von einem aus Alexandria stammten. Schließlich habe Cäsar dort Monate eingepfercht mit der ägyptischen Königin verbracht. Sogar auf einer Vergnügungsfahrt auf dem Nil habe er sie begleitet!

Seit Jahren hatte Roms alte Garde immer wieder vor den

---

* Der nach Julias Cäsar benannte Julianische Kalender hatte über 1500 Jahre Bestand und noch heute folgen wir vielen seiner Regeln. Doch unser heutiger Kalender ist nach Papst Gregorius XIII. benannt, der 1582 am Julianischen Kalender einige kleine Verbesserungen vornahm.

Gefahren fremder Sitten und Gebräuche gewarnt. Es gebe zu viele Fremde in der Stadt, sagten sie mit düsterer Miene – Juden, Ägypter und Babylonier, Magier, Astrologen und Geisterbeschwörer.

Besonders zuwider war ihnen die Beliebtheit einer bestimmten auswärtigen Göttin. Seit Jahren hatte sich der Isiskult im gesamten Mittelmeerraum verbreitet. Für manche Römer war sie die Mutter Gottes und die Königin des Himmels, die Beschützerin allen Lebens.

Für die alten Patrizier war das unerträglich. Isis sei eine Fremde, ein Eindringling, der die alteingesessenen Götter der Gründer Roms verdränge.

Und jetzt, gifteten sie, müssten sie sich auch noch mit dieser ägyptischen Schnepfe abfinden, die auf der anderen Seite des Flusses residierte und sich als »Neue Isis« bezeichnete. Ganz offensichtlich hatte sie Cäsar verhext – hielt der sich doch inzwischen selbst für einen römischen Pharao.

Die überzeugendste dieser Stimmen gehörte einem alten Senator namens Cicero: ein krötengesichtiger Mann mit Hängebacken, der geschliffen formulierte, aber unerträglich eitel war. Unablässig verbreitete Cicero das Gerücht, dass Kleopatra nur nach Rom gekommen sei, um Cäsars Frau zu werden. »Ich verabscheue die Königin!«, schrieb er verbittert an einen Freund.

In Wahrheit hatte Cäsar, entgegen der Vorwürfe seiner Kritiker, keinerlei Interesse daran, Kleopatra zu heiraten, geschweige denn Cäsarion zu seinem Erben zu machen.

Doch am letzten Tag seiner Siegesfeierlichkeiten spielte er seinen Feinden einen Trumpf in die Hände.

Im Herzen des neuen Forums hatte er Venus – der Göttin der Liebe, von der seine Familie angeblich abstammte – einen schimmernden Marmortempel errichten lassen. Als sich die großen Männer Roms dann zur Einweihungszeremonie versammelten, trauten sie jedoch ihren Augen nicht.

In der Mitte des Tempels erhob sich erwartungsgemäß eine Statue der Mutter Venus. Doch daneben stand noch eine zweite weibliche Statue, deren geschmeidige Rundungen im Sonnenlicht glänzten.

»Isis!«, zischte Cicero.

Aber das war erst die halbe Geschichte. Als die Senatoren sich näher herandrängten, um die Statue genauer zu inspizieren, kam ihnen ihr Gesicht ziemlich bekannt vor.

Es war das Gesicht von Kleopatra.

10

Die Iden des März

Rom, 15. Februar 44 v. Chr.

Es war ein Feiertag und die Stadt wimmelte von Menschen. Eltern und Kinder, Soldaten und Ladenbesitzer, Bettler und Senatoren – niemand wollte sich den Spaß entgehen lassen.

Die Lupercalien, das Fest der Gesundheit und der Fruchtbarkeit, war eines der seltsamsten Ereignisse im römischen Kalender. Man sagte, die Hirten in dieser Gegend hätten dieses Fest schon seit Jahrhunderten gefeiert, lange bevor Rom gegründet worden war.

Das Ritual begann am Palatinhügel, wo sich die Höhle befand, in der die Wölfin Romulus und Remus gesäugt hatte. Dort harrten – in der Winterkälte zitternd, weil fast nackt, und mit Öl beschmiert – ein paar junge Männer unter einem heiligen Feigenbaum aus.

Zuerst schlachteten sie zwei Ziegen und einen Hund. Dann strichen sie das Blut der Tiere auf die Stirn von zwei kleinen Jungen, die angewiesen worden waren, daraufhin in wahnsinniges Gelächter auszubrechen.

Dann schnitten sie die Häute der Ziegen in lange Streifen, die sie als Peitschen benutzen konnten, und machten sich auf den Weg in die Stadt, wo sie wild damit herumfuchtelnd durch die Straßen liefen. Überall standen Gruppen von Frauen herum, die ihre Hände ausstreckten. Wenn die jungen Männer dann an ihnen vorbeiliefen, schlugen sie mit den Peitschen zu, und nicht selten floss dabei auch Blut.

Das mag sich aus heutiger Sicht äußerst sonderbar anhören, doch die Römer glaubten, dass dieses Ritual Frauen hülfe, schwanger zu werden. Wer das Glück hatte, von einer Peitsche getroffen zu werden, dem würde Fortuna auch bezüglich des Kinderwunsches zur Seite stehen.

Die Läufer näherten sich jetzt dem Zentrum der Stadt und wurden von allen Seiten bejubelt. Alle liebten die Lupercalien. An der Spitze der Läufer sah man dieses Jahr ein bekanntes Gesicht. Marcus Antonius, der wichtigste Offizier Julius Cäsars, rannte mit ölglänzendem Körper die Straßen hinunter und schlug und peitschte, was das Zeug hielt.

Jetzt bog er um die Ecke und vor ihm tat sich das Forum auf. Am Ende des Platzes befand sich eine riesige Tribüne, auf der sich die reichen und mächtigen Männer Roms versammelt hatten, um alles genau verfolgen zu können.

Genau in der Mitte der Tribüne – auf einem goldenen Thron, in purpurfarbener Toga und kniehohen roten Stiefeln – saß Cäsar selbst. Nie zuvor hatte er imposanter und königlicher ausgesehen.

Marcus Antonius kam direkt vor der Tribüne aus vollem Lauf zum Stehen. Nachdem sich die Staubwolke um ihn gelegt hatte, nahmen ihn die anderen Läufer auf die Hände und hoben ihn mit geübter Leichtigkeit hoch in die Luft. In der Hand hielt er ein weißes Band, das mit einem Lorbeerkranz verflochten war – das Diadem eines Königs. Unter dem tosenden Applaus seiner Freunde streckte er es Cäsar entgegen.

Die Menge hielt den Atem an.

Cäsar streckte die Hand aus – und stieß den Lorbeerkranz zurück. Die Menge brach in erleichterten Beifall aus.

Marcus Antonius hielt ihm erneut den Lorbeerkranz entgegen, was die Menge mit Pfiffen und Buhrufen quittierte. Erneut stieß Cäsar ihn weg und erneute wurde erleichtert geklatscht.

Cäsar erhob sich, auf seinem Gesicht ein verlegenes Lächeln. Das Diadem, schallte seine Stimme über den Platz, müsse zum Tempel des Jupiter – des Besten, des Größten – gebracht werden. »Denn Rom wird nie einen anderen König haben!«

Als er wieder Platz nahm, brauste ein Jubelsturm durch das Forum, aber das Lächeln auf Cäsars Gesicht war verschwunden.

Auf ihrem Ehrenplatz runzelte Kleopatra die Stirn. Was ging hier vor sich? Wollte er kein König sein?

Dann ließ sie ihren Blick über die Tribüne schweifen. Als sie den Hass in den Gesichtern der Senatoren sah, lief ihr ein kalter Schauer über den Rücken.

■

In den letzten beiden Jahren war Kleopatra zwischen Alexandria und Rom gependelt, um ihre Interessen in beiden Hauptstädten zu wahren.

Als sie zu Beginn des Jahres 44 v. Chr. nach Rom zurückkehrte, fiel ihr auf, dass Julius Cäsar mit einem Mal sehr alt geworden war. Er hatte zeit seines Lebens an epileptischen Anfällen gelitten, und die langen Jahre des Krieges schienen jetzt – mit fünfundfünfzig – ihren Tribut zu fordern.

Wenn er Kleopatra an den Abenden in der Villa auf der anderen Seite des Flusses besuchte, sank er auf dem Sofa zusammen und schloss erschöpft die Augen.

Im Herbst zuvor hatte Cäsar ein neues Testament aufgesetzt, die Einzelheiten aber für sich behalten. Er hatte es den Priesterinnen der Vesta – der Göttin von Heim und Herd – anvertraut, die es mit anderen Dokumenten in ihrem Tempel im Herzen der Stadt verwahrten.

Danach hatte er sich wieder an die Arbeit gemacht: mehr Spiele, mehr Paraden, mehr Bauprojekte, die das Leben der einfachen Römer verbessern sollten. Die Botschaft war klar: Die Konflikte der Vergangenheit waren beendet. Ein neues Goldenes Zeitalter war angebrochen.

Doch obwohl Cäsar seinen Feinden mit großer Geste vergeben hatte, war der alte Hass niemals ganz überwunden worden. Nie zuvor in der römischen Geschichte hatte ein einzelner Mann so viel Macht besessen und viele reiche Senatoren verabscheuten ihn dafür. Wann würde er seine Maske der Großzügigkeit fallen lassen, fragten sie sich, und seinen Truppen befehlen, ihre Schwerter zu ziehen?

Dennoch bedachten sie ihn mit immer mehr Ehren. Er besaß die Macht eines Zensors, eines Tribuns und Konsuls – allesamt Schlüsselpositionen innerhalb des republikanischen Systems. Während der Senatssitzungen saß er auf einem vergoldeten, mit einem Tuch in kaiserlichem Purpur ausgelegten Thron und trug den Lorbeerkranz eines siegreichen Feldherrn. Er sprach stets als Erster, und was er sagte, war Gesetz.

Ende Dezember des Jahres 45 v. Chr. hatten ihm die anderen Senatoren die Titel *Befreier*, *Vater seines Landes* und *Oberster Befehlshaber* verliehen – Letzteres der »Imperator«, auf den unter anderem die englischen Wörter »empire« und »emperor« zurückgehen.

Doch mit jedem neuen Titel, den sie ihm verliehen, wuchsen auch ihre Angst und ihr Hass auf Cäsar. Es kam ihnen vor, als wären sie mit einem unersättlichen wilden Tier eingesperrt und würden ihm ständig neue Fleischbrocken hinwerfen, damit es nicht *sie* fräße – und im Grunde hassten sie sich selbst dafür.

In den Villen der Reichen jagte ein Gerücht das andere, doch eines hielt sich hartnäckig: Cäsar wolle sich tatsächlich zu König Julius machen. Und verantwortlich dafür sei Kleopatra.

Es sei ja kein Wunder, hieß es, dass Cäsar sich seit seiner Zeit in Alexandria wie ein König aufführte. Die Zauberin vom Nil habe ihn verhext, und zwar in das schlimmste Wesen von allen – einen Ägypter.

Cicero behauptete sogar, die Sache mit dem Diadem sei Kleopatras Idee gewesen. Wie fast alles war auch das gelogen, doch vielen Römern war die Vorstellung einer selbstbewussten, unabhängigen Frau geradezu verhasst, und so glaubten sie gerne daran.

Schon bald nahmen die Gerüchte eine neue Wendung. Man munkelte, Cäsar wolle sich seine Frau Calpurnia vom Hals schaffen, um Kleopatra zu heiraten und mit ihr an seiner Seite die Welt zu regieren. *Und die Hauptstadt von Rom nach Alexandria verlegen – in diese parfümierte Kloake, diese Höhle des Luxus, diesen Abgrund der Korruption.*

Einmal mehr eine groteske Vorstellung; einmal mehr eine, die geglaubt wurde.

Und das war noch nicht alles. Ebenfalls gegen Ende des Jahres 45 v. Chr. hatte der Senat angeordnet, dass Cäsars Name gleichberechtigt neben denen der Götter stehen solle. In jedem Tempel der Stadt wurden daraufhin Cäsar-Statuen aufgestellt, und es ging das Gerücht, die Gründung einer Priester-Bruderschaft *Divus Iulius* – »Gott Julius« – stünde unmittelbar bevor.

Kurz darauf, im Februar 44 v. Chr., wurde dann bekannt, dass der Senat Cäsar zum Diktator auf Lebenszeit ernannt hatte.

Da hatte man es doch – das sei der Beweis, tuschelten die Senatoren. Cäsars Ehrgeiz kenne keine Grenzen mehr. Man müsse ihn aufhalten.

■

Als in diesem Frühling die Gerüchteküche brodelte, schmiedeten zwei Männer ihre Pläne.

Gaius Cassius war einer von Pompeius' ehemaligen Offizieren. Ein magerer Mann mit dem Gesicht eines Fuchses, der keinen Hehl daraus machte, dass das Leben ihn seiner Meinung nach nicht ausreichend belohnt hatte. Cäsar selbst bemerkte einmal zu einem Freund: »Dieser Cassius hat einen hungrigen Blick. Er denkt zu viel, solche Männer sind gefährlich.«

Cassius allein stellte keine große Gefahr dar. Doch in diesem Frühjahr fand er einen Verbündeten: Marcus Iunius Brutus entstammte einer der ältesten Familien Roms. Einer seiner Vorfahren war maßgeblich an der Entmachtung des letzten römischen Königs vor fünfhundert Jahren beteiligt gewesen und Brutus war sehr stolz auf seine Familiengeschichte.

Obwohl Brutus im Bürgerkrieg ein Unterstützer von Pompeius gewesen war, hatte sich Cäsar ihm gegenüber stets zuvorkommend verhalten. Jahre zuvor war Cäsar in Brutus' Mutter verliebt gewesen und hatte sich seitdem immer darum bemüht, Brutus' Weg zu ebnen.

Brutus war ein junger Mann von großer Ernsthaftigkeit, der immer unbedingt das jeweils genau Richtige tun wollte. Sein erster Gedanke morgens nach dem Aufwachen galt der Republik und sein letzter Gedanke vor dem Einschlafen ebenso. Er betrachtete sich als Ehrenmann – und genau hier konnte Cassius ansetzen.

Abend für Abend flüsterte Cassius ihm ins Ohr: »*Cäsar wird die Republik zerstören. Cäsar will sich zum König machen. Unter Cäsar werden wir nichts als Sklaven sein ...«*

Wochenlang bearbeitete er Brutus auf diese Weise, versuchte, ihn davon zu überzeugen, dass es nur eine ehrenhafte Lösung geben könne: den Diktator zur Strecke zu bringen, bevor es zu spät war. Dies sei kein Mord, sondern eine Hinrichtung. Wie könne etwas ein Verbrechen sein, das die Republik rettete?

Im Februar 44. v. Chr. zeigte sich dann, dass Cassius ganze Arbeit geleistet hatte. Geschockt von dem, was sich während der Lupercalien abgespielt hatte, stimmte Brutus zu, dass der Diktator verschwinden müsse.

Was sie jetzt noch brauchten, waren weitere Verbündete. Und da jeder wusste, dass Brutus ein Ehrenmann war, der einer der angesehensten Familien Roms entstammte, war es bemerkenswert einfach, diese zu finden.

Man flüsterte und mauschelte im Verborgenen, und schließlich überredeten Brutus und Cassius über sechzig Senatoren, sich dem Komplott anzuschließen.

Nur zwei Dinge standen noch zur Klärung aus: Sollte man nur Cäsar beseitigen – oder dessen Freunde gleich mit? Und auf ein Datum musste man sich ebenfalls noch einigen.

Viele der Verschwörer hielten es für Wahnsinn, Cäsars Freunde am Leben zu lassen. Allermindestens, so argumentierten sie, müsse man seinen engsten Kreis, seine erfahrensten Offiziere – allen voran Marcus Antonius – ebenfalls liquidieren.

Doch Brutus sagte Nein. Es dürfe kein Blutbad geben, denn

es gehe ausschließlich um die Bewahrung der Republik. Zu diesem Zweck müsse der Tyrann Cäsar getötet werden, Marcus Antonius jedoch nicht.

Cassius schüttelte heftig den Kopf, doch wenn Brutus Nein sagte, dann meinte er auch Nein.

Sich auf ein Datum zu einigen, war einfacher. Am 18. März wollte Cäsar von Rom aus in Richtung Osten aufbrechen, um seine Truppen in einem gewaltigen Feldzug gegen die Parther zu führen. Würde er hier siegreich sein, kämen seine Erfolge denen Alexanders des Großen gleich, und niemand könnte ihm dann noch die Königswürde verweigern.

Das Datum stand also fest. Drei Tage vor Cäsars geplantem Aufbruch – an dem Tag, der im römischen Kalender als *die Iden des März* bekannt war – würden sie zuschlagen.

■

Es wurde März.

Cäsar hatte alle Hände voll zu tun. Vor dem großen Aufbruch gen Osten jagte ein Treffen das andere. Kleopatra verbrachte ihre Zeit in seiner Villa auf der anderen Seite des Tibers. Sie beschäftigte sich schon damit, was sie demnächst bei ihrer Rückkehr in Alexandria erwartete: Es mussten Tempel gebaut und Getreidelieferungen in Auftrag gegeben werden – Regierungsalltag eben.

Doch irgendetwas lag in der Luft wie der Schatten einer dunklen Wolke. Niemand hätte genau zu sagen gewusst, was es war. Doch der beklemmenden Anspannung, dem Gefühl einer unaufhaltsam näher rückenden Katastrophe, konnte sich niemand entziehen.

Im Forum kursierten seltsame Berichte von Omen und unheilvollen Vorzeichen: merkwürdige Lichter am Himmel; Pferde, die in Tränen ausbrachen; Männer, die plötzlich in Flammen standen. Doch Cäsar war noch nie abergläubisch gewesen und konnte über solche Geschichten nur lachen.

Ein Vorfall jedoch erregte kurz seine Aufmerksamkeit. Als Cäsars Sklaven ihn auf seiner Sänfte über das Forum trugen, kam ein alter Mann auf ihn zu. Er hatte zerlumpte Kleider und einen wilden Blick.

»Cäsar!«, keuchte er. »Hüte dich vor den Iden des März!«

Für einen Moment hielt Cäsar inne. Dann zuckte er mit den Schultern. »Ein Spinner«, murmelte er und bedeutete seinen Sklaven, den Weg fortzusetzen.

Am Abend des 14. März aß Cäsar mit Marcus Aemilius Lepidus, einem seiner wichtigsten Offiziere, zu Abend. Ihr Gespräch drehte sich um den Tod. Welche Art zu sterben die beste sei?

»Diejenige, die ohne Vorwarnung kommt«, sagte Cäsar mit einem Lachen und leerte seinen Becher Wein.

In dieser Nacht schlief er schlecht. Der Wind heulte um das Dach seiner Villa und irgendwann flogen alle Türen auf. Seine Frau Calpurnia warf sich im Schlaf stöhnend hin und her, von schrecklichen Albträumen geplagt.

Am nächsten Morgen, den Iden, stand Cäsar früh auf. Er hatte ein Treffen mit dem Senat und es gab viel zu besprechen.

Als er bereits in der Tür stand, kam Calpurnia auf ihn zugerannt und versuchte, ihn aufzuhalten. Sie sah verstört aus. Er dürfe heute nicht in den Senat gehen, sagte sie. In ihren Träumen habe sie schreckliche Dinge gesehen: Ihr Haus halb eingestürzt, er blutend in ihren Armen …

Cäsar runzelte die Stirn. Er hatte viel zu tun und konnte doch nicht wegen eines Albtraums seiner Frau zu Hause bleiben. Andererseits konnte er natürlich Marcus Antonius schicken, um ihn zu vertreten …

Kurz schien alles in der Schwebe, die Zeit wie eingefroren: Calpurnia mit flehentlichem Blick und ausgestreckten Armen, Cäsar unentschlossen auf der Schwelle, die Stirn in Falten.

Dann eilte ihnen jemand mit fröhlicher und geschäftiger Miene entgegen. Decimus Brutus, einer von Cäsars obersten Flottenkommandanten. Er sei gekommen, um Cäsar zum Senat zu begleiten, erklärte er munter. Es gebe so viel zu besprechen und sie sollten nicht zu spät kommen.

Calpurnia erwähnte ihre Albträume, doch Decimus lachte nur. Wegen der schlechten Träume seiner Frau zu Hause bleiben? Einfach lächerlich!

Decimus gab den Sklaven ein Zeichen und Cäsar kletterte auf seine Sänfte. Dann waren sie verschwunden und ließen Calpurnia allein zurück.

Decimus war – natürlich – einer der Verschwörer.

■

Es war ein bewölkter Frühlingsmorgen. Im Pompeius-Theater fanden Gladiatorenspiele statt, und die Straßen waren voller Leute, die der Arena entgegenströmten.

Weil das Senatsgebäude renoviert wurde, kamen die Senatoren in den Versammlungsräumen des Theaters zusammen, das Teil eines Marmorkomplexes war, der aus der Glanzzeit des Pompeius stammte. Der Vorplatz war schon voller Leute, die neugierig ihre Hälse reckten, um einen Blick auf die Politiker zu erhaschen.

Als sich Cäsars Sklaven mit der Sänfte ihren Weg bahnten, fiel Cäsar ein altes, faltiges Gesicht auf. Der alte Mann von neulich!

»Die Iden des März sind gekommen!«, rief Cäsar ihm zu, »und ich lebe noch!«

»Aber sie sind noch nicht vorbei«, entgegnete der alte Mann. Dann bewegte sich die Sänfte weiter und sein Gesicht verschwand in der Menge.

Jetzt waren sie am Fuße der Treppe angekommen und die Sklaven halfen Cäsar aus der Sänfte. Immer mehr Leute drängten sich um ihn und hielten ihm Schriftrollen entgegen, die er lesen sollte.

Normalerweise gab der Diktator sie an seine Sklaven weiter, um sie sich später anzusehen. Doch einer der Männer – ein Grieche, seinem Dialekt nach zu urteilen – schien ungewöhnlich erregt zu sein und drückte Cäsar eine Schriftrolle direkt in die Hand.

»Lies das allein, Cäsar – und schnell!«, zischte er. »Denn es ist von großer Bedeutung für dich.«

Von der Dringlichkeit in der Stimme des Mannes* überrascht, hielt Cäsar für einen Moment inne. Dann zog wieder irgendjemand an seinem Ärmel und er reichte die Schriftrolle zusammen mit den anderen an einen Sklaven weiter.

Cäsar stieg die Stufen hinauf. Ein Stück entfernt sah er Marcus Antonius und zwinkerte ihm freundschaftlich zu. Im nächsten Moment schob sich Decimus zwischen sie, legte Marcus Antonius einen Arm um die Schulter und rief ihm etwas ins Ohr.

Cäsar zuckte die Achseln und betrat das Innere des Gebäudes.

■

In der großen Marmorhalle war es still und kühl. Der Lärm der Menge war hier nur noch ein leises Murmeln.

Auf den Bänken saßen die Senatoren in kleinen Gruppen zusammen, ihre Stimmen kaum mehr als ein Flüstern. Als sie Cäsar erblickten, erhoben sie sich und nickten ihm respektvoll zu.

Cäsar nahm seinen Platz auf dem großen goldenen Thron ein. Auf seinem Kopf trug er einen Lorbeerkranz. Mit jeder Faser verkörperte er seine unumschränkte Macht.

Hinter ihm erhob sich eine Statue des Pompeius, seines

---

* Der Name des Mannes war Artemidorus. Er hatte durch Freunde, die zu Brutus' Unterstützern gehörten, von dem Komplott erfahren.

einstigen Partners und Rivalen, deren Marmoraugen sich blind und kalt in Cäsars Rücken bohrten.

Jetzt scharten sich einige Senatoren um Cäsars Thron und fuchtelten mit ihren Schriftrollen in der Luft herum. Wie an jedem anderen Tag im Senat.

Dann hörte er in seiner Nähe eine schrille Stimme, die nicht aufhören wollte zu plappern. Der Diktator blickte von seinen Papieren auf. Es war dieser grässlich langweilige Tillius Cimber, der wieder irgendetwas von der Verbannung seines Bruders erzählte.

Tillius kauerte an seiner Seite und streckte ihm sein Gesuch entgegen. Cäsar winkte unwillig ab. Dann schossen, wie aus dem Nichts, Tillius' Hände hervor, griffen nach Cäsars purpurfarbener Toga und rissen sie ihm von den Schultern.

Die Fassungslosigkeit stand Cäsar ins Gesicht geschrieben. »Das ist Gewalt!«, rief er.

Aus dem Augenwinkel sah er irgendwas auf seinen Hals zuschießen. Ein grässlicher Schmerz – dann etwas Rotes. Er fuhr herum und sah Blut von einem Dolch tropfen.

Sie waren jetzt überall um ihn herum – bekannte Gesichter, Freunde, Männer, denen er seit Jahren vertraute. Sie alle hielten Messer in den Händen. Ihre Mienen waren starr.

Mehr kalter Stahl schoss auf ihn zu. Er wirbelte in alle Richtungen. Er hob die Hände, um sich zu schützen, und sah Blut seine Arme herunterlaufen.

Er krümmte sich, in die Ecke getrieben wie ein wildes Tier.

Er konnte hören, wie jemand schrie – ein mächtiges, panisches Brüllen –, und erkannte seine eigene Stimme.

Er konnte nicht mehr aufstehen. Überall war Blut. Die Gesichter kamen näher. Die Messer hoben und senkten sich.

Dann ein Anflug von Erleichterung – da war Brutus, der gute alte Brutus. Doch Brutus' Blick war leer, auch er hielt ein Messer in der Hand.

»*Et tu, Brute?*«, fragte Cäsar ungläubig. »Auch du, Brutus?«*

Brutus stieß zu und Cäsar fühlte einen betäubenden Schmerz in seiner Leiste.

Er lag jetzt auf dem Boden und spürte eine große Kälte. Mit letzter Kraft versuchte er, sich seine zerfetzte Toga über das Gesicht zu ziehen.

Er wollte etwas sagen, doch ihm kam nur ein Röcheln über die Lippen. Die Gesichter um ihn verblassten. Es wurde dunkel.

Dann war es vorbei.

■

Ein purpurroter Fleck breitete sich auf dem Marmorboden aus, floss in kleinen Rinnsalen auf den Sockel der Pompeius-Statue zu.

Von draußen drang Lärm herein: schreiende, rennende Menschen, berstendes Glas, splitterndes Holz – und ein unverkenn-

---

* Cäsars Worte sind in verschiedenen Versionen überliefert. »Et tu, Brute?« ist die bekannteste, weil sie in Shakespeares Drama *Julius Caesar* vorkommt.

bares Knistern und Prasseln … *Feuer.* Doch in der großen Halle war alles ruhig.

Schließlich – die Dämmerung war bereits angebrochen – Schritte auf dem Steinboden. Drei junge Sklaven hoben den Leichnam Julius Cäsars auf, legten ihn sich auf die Schultern und trugen ihn hinaus.

Dann herrschte nur noch Stille.

TEIL DREI

NERVENKRIEG

11

Vergeltung bei Philippi

Kleopatra schlenderte mit ihren Dienerinnen durch den Garten, als sie irgendetwas aus ihren Tagträumereien riss. Sie sah auf und blinzelte.

Es war später Nachmittag. Von der anderen Seite des Tibers waren Schreie und Getöse zu hören. Der Geruch von Rauch hing in der Luft. Und dann sah sie, dass aus den höchsten Gebäuden am anderen Flussufer orange Flammen schlugen …

Einer ihrer Sekretäre eilte plötzlich die Stufen der Villa hinunter, sein Gesicht schreckensbleich. Und erst jetzt, als er schwer atmend seine Nachricht vorbrachte, begriff sie, was passiert war.

Zunächst überschlugen sich die Nachrichten, doch gegen Abend wurde klar, dass es den Verschwörern nicht gelungen war, die Kontrolle zu übernehmen. Stattdessen waren sie, wie benommen von ihrer Tat, stundenlang durch die Stadt geirrt, hatten mit ihren blutigen Dolchen gefuchtelt und gerufen, dass die Republik gerettet sei.

Es schien unglaublich, dass sie sich nicht die Mühe gemacht

hatten, Cäsars hohe Offiziere – allen voran Marcus Antonius und Lepidus – gefangen zu nehmen. Beide Männer, wussten ihre Berater zu berichten, seien spurlos verschwunden.

In dieser Nacht machte Kleopatra kein Auge zu. Sie lag wach und starrte an die Decke, ihre Gedanken ein Gewirr aus Angst und Verständnislosigkeit.

Der Morgen dämmerte kalt und trostlos. Kleopatra, die kaum ansprechbar war und wie ein Geist wirkte, blieb den ganzen Tag in der Villa.

Die Tore waren verbarrikadiert. Ihre Leibwächter standen mit gezogenen Schwertern da. Auf der anderen Seite des Tibers herrschte gespenstische Stille.

Am späten Nachmittag kamen weitere Neuigkeiten. Marcus Antonius war wieder aufgetaucht. Anscheinend hatte er sich als Sklave verkleidet und die Nacht über versteckt gehalten.

Und im Moment schien es so, als wollten er und Lepidus es gut sein lassen. Sie hatten Brutus und Cassius die Hand geschüttelt und die Mörder sogar zum Essen eingeladen.

Kleopatra runzelte die Stirn. Irgendwas führten die beiden im Schilde – aber was?

Der nächste Tag begann mit einem Paukenschlag. Kleopatras Spionen zufolge hatte Marcus Antonius Cäsars Testament aus dem Tempel der Vesta geholt und dieses in Gegenwart von dessen Freunden und Verbündeten verlesen.

Cäsar hatte sein Landhaus der römischen Bevölkerung vermacht und darüber hinaus jeden männlichen Einwohner mit fünfundsiebzig Drachmen bedacht. Zur Verwunderung aller hatte er jedoch weder Marcus Antonius noch Cäsarion in seinem Testament berücksichtigt. Cäsarion hatte er nicht einmal erwähnt.

Kleopatra senkte den Kopf. Sie war enttäuscht, aber nicht überrascht. Für einen Römer war es illegal, einem Ausländer Geld zu vererben, und sie hatte auch nie wirklich damit gerechnet, dass Cäsar ihren Sohn als seinen Erben einsetzen würde. Doch wem, fragte sie sich, hatte er dann sein Vermögen hinterlassen?

Diese Frage konnten ihr ihre Informanten bald beantworten: einem Jungen, von dem noch nie irgendjemand gehört habe – der achtzehnjährige Enkel von Cäsars Schwester. Ein gewisser Octavian oder so ähnlich.*

Der Junge erbe einen Großteil von Cäsars Vermögen und Grundbesitz sowie das Recht, seinen Namen zu tragen. Doch abgesehen davon, dass er ein völlig unbeschriebenes Blatt sei, lebe er nicht einmal in Rom. Er würde bei dem zu erwartenden Nachfolgegerangel sicher keine Rolle spielen.

Kleopatra nickte geistesabwesend. Sie hatte über Wichtigeres nachzudenken als über irgendeinen rotznäsigen Niemand.

Sie hatte weiterhin weder Lust noch Veranlassung rauszu-

---

* Geboren wurde er als Gaius Octavius Thurinus. Nach der Ermordung seines Großonkels nahm er den Namen Gaius Julius Cäsar Octavianus an. Heute kennen wir ihn einfach als Octavian.

gehen – der Himmel war schwarz, und die Stadt hielt den Atem an, als warte sie auf eine neuerliche Katastrophe.

Und am sechsten Tag des Dramas kam sie.

Mit verblüffender Naivität hatten Brutus und Cassius zugestimmt, dass die Trauerfeier für Cäsar im Forum stattfinden könne. Ja sie erlaubten Marcus Antonius sogar, die traditionelle Totenrede, die auch immer eine Lobrede war, zu halten.

Marcus Antonius hatte die Zeremonie bis ins letzte Detail geplant. Im Zentrum des Forums ließ er ein Modell von Cäsars neuem Venustempel aufstellen und präsentierte dort außerdem die blutbefleckte Toga, die er getragen hatte, als er starb. Er hatte Schauspieler engagiert, die Cäsars größte Siege nachstellten, und Musiker, die das tragische Schicksal des großen Mannes besangen. Hinter ihnen auf der Bühne lag der Leichnam mit all seinen Narben und Stichwunden.

Als alle an ihrem Platz waren, erhob sich Marcus Antonius. Von seinem schelmischen Lächeln, das bei den Frauen so gut ankam, war nichts zu sehen. Dann begann er, »gleich einem Gewittersturm«, wie es der Historiker Appian ausdrückte, all die Ehrungen zu verlesen, mit denen die Senatoren seinen ermordeten Freund überhäuft hatten, sowie die Treue- und Beistandsschwüre, die sie ihm geleistet hatten.

Offenbar den Tränen nahe, »stimmte er einen Lobgesang auf den göttlichen Cäsar an, auf seine Schlachten und Siege, auf all die Völker, die er unter die Herrschaft Roms gebracht, auf all die Kostbarkeiten, die er nach Hause geschickte hatte«.

Entsetzt mussten Brutus und Cassius mit ansehen, wie Marcus Antonius »den toten Cäsar entkleidete und dann des Diktators blutbefleckte und von den Klingen zerfetzte Tunika an der Spitze einer Stange in die Luft hielt und hin und her schwenkte«.

Die Menge war jetzt in heller Aufregung. Und als Marcus Antonius Cäsars Testament erwähnte – vor allem die Tatsache, dass er sein Landhaus der römischen Bevölkerung geschenkt hatte –, explodierte sie.

Brutus, Cassius und die anderen Verschwörer nahmen die Beine in die Hand, während Menschenmassen das Forum überfluteten. Sie warfen und schoben alles Brennbare – auch die großen Holztische – zusammen und schichteten daraus einen Scheiterhaufen auf.

Dann zogen sie mit lodernden Fackeln durch die Stadt. Jeder, der ihnen begegnete und irgendwie verdächtig vorkam, wurde in Stücke gerissen. Fauchend und kreischend durchkämmten sie die Straßen wie eine Meute ausgehungerter wilder Tiere. Niemand hielt sie auf.

Als die Dämmerung hereinbrach, brannte die Stadt.

■

Am nächsten Tag begann es zu regnen. Donnerschläge krachten. Rom fröstelte unter einer grauen Wolkendecke.

Die Sonne selbst habe sich abgewandt, sagten die Leute, entsetzt über »das Unrecht, das Cäsar angetan wurde«. In der Nacht zogen Kometen Funkenbahnen über den Himmel, wie unheilvolle Vorzeichen von Feuer und Tod.

Wie so oft in den letzten Tagen stand Kleopatra regungslos da und blickte über den Tiber, die Angst ein ständiger, dumpfer Druck in ihrer Brust. Die Welt um sie herum drehte sich immer schneller. Brutus und Cassius waren aus der Stadt geflohen, doch niemand wusste, ob Marcus Antonius und Lepidus stark genug waren, um dem Chaos ein Ende zu bereiten.

Tagelang tat sie nichts anderes, als am Fenster zu stehen und in den Regen hinauszustarren, und die Erinnerungen an glücklichere Zeiten kamen ihr vor wie Heimsuchungen böser Geister. Cäsar war nicht nur der Vater ihres Sohnes, sondern auch ihr engster Freund und Verbündeter gewesen. Wer würde ihr jetzt noch helfen? Wer würde Cäsarion und Ägypten schützen?

Schließlich traf sie eine Entscheidung. An einem der folgenden Morgen – trübes Sonnenlicht kämpfte sich durch eine dicke Wolkendecke – rumpelte ihre Kutsche, gefolgt von einer langen Prozession schwer beladener Karren und Wagen, den Hügel hinab in Richtung Küste. Niemand versuchte, sie aufzuhalten. Die Kinder der Wölfin, dachte sie verbittert, sind zu sehr damit beschäftigt, sich gegenseitig umzubringen.

Als die Küste in der Ferne verblasste, war ihr, als wären alle dunklen Wolken verschwunden, als sähe sie die Sonne zum ersten Mal seit langer Zeit, als hätte ihr jemand das Gewicht der Welt von den Schultern genommen.

Nie schien ihr der Hafen von Alexandria einladender, der

Leuchtturm großartiger und die Menge enthusiastischer als jetzt, als sie nach Hause kam. Fahnen flatterten im Wind, Trompeten schallten, und die Herrin beider Länder wurde, als sie heimischen Boden betrat, gefeiert wie eine siegreiche Eroberin, die mit reicher Beute zurückkam.

Meine Leute haben mein Geld gut angelegt, dachte sie und musste ein bisschen schmunzeln.

Als sie sich in dieser Nacht unter ihrem parfümierten Betttuch ausstreckte, schwor sie sich, nie wieder einen Fuß auf römischen Boden zu setzen, in dieses stinkende Loch von Stadt, das nichts als Schmutz und Blut zu bieten hatte. Ihr Platz war hier in Alexandria, bei ihren Göttern, bei ihrem Volk.

Am nächsten Morgen – ihre Berater sammelten sich gerade um sie, um über die Situation Ägyptens zu sprechen – war sie mit ihren Gedanken bereits in der Zukunft. Wieder einmal würde es Krieg geben: Brutus und Cassius auf der einen, Marcus Antonius und seine Freunde auf der anderen Seite. Und sie war – wieder einmal – vor eine gefährliche Wahl gestellt.

Alles, was zähle, sagte sie jetzt mit fester Stimme, seien die Sicherheit ihres Sohnes und die Ägyptens. Um diese sicherzustellen, würde sie alles tun – *alles!*

Wenige Tage später erfuhren die Einwohner Alexandrias, was sie damit meinte. Zunächst war es nur ein Gerücht, doch schon bald verbreitete sich die Nachricht auf den Märkten und in den Badehäusern wie ein Lauffeuer: Kleopatras jüngerer Bruder und Mitregent, Ptolemaios XIV., war tot. »Eine plötzliche Erkrankung«, betonten die Höflinge. »Gift«, raunte man sich in den Tavernen zu.

Es war so schrecklich wie – wir befinden uns in Königskreisen – nachvollziehbar. Ihr Bruder war ein stolzer und ehrgeiziger Junge gewesen. Und wenn Kleopatra eines aus Erfahrung wusste, dann, dass ihre Geschwister ihr bei jeder sich bietenden Gelegenheit in den Rücken fielen.

Hätte sie den jungen Ptolemaios am Leben gelassen, hätte dieser mit großer Sicherheit nach der Alleinherrschaft gegriffen. Vielleicht wäre er einen Pakt mit einer der verfeindeten Parteien in Rom eingegangen, hätte ihnen Geld angeboten, damit sie seine Schwester stürzten. Und für Cäsarion wäre das das Todesurteil gewesen.

Kleopatra war keine grausame Frau. Doch sie hatte gesehen, was Herrschern passierte, die Schwäche zeigten. Politik war ein tödliches Spiel. Und sie spielte, um zu gewinnen.

An die nun vakante Stelle ihres Bruders berief sie einen neuen Mitregenten. Im Alter von nur drei Jahren wurde Cäsarion zum Pharao neben Kleopatra und regierte nun als *Ptolemaios XV. Cäsar, der vaterliebende, mutterliebende Gott.*

Aus dieser Zeit sind nur wenige Aufzeichnungen erhalten geblieben. Doch in der Tempelanlage von Denderah, an einer Nilschleife in Oberägypten, kann man immer noch großartige Wandschnitzereien erkennen, die Kleopatra als Göttin Hathor, Königin des Himmels, zeigen. An ihrer Seite Cäsarion, auf seinem Haupt die Doppelkrone des Pharaos.

■

Langsam gewöhnte sich Kleopatra wieder an das Leben in Alexandria. Erneut wurden ihre Tage von Unterlagen und Schriftrollen, vom Wasserstand des Nils und von den Brotpreisen bestimmt.

Unterdessen fluteten die Berichte über das Mittelmeer geradezu herein, einer dramatischer als der andere. Kleopatra konnte es nicht glauben, aber die Situation in Rom war *noch* komplizierter geworden.

Nachdem sie aus Rom geflohen waren, hatten sich Brutus und Cassius nach Süden gewandt. Zunächst hatten sie ihr Hauptquartier in Süditalien aufgeschlagen, bevor sie im Spätsommer 44 v. Chr. mit dem Schiff Richtung Osten aufbrachen.

Dasselbe hatte Pompeius im Kampf gegen Julius Cäsar getan und es war keine schlechte Idee gewesen. Die reichen Provinzen in Griechenland und Kleinasien mit ihren geschäftigen, überfüllten Städten boten beste Voraussetzungen, um eine Armee auf die Beine zu stellen.

Auf dem Papier sollten Marcus Antonius und Lepidus jetzt also die Kontrolle über Rom, Italien und die westlichen Provinzen – Spanien und Gallien – haben. Doch so einfach lagen die Dinge nicht. Denn zu Kleopatras Überraschung betrat nun ein neuer Akteur die Bühne.

Nachdem Marcus Antonius Cäsars letzten Willen verlesen hatte, hatten zunächst nur sehr wenige auch nur einen Gedanken an den unerwarteten Erben verschwendet. Der junge

Octavian, Sohn von Cäsars Nichte, hatte einen Teil seiner Kindheit außerhalb von Rom verbracht und war erst kürzlich in den Dienst seines Großonkels getreten. Er war noch keine zwanzig und konnte weder Erfahrung noch Verdienste noch Verbündete vorweisen. Die Vorstellung, dass er versuchen könnte, die Macht an sich zu reißen, schien grotesk.

Doch genau das hatte er vor. Er erklärte sich selbst zum neuen Cäsar, bemühte sich sofort um Unterstützung, und drängte die alten Soldaten seines Großonkels, sich seiner Sache anzuschließen.

Kleopatra kam das alles wie ein Scherz vor. Ihren Beratern zufolge war der Junge blass, schmächtig und kränklich. Das alles würde sicher bald im Sande verlaufen, und man würde vergessen, dass er je existiert hatte.

Auch Marcus Antonius weigerte sich zunächst, Octavian ernst zu nehmen. Bei ihrem ersten Treffen nannte er ihn einen Grünschnabel und sagte ihm auf den Kopf zu, dass er den Verstand verloren haben müsse.

Doch die Unterstützer des Jungen wurden mehr und mehr. Wenn die Leute ihn nach seinen Überzeugungen fragten, sagte er ihnen das, was sie hören wollten. Und natürlich trug er diesen magischen Namen: Cäsar …

Dann, im Herbst des Jahres 43 v. Chr., hatten Kleopatras Spione verblüffende Neuigkeiten für sie. Auf einer Insel nahe der heutigen Stadt Bologna hatten Marcus Antonius, Lepidus und Octavian einen historischen Pakt geschlossen.

Sie hatten ihre Streitigkeiten beigelegt und nach dem Vorbild von Pompeius, Cäsar und Crassus ein zweites Triumvirat gebildet. Von nun an würden sie gemeinsam als Diktatoren regieren und ihre eigenen Gesetze erlassen, ohne sich dabei um den Senat zu kümmern.

Es war ein Pakt, der mit Blut besiegelt wurde. Nachdem sie mit Tausenden Soldaten in Rom einmarschiert waren, veröffentlichten Marcus Antonius, Lepidus und Octavian lange Listen mit ihren Feinden.

Jeder, der auf diesen Listen stand, war zum Tode verurteilt, persönlicher Besitz und sämtliches Vermögen wurde vom Triumvirat konfisziert. In Rom breitete sich Panik aus, Menschen versteckten sich in Brunnen und Schornsteinen. Manche flüchteten sich sogar in die Kanalisation, doch es gab kein Entrinnen.

»Die ganze Stadt war mit Leichen übersät«, schrieb ein Zeitzeuge. »Viele wurden in ihren Häusern getötet, andere auf den Straßen und hier und da im Forum und in der Nähe der Tempel. Ihre Köpfe wurden aufgespießt, ihre Leichen einfach liegen gelassen, damit sich Hunde und Vögel über sie hermachen konnten, oder in den Fluss geworfen.«

Als Kleopatra diese Nachrichten hörte, schüttelte sie den Kopf. Sie hatte schon immer gewusst, dass die Römer Wilde waren. Doch selbst nach ihren eigenen Maßstäben war das ein bisschen zu viel des Guten.

Einen Namen auf der Todesliste konnte sie ihnen aber nicht

allzu übel nehmen. Als das Triumvirat in Rom einmarschiert war, hatte der alte Senator Cicero Zuflucht in seinem Landhaus gesucht. Dort spürten die Soldaten von Marcus Antonius ihn auf, zogen ihre Schwerter und schlugen ihm den Kopf ab.

Kleopatra dankte den Göttern. Hatte dieser aufgeblasene alte Blender doch noch bekommen, was er verdiente!

■

Wie aber mochte es den Anführern der Verschwörung, Brutus und Cassius, inzwischen ergangen sein?

Nachdem sie Italien verlassen hatten, hatten sich die beiden getrennt. Brutus blieb in Athen und richtete dort sein Hauptquartier ein, während Cassius weiter Richtung Osten reiste und die Legionen in Syrien und Kleinasien übernahm. Sie nannten sich selbst die »Befreier«, scharten Unterstützer um sich und begannen, Zehntausende Soldaten zu rekrutieren.

Derweil zerbrach sich Kleopatra in ihrem Palast wieder einmal den Kopf. Sie wusste, dass sie sich für eine Seite entscheiden musste. Aber für welche?

In Anbetracht ihrer Beziehung zu Cäsar war es naheliegend, Marcus Antonius und die anderen Triumvirn zu unterstützen. Andererseits: Cassius befand sich mit zwölf starken Legionen unmittelbar hinter der syrischen Grenze – würde er ihre Entscheidung als Rechtfertigung betrachten, in Ägypten einzumarschieren und die Reichtümer des Landes an sich zu reißen?

Wochen verstrichen und Kleopatra zauderte immer noch.

Wenn sie keine Entscheidung traf, würde sie womöglich ohne irgendeinen Verbündeten dastehen. Doch wenn sie sich falsch entschied, unterschrieb sie unter Umständen ihr eigenes Todesurteil.

Dann – der ständigen Drohungen und Versprechungen überdrüssig – traf sie schließlich eine Entscheidung. Sie ließ Cassius ein Schreiben zukommen, in dem sie ihm versicherte, dass sie ihn nur allzu gern unterstützen würde, Ägypten jedoch zu viele eigene Probleme habe. Unterdessen wies sie die römischen Soldaten in Alexandria an, sich den Triumvirn anzuschließen. Im Gegenzug versprachen die Triumvirn, Cäsarion nach Kleopatras Tod als Pharao zu unterstützen.

Doch wie so viele komplizierte Pläne fiel auch dieser rasch in sich zusammen. Die Legionen hatten Alexandria kaum verlassen, da wurden sie von Cassius' Agenten auch schon überredet, die Seiten zu wechseln und sich ihm anzuschließen.

Als Kleopatra davon erfuhr, wich ihr die Farbe aus dem Gesicht. Was für eine Katastrophe! Sie hatte nicht nur ihre besten Truppen verloren, sondern sah sich auch noch einer feindlichen Armee an der Ostgrenze gegenüber, nur wenige Hundert Kilometer von ihrer Hauptstadt entfernt.

Ein paar schreckliche Tage lang schien alles verloren. Cassius war nicht nur ein kampferprobter Kommandant, sondern auch berüchtigt für seinen Ehrgeiz, seine Grausamkeit, seine Gier und seine Rachsucht.

Wenn er nach Süden marschierte, würde sie ihn kaum

aufhalten können. Seine Truppen konnten binnen weniger Wochen in Alexandria sein. Und dann würde es nicht mehr lange dauern, bis die Köpfe von Kleopatra und Cäsarion im Hafenbecken schwammen.

Kleopatra hatte bereits das Gefühl, dass es das jetzt gewesen sein könnte, als weitere dramatischere Nachrichten aus dem Osten eintrafen.

Statt in Ägypten einzumarschieren, hatte sich Cassius mit Brutus zusammengeschlossen und war zusammen mit diesem bereits auf dem Weg *nach Norden*; er schien keinerlei Interesse mehr an Kleopatras Königreich zu haben.

Warum? Die Antwort war einfach.

Hunderte von Kilometern entfernt hatten Marcus Antonius und Octavian das Meer überquert und marschierten nun durch Griechenland. Das lange Warten schien ein Ende zu haben und der Entscheidungskampf um die Vorherrschaft in der römischen Welt unmittelbar bevorzustehen …

▪

Es war der Spätherbst 42 v. Chr., als die Nachricht in Alexandria eintraf. Der Bote, dessen Kleidung schon bessere Tage gesehen hatte, war so außer Atem, dass er die Worte kaum über die Lippen brachte. Er sei ohne Pause unterwegs gewesen, um der Königin die Nachricht so schnell wie möglich überbringen zu können.

Seit Monaten waren die rivalisierenden römischen Armeen,

beide etwa einhunderttausend Mann stark, umeinander herum die griechischen Hügel rauf und runter geschlichen – ohne jedoch den entscheidenden Angriff zu wagen. Schließlich hatten Brutus und Cassius außerhalb der im äußersten Nordosten liegenden Stadt Philippi Stellung bezogen.

Alles schien für die Befreier zu sprechen: Sie hatten mehr als genug Vorräte und ihre Stellung war von Bergen und Sümpfen umgeben.

Marcus Antonius und Octavian hingegen lief die Zeit davon. Ihre Vorräte gingen zur Neige. Wenn sie also angreifen wollten, dann jetzt oder nie.

Am 3. Oktober starteten sie ihre erste Attacke. Manche sagten später, Brutus sei totenbleich gewesen und hätte einen aufgewühlten und kopflosen Eindruck gemacht; es ging sogar das Gerücht, er sei von einem Geist – »einem Mann unnatürlicher Größe und harten, ernsten Gesichts« – heimgesucht worden.

Doch in Wahrheit, so der Bote, habe Brutus an diesem Tag außerordentlich tapfer gekämpft. Angegriffen von Octavian, hatten seine Männer den Gegner zurückgedrängt und den jungen Erben Cäsars gezwungen, um sein Leben zu laufen.

Cassius, auf der anderen Flanke, hatte mit Marcus Antonius' erfahrenen Soldaten deutlich größere Schwierigkeiten. Irgendwann war es den Angreifern gelungen, Cassius' Feldlager zu erobern, was die Kampfesmoral der Armee der Befreier nachhaltig erschütterte. Schließlich verfielen einige von Cassius' Männern in dem Chaos aus Staub, Schweiß und Stahl vollends in Panik.

Ihr Kommandant zog aus alldem in der Hitze des Gefechts den schlimmstmöglichen Schluss.

Den Gedanken an eine Gefangennahme konnte er nicht ertragen – und so rief er einen seiner Diener und befahl diesem, ihm den Kopf abzuschlagen. Als Brutus, der nach seinem Freund gesucht hatte, hinzukam, war es bereits zu spät. Cassius lag tot am Boden.

Als der Bote seinen Bericht unterbrach, um Luft zu holen, nickte Kleopatra. Ein sehr blutiges, aber gerechtes Ende. So waren die Götter nun mal.

Trotz Cassius' Tod – der Bote nahm seinen Bericht wieder auf – seien die Befreier aber immer noch im Vorteil gewesen. Brutus' Truppen blieben loyal und verfügten immer noch über die größeren Reserven. Er konnte es sich leisten abzuwarten.

Für manche seiner Offiziere war »Abwarten« jedoch ein Spiel für Feiglinge und sie drängten Brutus zu einem schnellen Angriff. Und Brutus – dem Ehre der Maßstab für alles war – hörte auf sie.

Erneut, so der Bote, sei der Geist erschienen. In der Nacht auf den 22. Oktober habe eine schreckliche Gestalt Brutus' Zelt aufgesucht. Diese habe kein Wort gesprochen, doch Brutus sei am nächsten Morgen leichenblass gewesen.

Die zweite Schlacht von Philippi begann am folgenden Nachmittag. Der ohnehin kränkliche Octavian war am Fieber erkrankt und spielte bei den Kampfhandlungen keine Rolle. Nach und nach gewannen die Truppen von Marcus Antonius die Oberhand und drängten Brutus' Männer in Richtung der Hügel zurück.

Schließlich, erzählte der Bote, sei Brutus einen Abhang hinaufgeflüchtet, habe sein Schwert gezogen und sich die Klinge selbst in die Brust gestoßen. Ein roter Strom ergoss sich über seine Tunika, ehe er leblos zu Boden sank.

Dort blieb er eine Weile liegen und sein Blut durchtränkte die Erde. Dann die Hufe eines Pferdes und Marcus Antonius kniend neben dem Toten, betrübt das betrachtend, was von dem einstigen römischen Senator übrig geblieben war. Schließlich löste er seinen purpurfarbenen Umhang und legte ihn behutsam über den Leichnam.

Doch das, fuhr der Bote fort, sei noch nicht das Ende der Geschichte. Denn wenig später rollte ein Wagen heran und hielt neben Brutus' Leichnam. Seine Leibwächter mussten dem bleichen und schwitzenden Octavian helfen auszusteigen.

Für eine Weile starrte er den Toten schweigend an. Dann wandte sich Octavian an einen seiner Männer.

»Schneidet ihm den Kopf ab«, sagte er, »und bringt ihn nach Rom. Dort legt ihn zu Füßen von Cäsars Statue. Dann werden alle wissen, was mit denen geschieht, die die Götter verraten.«*

■

* Der Kopf hat Rom nie erreicht. Während der Fahrt über die Adria geriet das Schiff, das ihn transportierte, in einen Sturm. Die Seeleute glaubten, der Kopf bringe ihnen Unglück, und warfen ihn über Bord.

Mit dem Blutbad von Philippi brach die Sache der Befreier zusammen. Die Republik war am Ende. Doch wer hatte jetzt die Macht?

Angeblich das zweite Triumvirat. Doch von Lepidus, der die Schlacht von Philippi komplett verpasst hatte, war schon bald keine Rede mehr. Sein Gesicht verschwand sogar von den Münzen.

Marcus Antonius und Octavian teilten das wachsende Römische Reich nun unter sich auf. Ovtavian übernahm den Westen – Spanien, Gallien und Italien –, während Marcus Antonius die östlichen Provinzen in Griechenland und Kleinasien kontrollierte.

Wer von den beiden hatte das bessere Geschäft gemacht? Schwer zu sagen. Octavian hatte die Stadt Rom selbst. Seine Freunde dominierten den Senat und seine Verbündeten hielten die wichtigsten politischen Ämter.

Doch die östlichen Provinzen – mit ihren vielen geschäftigen, griechisch geprägten Städten – waren viel reicher als die kleinen Dörfer in den eher ländlichen Provinzen Spanien und Gallien. Und so waren die Freunde von Marcus Antonius überzeugt davon, dass dieser die Oberhand hatte.

Während Octavian sich auf den Weg zurück Richtung Westen machte, verbrachte Marcus Antonius den Winter in Athen, bevor er in die prächtige Küstenstadt Ephesos, die heute in der Türkei liegt, weiterzog.

In Alexandria lauschte Kleopatra fasziniert den Berichten

von seiner Ankunft. Ihren Agenten zufolge habe Marcus Antonius mit einem Gefolge aus Tänzerinnen, Harfenisten und Lautenspielern in der Stadt Einzug gehalten.

Die Menschen hätten sich zur Feier des Tages als Faune, Nymphen und Satyrn verkleidet – Waldgeschöpfe aus dem Reich der Legenden. Antonius selbst sei als Dionysos, der in den östlichen Provinzen äußerst beliebte Gott des Weines, verkleidet gewesen.

Schon bald machten Gerüchte die Runde, dass sich Antonius für sehr viel mehr halte als einen römischen Feldherrn. Manche nannten ihn einen neuen Pompeius, andere sogar einen neuen Alexander …

Im Frühjahr begab er sich auf eine Rundreise durch Kleinasien – das Geld für seine Truppen wurde langsam knapp, und man konnte ja mal fragen. Bei brütender Hitze in der Stadt Tarsus angekommen, fasste er einen weitreichenden Entschluss.

Es sei an der Zeit, sagte er zu seinen Offizieren, ein neues Abkommen mit Ägypten zu treffen, dem reichsten Königreich von allen. Ein Treffen mit Kleopatra müsse sofort arrangiert werden.

Keiner seiner Männer dachte sich viel dabei. Nichts deutete darauf hin, dass es um irgendetwas anderes gehen könnte als um eine normale strategische Entscheidung, einen weiteren Zug auf dem Schachbrett der Politik.

Doch in Wahrheit war es die folgenreichste Entscheidung seines Lebens.

12

Die Göttin der Liebe

Der Bote von Marcus Antonius erreichte Alexandria im Sommer des Jahres 41 v. Chr.

Quintus Dellius war der Charme und die Verbindlichkeit in Person. Als er vor Kleopatras Thron stand, tropften ihm die Nettigkeiten wie Honig von den Lippen.

General Antonius, sagte er mit wohlgeölter Stimme, wäre *entzückt*, wenn die Königin ihn in Tarsus besuchen käme. Es gebe da ein paar Dinge zu besprechen, wie zum Beispiel das *absurde* Gerücht, Kleopatra hätte Truppen entsandt, um den Verräter Cassius zu unterstützen.

Zweifellos ein Missverständnis! Doch wenn sie nach Tarsus kommen könne, um dies persönlich zu erklären, wäre Marcus Antonius *begeistert.*

Kleopatra schwieg. Ihr Blick war auf den Boten fixiert, ihre Gedanken rasten.

Sie wusste, dass Dellius eine Schlange war. Glitschig und verlogen hatte er mehr als einmal die Seiten gewechselt. Die Römer nannten ihn »Pferdespringer«, weil er immer wieder auf das nächste »Pferd« aufsprang, das den anderen gerade um eine Nasenlänge voraus war.

Doch dieser Ruf von Marcus Antonius an sie hatte einen sehr reellen, einen sehr ernsthaften Hintergrund. Sein Sieg bei Philippi hatte ihn zum Herrscher über das östliche Mittelmeer gemacht. Wenn sie dies ignorierte oder ihn sich zum Feind machte, hätte sie sich auch gleich selbst das Messer an die Kehle setzen können.

»Eure Majestät brauchen sich nicht zu sorgen.« Dellius klang jetzt sehr zuvorkommend. »Der General ist der sanfteste und freundlichste Feldherr, den man sich vorstellen kann.«

Dann senkte er seine Stimme. Vielleicht könne er der Königin noch einen kleinen Ratschlag geben?

Der General halte große Stücke auf das schöne Geschlecht. Wenn sie also in ihren *feinsten* Gewändern nach Tarsus käme, würde er ihr wegen nichts böse sein können …

■

Nichts hätte Kleopatra weniger benötigt als Ratschläge von Dellius, wie sie Marcus Antonius für sich einnehmen konnte.

Seit sie ihn als junges Mädchen vom Palastfenster aus gesehen hatte, hegte sie eine Schwäche für den stattlichen Feldherrn. Und sie wusste alles über seine schwierige Jugend und seine begeisterte (und begeisternde) Art.

Im Jahr 83 v. Chr. in eine sehr angesehene Familie hineingeboren, war sein Vater gestorben, als er noch ein Junge war, und hatte ihnen einen Haufen Schulden hinterlassen. Als Jugendlicher hatte er schlechten Umgang gehabt und schnell den Ruf eines »bösen Jungen« und draufgängerischen Großmauls weggehabt.

So hatte er sich eine Zeit lang durch Rom getrunken und geprügelt. War ein Frauenheld gewesen, der viele gebrochene Herzen zurückließ. Hatte sein Geld zum Fenster rausgeworfen und Schulden angehäuft, die andere in die Verzweiflung getrieben hätten.

Doch Marcus Antonius war eben auch jemand, dem man nicht lange böse sein konnte und der für jeden Spaß zu haben war – das konnten nicht mal seine schärfsten Kritiker leugnen.

Wenn ihm danach war, spannte er Löwen vor seinen Streitwagen und bretterte so die Hauptstraßen Roms rauf und runter, dass es nur so staubte. Auf jeder auch noch so langweiligen Party war er es, der am längsten blieb und am lautesten lachte. Und wer ihn um einen Gefallen bat, bekam selten ein Nein zu hören.

Die Armee hatte dann ihr Übriges getan – zuerst war er dort Gabinius' Kavalleriekommandeur gewesen, bevor er dann zum höchsten Offizier Julius Cäsars aufstieg. Die einfachen Soldaten verehrten ihn und Cäsar vertraute ihm absolut.

Aber Kleopatra wusste auch, dass Antonius seine alten Schwächen nie ganz abgelegt hatte. Selbst als er bereits einer von Roms ranghöchsten Generälen war, konnte er keine Party auslassen. Er liebte es, sich als Herakles oder Dionysos zu verkleiden, und blieb oft bis zum Morgengrauen auf, um mit Schauspielern und Akrobaten zu zechen.

Vor allem hatte er eine Schwäche für Frauen. Einem hübschen Gesicht konnte er nie widerstehen. Er war »recht gezähmt und abgerichtet darauf, alles zu tun, was Frauen ihm sagten«, spöttelte der Historiker Plutarch.

Seine Frau Fulvia war eine reiche Witwe mit brennenden politischen Ambitionen. Viele sahen Antonius als ihre bloße Marionette – und ganz Unrecht dürften sie da auch nicht gehabt haben.

Das war also der Mann, der Kleopatra aufgefordert hatte, zu ihm nach Tarsus zu kommen: der mächtigste Mann Roms, ein erfahrener Befehlshaber und enorm beliebter Politiker, doch auch ein Spaßvogel, Trinker und Verschwender.

Für Kleopatra hätte der Einsatz nicht höher sein können. Ein falscher Schritt und sie riskierte, ihr gesamtes Königreich zu verlieren. Doch als sie jetzt ihre Möglichkeiten gegeneinander abwog, wusste sie genau, was zu tun war.

Dellius mochte eine Schlange sein, doch er hatte recht. Sie würde der Aufforderung nachkommen – und eine Show abziehen, die Marcus Antonius niemals vergessen würde.

■

Es war Spätsommer, als Kleopatra in Tarsus einlief.

Für eine Schauspielerin, die entschlossen war, die Vorstellung ihres Lebens zu geben, war diese Stadt die perfekte Bühne. Nur wenige Kilometer von der Küste entfernt und von Obstplantagen umgeben, war sie für ihre Dichter und Philosophen, ihre Bibliothek und Brunnen berühmt.

Mitten durch die Stadt floss der kalte und klare Kydnos. Und hier legte Kleopatra mit ihrem unfehlbaren Instinkt für die richtige Inszenierung ihren großen Auftritt hin.

Sie kam nicht als Königin, sondern als Göttin, gekleidet in das Gewand der Isis. Ihr polierter Thron leuchtete auf dem Wasser. Von Plutarch stammt die vielleicht berühmteste Beschreibung dieser Szene überhaupt:

> *In einem Schiff mit vergoldetem Heck, die Segel aus Purpur, segelte sie den Fluss hinauf. Silberne Ruder trieben es voran, zur Musik von Flöten, Lauten und Schalmeien. Sie selbst lag – gleich Gemälden der Aphrodite – unter einem reich mit Gold verzierten Baldachin, während junge Knaben, Bildnissen Amors gleich, ihr Luft zufächelten.*
>
> *Ihre schönsten Dienerinnen, als Meeresnymphen und Grazien gekleidet, umgaben sie und betätigten sich teils an den Steuerrudern, teils an den Tauen. Betörende Düfte aus unzähligen Räucherkesseln wehten über die Ufer des Flusses …*

Als die Barke in Sicht kam, eilten die Bewohner der Stadt hinunter zum Fluss, um nichts von dem Schauspiel zu verpassen. Bald säumten Hunderte Menschen – Männer, Frauen und Kinder – die Ufer des Kydnos. Sie konnten ihre Augen nicht abwenden.

Diese Farben! Diese Düfte! Es war wie eine Szene aus einer alten Legende, als wäre eine Unsterbliche vom Gipfel des Olymps herabgestiegen.

Auf dem Marktplatz, wo Marcus Antonius sich gerade von einer eigens errichteten kleinen Holzbühne aus die Gesuche der Dorfbewohner anhörte, wirkten die Menschen zusehends abgelenkter. Immer mehr von ihnen schienen das Interesse an ihrem hohen Besuch zu verlieren, wandten sich ab und liefen zum Fluss hinunter.

Schließlich blieb der verwirrte Marcus Antonius allein auf der Bühne zurück. Einer seiner Leibwächter rief über den leeren Marktplatz hinweg einem Passanten zu, was denn los sei. Die Antwort: »Die Göttin Aphrodite ist gekommen, um zum Wohle Asiens mit Dionysos zu feiern.«

Und Kleopatras spektakulärer Einzug war hierfür natürlich nur der Auftakt.

Am Abend ihrer Ankunft in Tarsus ließ Antonius Kleopatra eine Einladung zum Essen überbringen. Die Antwort kam postwendend: Nein – sie würde lieber ihn einladen.

Als sich die Dunkelheit über die Stadt legte, machte sich Antonius auf den Weg zum Fluss. Was er dort vorfand, beschrieb ein Chronist wie folgt: »Unbeschreiblich.« Kleopatras Barke war über und über mit Tausenden Lichtern geschmückt, die sich in einem glitzernden und funkelnden Netz aus Bögen und Schleifen auch um die Äste über ihren Köpfen wanden. Selbst Antonius hatte nie zuvor etwas Vergleichbares gesehen.

Am nächsten Tag lud Kleopatra ihn gleich wieder zum Abendessen ein. Diesmal hatten ihre Diener zwölf Tische und sechsunddreißig Sofas im großen Festsaal aufgestellt.

Die Tische waren mit Tellern und Pokalen aus massivem Gold gedeckt. An den Wänden hingen riesige purpurfarbene Teppiche. Und die Kerzen hatte man sorgfältig so arrangiert, dass sie einen herrschaftlichen purpurnen und goldenen Glanz verbreiteten.

Am späten Abend, nach einem weiteren schwindelerregend teuren Festessen, erhob Kleopatra ihre Stimme. Es tue ihr leid – ihre Stimme klang ein bisschen verlegen –, dass es so ein bescheidener Abend gewesen sei, aber sie habe einfach zu wenig Zeit für die Vorbereitungen gehabt. Er müsse »unbedingt einmal mit seinen Freunden und Kommandeuren wiederkommen und mit ihr zu Abend essen«.

Als Zeichen ihrer Entschuldigung sollten er und seine Männer die goldenen Teller mit nach Hause nehmen. Und nicht nur die Teller, sondern auch die Pokale, die Teppiche und Sofas und alles andere. Sie sollten einfach alles mitnehmen.

Am dritten Abend war es endlich an Marcus Antonius, Kleopatras Gastgeber zu sein. Er tat sein Bestes, doch selbst römische Geschichtsschreiber mussten später einräumen, dass er es mit ihrer »Eleganz und Pracht« nicht aufnehmen konnte und sich genötigt sah, peinliche Scherze über sein eigenes Essen zu machen.

Am nächsten Abend war wieder Kleopatra dran. Als Antonius

dieses Mal ihre Barke betrat, stand er sofort knietief in Abermillionen Rosenblüten, die den ganzen Boden bedeckten.

Er wusste, dass so viele Rosen eine aberwitzige Summe gekostet haben mussten – wenn er hätte schätzen müssen, hätte er gesagt, in etwa den Monatslohn der gesamten Schiffsbesatzung.

Einmal mehr endete der Abend damit, dass Kleopatra ihre Gäste bat, alle Teller und sämtliche Einrichtungsgegenstände mitzunehmen. Und als wäre das noch nicht genug, hatte sie »Sänften und Träger sowie Pferde mit versilbertem Geschirr für die Männer hohen Standes« organisiert sowie Sklaven, die ihnen mit Fackeln den Weg durch die Dunkelheit wiesen.

Für einen Mann wie Antonius, der ein Faible für Verkleidungen, Feste und Spektakel aller Art hatte, war das alles unwiderstehlich. Er hatte sich – nicht gänzlich widerwillig – um den Finger wickeln lassen.

In solch einer Atmosphäre war es für Kleopatra ein Leichtes, ihn davon zu überzeugen, dass sie eigentlich schon immer seine Verbündete gewesen war und sich nichts sehnlicher gewünscht hätte, als ihm Schiffe und Soldaten für seinen Kampf gegen Brutus und Cassius zu schicken. Es sei unglücklich, dass schlechtes Wetter und Krankheit sie bisher daran gehindert hätten.

Doch Marcus Antonius verlor nicht vollständig den Kopf. Die römische Staatskasse war nach Jahren des Krieges ziemlich leer, und er brauchte dringend Geld, um seine Legionen zu bezahlen – ein Problem, das bereits Julius Cäsar vor ihm hatte.

Kleopatra hatte dieses Geld, das war offensichtlich.

Man schloss also – bei Kerzenschein und unter funkelndem Sternenhimmel – folgende Vereinbarung: Kleopatra würde dafür sorgen, dass seine Soldaten bezahlt wurden, und Antonius garantierte im Gegenzug höchstoffiziell Kleopatras Stellung als getreue Verbündete Roms.

Und da gab es noch zwei Dinge, über die sie reden mussten. Kleopatra wusste, dass ihre Schwester Arsinoë, die Zuflucht im Artemis-Tempel in Ephesos gesucht hatte, mit Brutus und Cassius ein Komplott geschmiedet hatte, um sie zu ermorden und ihren Thron an sich zu reißen.

Solange Arsinoë am Leben war, konnte sich Kleopatra niemals sicher fühlen. So kaltblütig sich das auch anhörte – sie musste sterben.

Marcus Antonius nickte. Wenige Tage später schleiften römische Soldaten Arsinoë hinaus auf die Stufen des Tempels und erstachen sie an Ort und Stelle.

Kleopatras zweites Anliegen war deutlich weniger blutrünstig. Ob er nicht, jetzt, da man sich so gut verstehe, Lust habe, den Winter bei ihr in Alexandria zu verbringen?

Und nach allem, war wir bisher über Marcus Antonius gehört haben, hätte es uns gewundert, wenn er diese Einladung ausgeschlagen hätte.

■

Das Jahr 41 v. Chr. neigte sich bereits seinem Ende entgegen, als Marcus Antonius in Alexandria einlief. Was würde für ihn dabei rausspringen? Zuallererst natürlich eine Menge Spaß – Alexandria galt nicht umsonst als Welthauptstadt des Vergnügens.

Doch seine Winterpause in Ägypten war auch politisch motiviert. Als Oberbefehlshaber im Osten des Römischen Reichs brauchte er ständigen Nachschub an Geld und Schiffen, vor allem, wenn er selbst neue Gebiete erobern und besetzen wollte.

Und wenn er gleichzeitig Kleopatra damit glücklich machen konnte – umso besser. Das Arrangement schien ihm die bestmögliche Kombination aus Arbeit und Vergnügen.

Antonius hatte nur eine kleine Gruppe von Freunden dabei. Er reiste sozusagen inoffiziell, nicht als General, und hatte seine Kleidung dementsprechend gewählt: eine einfache griechische Grundausstattung – Tunika und Umhang – statt der herrschaftlichen Toga, die Cäsar während seines turbulenten Besuchs in Alexandria getragen hatte.

Zu seiner Freude empfingen ihn die Einheimischen mit offenen Armen. Sie erinnerten sich an seinen ersten Besuch in der Stadt, vierzehn Jahre zuvor, als er sich den Ruf außerordentlicher Tapferkeit und Ritterlichkeit erworben hatte.

In seinen Augen hatte die Stadt nie schöner ausgesehen. Nie hatten die Sphinxen und Kolonnaden mehr gestrahlt als jetzt. Nie war es in den Tavernen so ausgelassen zugegangen. Nie waren die Mosaiken so eindrucksvoll und die Sonnenuntergänge so prächtig gewesen.

Von dem Moment an, als er seinen Fuß auf den Kai setzte, stürzte sich der römische General kopfüber in die Vergnügungen der Stadt. Und zu seiner großen Freude hatte er mit Kleopatra eine Gleichgesinnte an seiner Seite.

Die Herrin beider Länder schien ihr Heimspiel sichtlich zu genießen – sie war charmanter denn je und ihr Witz so funkelnd und scharf wie die Klinge eines Meisterschmieds. Jeden Tag aufs Neue stürzten sie sich in einen wilden Strudel der Ausgelassenheit, in einen Karneval aus Musik, Spiel und Tanz.

Nachmittags schlenderten sie – mit einer Armee von Höflingen, die ihnen jeden Wunsch von den Augen ablasen – von Sehenswürdigkeit zu Sehenswürdigkeit, gingen jagen oder fischen. Die Abende und Nächte verbrachten sie essend, trinkend und tanzend. Sie nannten sich selbst die *Amimetobioi* – die »Unnachahmlichen« –, ein passender Name für zwei, die der ganzen Welt sagen wollten, dass sie ein rasanteres, ein aufregenderes Leben führten als alle anderen.

Die Höhepunkte dieses Lebens waren die ausschweifenden Bankette: Abend für Abend verdrückte man, in gewohnt luxuriöser Umgebung, Unmengen von Krabben und Austern, Enten, Gänsen, Tauben, Stachelschweinen, Pfauen und Ferkeln – und spülte alles mit karaffenweise honiggesüßtem Wein hinunter.

Wie es der glückliche Zufall will, können wir dank eines Arztes – Philotas von Amphissa – einen Augenzeugenblick hinter die Kulissen eines solchen Gelages werfen. Er war damals ein junger Medizinstudent und mit einem der königlichen Köche befreundet.

Eines Abends lud ihn dieser Koch ein, ihm bei den Vorbereitungen für das Festmahl über die Schulter zu blicken. Philotas starrte fassungslos auf die Essensberge – darunter acht Wildschweine, die sich gerade auf Spießen vor dem Feuer drehten – und murmelte vor sich hin, dass man wohl eine ganze römische Legion erwarte.

Der Koch brach in lautes Gelächter aus. »Auf der Gästeliste stehen zwölf Leute – aber es muss eben alles absolut perfekt sein. Manchmal will Marcus Antonius sofort essen, manchmal verschiebt er es, manchmal trinkt er vorher noch Wein, oder eine Unterhaltung zieht sich etwas in die Länge. Wir bereiten also viele Abendessen zu, damit auch ganz bestimmt eines zur richtigen Zeit fertig ist.«

Nach diesen Gelagen zogen sich Antonius und Kleopatra dann oft um und gingen aus. Er verkleidete sich gern als Diener, während Kleopatra ihre juwelenbesetzten Sandalen und fließenden Gewänder gegen die Kleidung einer einfachen Magd eintauschte.

Danach stürzten sie sich in den Trubel der Stadt, hielten die Leute zum Narren und verursachten Ärger, der nicht selten zu Handgreiflichkeiten führte. Aus heutiger Sicht mag dieses Verhalten höchst seltsam erscheinen, doch für sie war es nur ein Spiel, eine übermütige Maskerade, deren Bühne eben die ganze Stadt war.

Am liebsten verkleideten sich die beiden als Götter – Kleopatra als Neue Isis und Antonius als Dionysos, der Gott nicht nur des Weines, sondern auch der Künste und des Theaters, des

Königtums und der Städte, ja all dessen, was man »Zivilisation« nannte.

Für Antonius und Kleopatra war es weit mehr als ein Spiel, sich als Götter zu kleiden. Hier, weiter im Osten, war die Grenze zwischen »sterblich« und »unsterblich« fließender als in Rom. Alexander war ein Gott. Der Pharao war ein Gott. Wenn sich Antonius also in die Tierfelle von Dionysos hüllte, war klar, was er damit allen, die ihn sahen, sagen wollte.

Doch Antonius sollte noch erfahren, wie gefährlich es sein konnte, Gott spielen zu wollen …

■

Inzwischen war es für jeden offensichtlich – von den Gästen ihrer Partys bis zu den Sklaven, die die Tabletts mit den Getränken hielten –, dass es zwischen den beiden gefunkt hatte. Die langen, schmachtenden Blicke, die Art, wie Kleopatras Hand auf seinem Arm ruhte oder wie er ihr eine Locke aus der Stirn strich – das alles waren die unverkennbaren Zeichen einer großen Leidenschaft.

Natürlich war auch Antonius, wie einst Cäsar, bereits verheiratet. Doch inmitten all der Rosen und Wohlgerüche des Ostens war er seiner weltgewandten jungen Gastgeberin, neben der jede noch so hübsche Römerin langweilig und gewöhnlich wirkte, rettungslos verfallen.

Was Kleopatra betrifft, so sehen wir in ihr oft eine der »großen Liebenden« der Weltgeschichte. Doch eine echte Beziehung hatte sie einzig und allein mit Julius Cäsar. Davon abgesehen hatte es um sie niemals auch nur den leisesten Hauch eines Skandals gegeben.

Doch eigentlich liegt es auf der Hand, was sie in Antonius sah. Er war nicht nur der römische Oberbefehlshaber im Osten, der nach Gutdünken Grenzen verschieben und Königreiche umbauen konnte. Sondern er war auch attraktiv, amüsant, und es machte Spaß, ihn um sich zu haben – alles in allem war er also wie geschaffen für eine so glamouröse Königin.

Und da war noch etwas: Kleopatra hatte zwar bereits Cäsarion, doch ein einziger Erbe war nicht genug. Viele Kinder starben damals sehr früh, und sie brauchte einfach mehr Söhne – Antonius kam ihr auch in dieser Hinsicht sehr gelegen.

Und so verging der Winter, man hatte viel zu tun …

Eines Abends – Kleopatra erholte sich gerade von einem ihrer ausschweifenden Feste – musste sie an jene Nacht vor so vielen Jahren zurückdenken, in der sie zu Alexanders Grabmal geschlichen war. Seitdem hatte sie so vieles erreicht. Ihr Thron war ihr sicher. Seit Arsinoës Tod gab es keinen auch nur halbwegs rechtmäßigen Anwärter mehr, der ihr ihren Anspruch hätte streitig machen können. Und da Antonius so vernarrt in sie war, schien auch ein Einmarsch Roms derzeit eher unwahrscheinlich.

Doch hätte sich das junge Mädchen am Grabmal damals mit solch bescheidenen Erfolgen zufriedengegeben? Bestimmt nicht, dachte Kleopatra. Ihr jüngeres Ich hätte ihr gesagt, sie solle von Größerem träumen, den Blick in die Ferne richten, dafür Sorge tragen, dass ägyptische Maßstäbe auf der ganzen Welt gelten.

Sie dachte an die mumifizierte Gestalt in der Gruft ganz in der Nähe. Das Reich Alexanders hatte sich von Ägypten bis Afghanistan, von den Bergen Griechenlands bis an die Grenzen Arabiens erstreckt.

War nicht auch das ihr Erbe? Schließlich hatte sie dieselben Götter, dasselbe makedonische Blut. Sie verfügte zwar nicht über Alexanders Armee, doch Antonius konnte ihr etwas noch Besseres bieten – die römische Armee, die gnadenloseste Kriegsmaschine der Welt.

Ihr Herz raste vor Aufregung. Mit Antonius an ihrer Seite, warum nicht? *Warum nicht?*

Am nächsten Morgen ging sie hinunter zum Hafen, um Antonius in der Nähe des Leuchtturms beim Angeln zuzusehen. Er war nicht gerade der beste Angler der Welt, hatte sich dafür aber einen, wie er fand, irrsinnig witzigen Scherz einfallen lassen.

Als er Kleopatra kommen sah, riss er seine Angel aus dem Wasser – und am Haken baumelten drei riesige Fische. Fische – daran hatte Kleopatra keinen Zweifel –, die seine Sklaven zuvor dort angebracht hatten.

Antonius brach in brüllendes Gelächter aus und Kleopatra lachte mit, oder tat zumindest so. Aber er hatte sie auf eine Idee gebracht.

Bevor sie am nächsten Tag fischen gingen, nahm Kleopatra einen Diener zur Seite und flüsterte ihm etwas ins Ohr.

Schon bald spürte Antonius ein Rucken an seiner Leine. Er zog an – und am Ende der Leine schwang ein winziger Hering recht traurig in der leichten Brise hin und her. Kleopatras Diener war unbemerkt unter dem Boot hindurchgetaucht und hatte den Winzling am Angelhaken befestigt.

Erneut brachen alle in Gelächter aus und Antonius lachte am lautesten.

»Feldherr«, sagte Kleopatra amüsiert, »übergib deine Angel den Fischern von Alexandria. Du solltest dein Augenmerk nicht auf Fische richten. Deine Beute sollten Städte, Königreiche und Kontinente sein.«

Wieder lachte Antonius. Doch Kleopatra hatte keinen Witz machen wollen. Sie meinte es – das sollte die Welt bald erfahren – todernst.

13

Ein Würfelspiel

Viele Hundert Kilometer weiter nördlich, in der kühlen Stille einer römischen Villa, saß ein junger Mann allein bei seinem Abendessen.

Auf den ersten Blick war nichts Besonderes an ihm. Klein und schlank, mit gebräunter Haut und zerzausten hellbraunen Haaren, glich er vielen anderen Jungen, die man jeden Tag auf den Straßen von Rom zu Gesicht bekam.

Er sah aus wie ein ganz normaler Junge, der in einem ganz normalen Raum saß, eine ganz normale Toga trug und ein ganz normales Abendessen zu sich nahm. Nur seine kalten, berechnenden Augen sprachen eine andere Sprache.

Noch vor wenigen Jahren hätte Gaius Julius Cäsar Octavianus über das Forum gehen können, ohne von irgendjemandem erkannt zu werden. Doch jetzt, mit nicht einmal dreiundzwanzig, war er einer der Herren von Rom.

Er ließ sich Zeit und aß in aller Ruhe: grobes Brot und Kuhmilchkäse, einfache bäuerliche Kost. Dann schob er den Teller zur Seite und griff nach einem Stapel von Papieren.

Als er seine Lektüre beendet hatte, legte er die Papiere fein säuberlich beiseite und lehnte sich nachdenklich zurück. Marcus Antonius hatte sich also in die Königin von Ägypten verliebt! Sieh mal einer an! Wir konnte man nur so dumm sein?

Ein Schatten erschien im Türrahmen und Octavian blickte auf. Ein stämmiger, untersetzter junger Mann betrat den Raum: Marcus Agrippa, Octavians Freund aus Kindheitstagen, heute sein Oberbefehlshaber.

Octavian nickte und griff nach den Würfeln. Er liebte dieses Spiel und war stolz darauf, viel öfter zu gewinnen, als zu verlieren.

Er wusste, dass viele dachten, beim Würfeln zu gewinnen sei nur eine Frage des Glücks. Doch er wusste es besser. Um beim Würfeln zu gewinnen, brauchte man scharfe Augen und einen kühlen Kopf. Man musste wissen, wann man vorsichtig sein und wann man etwas riskieren musste, wann es galt, abzuwarten, und wann, zuzuschlagen.

Außerdem musste man seinen Gegner kennen. Seine Hoffnungen und Ängste, seine Wünsche und Schwächen. Dann konnte man ihn im richtigen Moment zur Strecke bringen.

Nichts von alldem hätte Marcus Antonius irgendetwas gesagt, dachte Octavian. Er hingegen hatte dies schon als Junge gewusst.

Er grinste seinen Freund an und schüttelte den Würfelbecher.

■

Im Sommer des Jahres 40 v. Chr. nahm Marcus Antonius Abschied von Kleopatra. Nach den langen Nächten voller Liebe und Gelächter fiel es ihm schwer, sich loszureißen und wieder der römischen Politik zu widmen, doch er wusste, dass es an der Zeit war.

Seit Wochen waren immer mehr Nachrichten aus den östlichen Provinzen eingetroffen. Die Parther – die Erzfeinde der Republik – ließen mal wieder ihre Muskeln spielen und waren tief in römisches Territorium vorgedrungen.

Im Grunde hätte Antonius allzu gern eine Armee gen Osten geführt, um die Parther zu vernichten, wie es auch sein Freund Cäsar vor seiner Ermordung geplant hatte. Doch das wäre ein gewaltiges Unterfangen und zurzeit hatte er für solcherlei Vorhaben den Kopf nicht frei genug.

Zum einen war da Octavian, sein sogenannter Partner. So richtig ernst konnte er den Jungen immer noch nicht nehmen. Welche Armeen hatte er befehligt? Welche Siege errungen?

Doch zu seinem Erstaunen hatte er bisher in der Schlangengrube der römischen Politik nicht nur überlebt, sondern sich außerordentlich gut geschlagen.

Octavian hatte neue Bauernhöfe angelegt, auf denen sich seine Soldaten niederlassen konnten. Er hatte Banditen und Kriminellen das Handwerk gelegt und dafür gesorgt, dass dem einfachen Volk ausreichend billiges Brot zur Verfügung stand. Er hatte Steuern gesenkt und Schulden erlassen. Hatte ein Vermögen für neue Badehäuser, Theater, Tempel und die Wasserversorgung ausgegeben.

Vor allem hatte Octavian den Menschen eine simple Botschaft eingetrichtert: Die Fehden der Vergangenheit waren vorbei und jetzt würde er Rom zu alter Größe führen. Und die allermeisten Leute liebten so etwas.

Doch nicht alle. Antonius' Ehefrau Fulvia hatte Octavian nie gemocht. Als außerordentlich ehrgeizige und hitzköpfige Frau war sie davon überzeugt, dass ihr Mann die römische Welt anführen sollte – und nicht irgendein bartloser Grünschnabel.

Nun hörte Antonius zu seinem Entsetzen, dass Fulvia der Geduldsfaden gerissen war. Während er sich mit Kleopatra vergnügt hatte, hatte Fulvia versucht, in Italien einen Aufstand anzuzetteln. Doch in der Stadt Perusia hatte sie sich ausmanövrieren lassen und war dort von Octavians Truppen eingeschlossen worden.

Antonius war das alles schrecklich peinlich. Während er sich mit der ägyptischen Königin dem Wein hingegeben hatte, hatte seine Frau gegen seinen Partner, der er ja zumindest auf dem Papier war, rebelliert. Was um aller Götter willen sollte er jetzt nur tun?

Schließlich beschloss er, dass er davon einfach nichts erfahren hatte. Und als sein Schiff den Hafen von Alexandria verließ, wies er seinen Kapitän an, statt auf Italien Kurs auf Athen zu nehmen.

Ein paar Monate später stieß die wutentbrannte Fulvia in Griechenland zu ihm. Der Zorn dampfte ihr buchstäblich aus den Ohren, ihr Aufstand war auf ganzer Linie gescheitert.

Octavian hatte Perusia mit Leichtigkeit eingenommen und sie war gerade so mit dem Leben davongekommen.

Sie stritten sich tagelang. Für Fulvia hatte sich Antonius wie ein Schwächling verhalten, der sich weigerte, die Hand gegen einen Mann zu erheben, der ihn zerstören wolle. Antonius warf ihr seinerseits unverzeihbaren Leichtsinn vor, einen Krieg vom Zaun zu brechen, den sie niemals hätte gewinnen können.

Schließlich stürmte Antonius hinaus, um segeln zu gehen, und ließ eine wütend schluchzende Fulvia zurück. Doch als er zurückkehrte, war sie nirgends zu sehen.

Erst als er die Gesichter ihrer Diener sah, begriff er, was passiert war. Fulvia war tot …

■

Niemand konnte später genau sagen, was passiert war. Manche Chronisten waren der Ansicht, dass Fulvia bereits seit Monaten krank gewesen war. Andere meinten, sie sei angesichts der Leidenschaft ihres Mannes für Kleopatra einfach tot umgefallen. Wieder andere glaubten, sie habe sich das Leben genommen »aus Zorn darüber, dass Antonius sie alleingelassen hatte, als es ihr sehr schlecht ging«.

Doch obwohl Antonius um sie trauerte, machte Fulvias Tod sein Leben leichter. Nun konnte er darangehen, sein Verhältnis zu Octavian in Ordnung zu bringen.

In diesem Herbst segelte er nach Italien. Im Hafen von Brundisium vereinbarten er und Octavian, Fulvias Rebellion kommentarlos unter den Tisch fallen zu lassen. Per Handschlag besiegelte man eine Vereinbarung, das Triumvirat erneut mit Leben zu erfüllen.

Am Ende ihres Treffens machte Octavian einen Vorschlag. Um absolut sicherzustellen, dass sie sich nie wieder entzweiten, sollten er und Antonius sich durch eine Heirat aneinander binden.

Antonius brauche doch ohnehin wieder weibliche Gesellschaft, mit der er die langen Abende, die nun kommen würden, teilen könne. Und wie der Zufall es wollte, hatte Octavian auch gleich die richtige Kandidatin zur Hand – seine geliebte Schwester Octavia, deren erster Ehemann kürzlich verstorben war.

Antonius lächelte verhalten. Ein so großzügiges Angebot könne er selbstverständlich nicht ausschlagen!

Von außen besehen gab es an dem Arrangement nichts zu mäkeln. Octavia war Ende zwanzig und galt gemeinhin als »Superfrau«: sanft, elegant, intelligent und großherzig. Als Mädchen hatte sie die alten Philosophen gelesen – man machte ihr also so schnell nichts vor. Sie hegte jedoch keinerlei politische Ambitionen und nahm das Leben deutlich leichter als Fulvia – oder auch Kleopatra.

Der Deal wurde also besiegelt. Wenige Tage später ritten beide Männer zusammen nach Rom, wo Antonius und Octavia die Ehe schlossen.

Ob er sie geliebt hat? Schwer zu sagen. Doch viele Männer hätten zweifellos alles für eine derart anmutige, überlegte und gelassene Frau gegeben. Und als das glückliche Paar nach Athen zurücksegelte, gab es Jubel von allen Seiten.

Marcus Antonius fand, dass er es – alles in allem – ganz gut getroffen hatte. Er war jetzt dreiundvierzig Jahre alt, stark und gesund, und regierte den östlichen Mittelmeerraum von einer der schönsten Städte der Welt aus.

Die Athener nannten ihn den »Neuen Dionysos«, und er tat sein Bestes, um diesem Spitznamen gerecht zu werden. Er legte seine römische Uniform ab, kleidete sich wie ein Grieche, lebte wie ein Grieche – und hetzte von Vortrag zu Theateraufführung, von Bankett zu Party.

Manchmal führte er spät in der Nacht Fackelzüge hinauf zur Akropolis, der großen Tempelanlage oberhalb der Stadt. Oder er streifte sich das Fell eines Panthers über, um sich darin dann bis zum Morgengrauen Wein und Tanz hinzugeben. Die Griechen applaudiertem ihm enthusiastisch, denn nichts anderes erwarteten sie von einem großen Mann.

Octavia schien den Einheimischen ebenfalls perfekt. So perfekt, dass sie sie – nach der göttlichen Namensgeberin ihrer Stadt – *Athene* nannten. Octavia stritt sich nie mit ihrem Ehemann und mischte sich auch nicht in die Politik ein. Fulvias Söhnen Antyllus und Iullus war sie eine liebevolle Stiefmutter. Und es dauerte nicht lange, da bedachten sie die Götter mit zwei eigenen kleinen Mädchen, die beide nach ihrem Vater benannt wurden und Antonia hießen.

Im Laufe der Monate begannen die Erinnerungen an Antonius' Affäre mit Kleopatra zu verblassen. Seine Freunde waren sich inzwischen sicher, dass die ganze Sache wohl doch eher eine vorübergehende Laune gewesen war.

Nur hin und wieder ertappte ihn der ein oder andere dabei, wie er wehmütig und verträumt über das Meer blickte, in Richtung Alexandria …

■

Wie war es Kleopatra in der Zwischenzeit ergangen?

Als sich die Königin im Sommer 40 v. Chr. von Marcus Antonius verabschiedete, hatte sie nicht ernsthaft daran geglaubt, ihn jemals wiederzusehen. Ja – sie hatte seine Gesellschaft außerordentlich angenehm gefunden, aber ebenso hatte sie immer gewusst, dass ihr Königreich an erster Stelle kommen musste.

Und sie hatte ja auch, was sie wollte: Sicherheit für Ägypten, einen zuverlässigen Verbündeten und vor allem weitere Kinder, um den Fortbestand ihrer Dynastie zu sichern.

Wenige Monate nach Antonius' Abschied brachte Kleopatra Zwillinge zur Welt. Ihre Namen suchte sie sich selbst aus: Alexander Helios, die Sonne, und Kleopatra Selene, der Mond. Alle wussten, wer ihr Vater war.

Für Kleopatra brachen goldene Jahre an. Als sie zu Beginn des Jahres 39 v. Chr. ihren dreißigsten Geburtstag feierte, war sie stärker, selbstbewusster und unantastbarer als je zuvor.

Die Grenzen ihres Reichs waren sicher und ihre Herrschaft war unangefochten. Sie hatte drei Kinder, gezeugt von zweien der berühmtesten Männer der Welt. Und jetzt konnte sie auch auf die uneingeschränkte Solidarität der ägyptischen Bevölkerung zählen – vom hochmütigsten Priester bis zum einfachen Bauern.

Alexandria erlebte einen rasanten Aufschwung. In den einst vom Bürgerkrieg verwüsteten Straßen schossen neue Tempel und Theater wie Pilze aus dem Boden.

Monat für Monat trafen junge Gelehrte ein, um sich in der Bibliothek und im Museum den großen Geistern anzuschließen. Sie füllten die Bibliothek mit bahnbrechenden neuen Schriften, die jeden Zweig der damaligen Wissenschaften abdeckten – von Magie und Medizin über Mathematik und Grammatik bis hin zu Geografie und Astrologie.

Bedauerlicherweise sind aus dieser Zeit kaum Zeugnisse erhalten geblieben. Nur wenige Fragmente gewähren uns einen Einblick in Kleopatras tägliche Regierungsarbeit, die einen Großteil ihrer Zeit in Anspruch genommen haben muss.

Eine Spur findet sich in einem erhaltenen Papyrus, der die Privilegien auflistet, die dem römischen Offizier Publius Canidius gewährt wurden, der ein Freund von Antonius war. Canidius, heißt es dort, wird gestattet, Getreide zu verkaufen und Wein zu kaufen, ohne Steuern zahlen zu müssen.

Am Ende des Dokuments befindet sich ein Wort in Griechisch: γινέσθωι (*ginesthoi* – »es geschehe«).

Heute befindet sich dieses Dokument im Ägyptischen Museum in Berlin. Es ist das einzig erhaltene Schriftstück, das

Kleopatras Handschrift zeigt – ein einzigartiges Relikt einer längst versunkenen Welt.

■

Jahre vergingen und die Zeit der Bürgerkriege schien endgültig vorbei. Octavian und Antonius wurden in ganz Italien »für den Frieden gepriesen«, schrieb der Historiker Appian.

Mütter brauchten nicht mehr um das Leben ihrer Söhne zu fürchten. Bauern brauchten nicht mehr zu fürchten, dass Armeen ihre Felder plünderten.

Marcus Antonius schien mit seinem Leben in Athen vollkommen zufrieden. Er hatte eine schöne junge Frau und zwei gesunde Töchter. Die Griechen verehrten ihn und seine Tage bestanden aus wenig anderem als aus Festen und Feierlichkeiten.

Doch irgendetwas – man konnte nicht gut den Finger drauf legen – schien nicht ganz in Ordnung zu sein.

An keinem der Briefe, die Antonius von seinem Schwager bekam, war irgendetwas auszusetzen – im Gegenteil, sie waren stets ausnehmend freundlich. Trotzdem wurde Antonius das Gefühl nicht los, dass Octavian ihn auslachte.

Für Antonius war Octavian ein kränklicher, hustender Junge, der kaum trank und auf Partys ein Langweiler war. Er trug sogar Stiefel mit speziellen Absätzen, damit er größer wirkte. Wie konnte so ein lächerliches Weichei ihm – dem schlachterprobten und trinkfesten Frauenliebling Marcus Antonius – auch nur annähernd die Stirn bieten wollen?

Und doch – es war zum Haareausreißen! – schien ihm Octavian immer einen Schritt voraus. Wenn sie sich trafen, schlug der Jüngere meist ein Würfelspiel vor. Und *jedes Mal* ging Octavian als Sieger daraus hervor. Er warf die Würfel mit diesem unerträglichen Lächeln und bekam aus unerfindlichen Gründen immer die Augenzahl, die er brauchte.

Eines Abends rief Antonius den Wahrsager zu sich, der ihn aus Ägypten nach Athen begleitet hatte. Er wolle jetzt endlich wissen, was los sei, verlangte er ungehalten.

Zunächst starrte der Wahrsager nur in die Nacht hinaus. Dann, nach einer geraumen Weile, begann er zu sprechen.

In Antonius' Geschick, sagte er, offenbare sich »Größe und Pracht«. Doch Octavians stelle seines in den Schatten.

»Euer Schutzengel fürchtet den seinen«, fuhr der Wahrsager fort. »Euer Schutzengel mag beherzt und stolz erscheinen, wenn er alleine ist, doch sobald sich der Octavians nähert, wird er ängstlich und demütig.«

Antonius schüttelte den Kopf. Ängstlich und demütig? Warum sollte sein Schutzengel Octavian – *Octavian!* – gegenüber ängstlich und demütig sein?

Antonius' Frustration wuchs und wuchs, bis er glaubte, sein Kopf müsse vor Neid und Missgunst zerspringen. Schließlich fasste er einen Entschluss.

Genug! Er würde, wie sein alter Freund Julius Cäsar, die Würfel werfen und den Ruhm beim Schopf packen.

Seit Jahren hatte Antonius davon geträumt, einen Feldzug

gegen das Reitervolk der Parther anzuführen. Doch er wusste auch, welches Risiko damit verbunden war.

Von allen Feinden Roms waren die Parther sicher die zähesten und unerschütterlichsten. Sie herrschten über ein Imperium von atemberaubendem Reichtum, das sich von den Randgebieten der Türkei bis zu den Grenzen Indiens erstreckte. Zu Pferde konnte den Parthern niemand etwas vormachen und sie verfügten über eine riesige Armee von Söldnern und berittenen Bogenschützen.

Der arme Crassus hatte dies sechzehn Jahre zuvor auf sehr bittere Weise lernen müssen. Auch er war nach Osten gezogen, um den Parthern eine Lektion zu erteilen, und jetzt schmückte sein abgeschlagener Kopf noch immer ihren Palast.

Aber. Das, was dabei für ihn herausspringen könnte, ließ Antonius' Herz vor Aufregung fast ins Stolpern geraten. Zeig's den Parthern, und die Leute werden auf ewig deinen Namen rühmen. Zeig's den Parthern, und du kannst Octavian zerquetschen wie eine Ameise. Zeig's den Parthern, und du kannst endlich den Platz einnehmen, der dir zusteht: Herrscher über die römische Welt.

Im Frühjahr 37 v. Chr. traf Antonius in Italien mit Octavian zusammen und legte ihm seinen Plan für den Feldzug dar. Als er damit fertig war, lächelte sein Schwager höflich. Was für eine ausgezeichnete Idee! Er selbst würde ihm zwei Legionen als Unterstützung zur Verfügung stellen.

Octavia würde währenddessen unter dem Schutz ihres Bruders in Italien bleiben. So ein kräftezehrender Wüstenfeldzug war nichts für eine römische Mutter.

Die Entscheidung war also gefallen. Antonius gab seiner Frau einen Abschiedskuss und schiffte sich nach Osten ein, um dort mit den Vorbereitungen zu beginnen.

Angesichts der Größe der Aufgabe hatte er alle Hände voll zu tun. Er brauchte Schiffe, er brauchte Soldaten, er brauchte Vorräte, und er brauchte Geld – mehr Vorräte und vor allem mehr Geld, als er selbst so ohne Weiteres auftreiben konnte.

Und als sein Schiff durch die Wellen des Mittelmeers pflügte, wusste er genau, wen er um Hilfe bitten würde: Kleopatra.

■

Wenige Wochen später traf Antonius' Bote in Alexandria ein. Nach drei Jahren der Trennung sei dem Feldherrn sehr daran gelegen, die Königin wiederzusehen. Er erwarte sie in Antiochia, der Hauptstadt Syriens.

Römische Geschichtsschreiber haben später immer wieder die Frage gestellt, ob Antonius nicht tatsächlich die ganze Zeit über vor Liebe entflammt war. So beschrieb etwa Plutarch Antonius' Leidenschaft als eine Art furchterregendes schlafendes Monster, »eine unnachgiebige und wilde Bestie der Seele«.

Doch stimmte das wirklich? War der Draufgänger Antonius tatsächlich ein Sklave seiner Leidenschaft für die ägyptische Königin? Oder hatte er vor allem ein Interesse daran, sie als Verbündete zu halten, die ihn mit Geld und Vorräten versorgte?

Das wird eine ungelöste Frage bleiben. Mag sein, dass sich nicht einmal Antonius selbst über seine Beweggründe völlig im Klaren war.

Jedenfalls segelte Kleopatra im Spätsommer des Jahres 37 v. Chr., als die Hitze allmählich nachließ und die Blätter sich zu verfärben begannen, auf dem Fluss Orontes bis hinauf nach Antioachia.

Antiochia war eine der schönsten Städte der römischen Welt, ein Flusshafen am Fuße des Amanus-Gebirges. An den Flussufern drängten sich die Kaufleute und Händler, in den Parks flanierte ein buntes Völkchen – Einheimische, die ihre Einkäufe nach Hause trugen, genauso wie Besucher aus aller Herren Länder, die die Schönheit der Stadt angezogen hatte. Antiochia war, mit anderen Worten, der ideale Ort für ein romantisches Rendezvous.

Kleopatra hatte nichts dem Zufall überlassen. Als sie am Flussufer ihrer Barke entstieg, war sie exquisit gekleidet und souverän wie eh und je. Doch wie von ihr geplant, richteten sich alle Augen auf die beiden kleinen Gestalten an ihrer Seite: ihre dreijährigen Zwillinge Alexander Helios und Kleopatra Selene, die auch Antonius' Zwillinge waren.

Wieder einmal hatte Kleopatra ihre Karten perfekt ausgespielt. Als Antonius seine Kinder erblickte, war seine Freude für jedermann offensichtlich. Ein Sohn und eine Tochter, die Sonne und der Mond! Konnte es für einen Mann ein schöneres Geschenk geben?

Und in diesem Moment, vor all seinen Offizieren, erkannte Antonius Kleopatras Kinder als seine eigenen an.

Einige seiner Offiziere tauschten besorgte Blicke. Was würde man in Rom dazu sagen? Und was war mit Octavia?

An diesem Abend konnte jedoch nichts Antonius' Laune verderben – während des Banketts am Ufer des Orontes war er geradezu euphorisch. Als der Wein bereits in Strömen floss und die Tänzerinnen umherwirbelten, erhob sich Antonius von seinem Platz und bat um Ruhe. Dann verkündete er, dass es an der Zeit sei, der Königin die Ehre zu erweisen, die ihr zustehe.

Kleopatra habe ihre Loyalität bewiesen. Sie habe ihm Schiffe und Vorräte für seinen Angriff auf die Parther zugesagt, so wie er gehofft hatte. Im Gegenzug werde er jetzt die Grenzen neu ziehen und Ägypten so zu seiner alten Größe verhelfen.

Von diesem Tag an, verkündete er, werde die Insel Zypern an die ägyptische Krone zurückfallen, wie dies im goldenen Zeitalter der Ptolemäer bereits der Fall gewesen war. Und das war noch nicht alles.

Im Namen der Römischen Republik schenkte Antonius ihr den Küstenstreifen, der heute zu den Ländern Syrien und Libanon gehört, mit seinen wertvollen Zedernwäldern sowie die Stadt Gaza in Palästina. Auch die Küste Kilikiens, heute Teil der Türkei, gehöre ab sofort ihr – und damit weitere wertvolle Waldgebiete.

Um nicht als geizig zu gelten, gab es Kyrene – das heutige Libyen –, das einst ihren Vorfahren gehört hatte, noch obendrauf, ebenso eine Reihe von Flottenstützpunkten entlang der kretischen Küste und das unbezahlbar wertvolle Land um die Stadt Jericho herum, das für seine üppigen Dattelpalmen und Balsambäume berühmt war.

Als auch damit die Liste noch nicht beendet war, klappte einigen von Antonius' Offizieren die Kinnlade herunter. Kleopatras Augen hingegen funkelten.

Sie war als Königin von Ägypten hierhergekommen. Doch dank Antonius würde sie diesen Ort als Herrin über ein Imperium wieder verlassen, das sich von Libyen bis zur Türkei erstreckte und das einige der wertvollsten Wälder, Minen und Häfen im gesamten Mittelmeerraum besaß.

An einem einzigen Abend war das Königreich ihrer Vorfahren wieder auferstanden. Ägyptens verlorene Besitztümer waren wiederhergestellt und das Reich der beiden Länder war wieder *ganz*. Nicht in ihren wildesten Träumen hätte Kleopatra mit so etwas gerechnet.

Noch in diesem Herbst erließ sie ein Dekret: Um den Beginn dieses neuen Goldenen Zeitalters auf ewig zu bewahren, würde es eine Änderung im Kalender geben. Dies war nicht mehr das sechzehnte Jahr der Regentschaft von Königin Kleopatra, sondern Jahr eins der Neuen Ordnung.

Selbst Kleopatras Titel änderte sich. Um ihre Untertanen daran zu erinnern, was sie für Ägypten erreicht hatte, nannte sie sich nun Kleopatra die Göttin, die Jüngere, die Vaterliebende, die Heimatliebende.

Ihr Stern hatte noch nie so hell gestrahlt. Und nie zuvor war sie so gewiss gewesen, dass ihre geliebte Beschützerin, die Göttin Isis, über sie wachte.

Wenn sie in die Zukunft blickte, sah sie nichts als weiteren Ruhm. Mit seiner mächtigen Armee würde Antonius das Reich der Parther sicher in tausend Stücke zerschlagen.

Was würde er ihr erst schenken, nachdem er im Triumph von seinem Feldzug zurückkehrte? Sie konnte ihr Glück kaum fassen.

Die Götter waren auf ihrer Seite.

Nun konnte wirklich nichts mehr schiefgehen.

■

Octavian hatte gar nicht richtig mitbekommen, dass es bereits dunkel geworden war. Langsam, ungläubig schüttelte er den Kopf. Dann wanderten seine Augen im Schein der Kerzen erneut über das Papyrusblatt.

Hatte Antonius wirklich seine ägyptische Brut anerkannt? Stand er tatsächlich so in Kleopatras Bann, dass er nicht begriff, was für eine Beleidigung das für Octavia und ihre Familie war?

Und diese andere Sache – Zypern, Kilikien, Kyrene, sogar Syrien! Hatte Antonius den Verstand verloren? War ihm wirklich nicht klar, wie das in Rom ankommen würde?

Fast hätte Octavian laut gelacht. Er hatte immer gewusst, dass sein Rivale ein Narr war. Doch vielleicht sollte er ihm trotzdem dafür danken, dass er es ihm so einfach machte.

Für einen Moment hing er einfach nur seinen Gedanken nach. Dann grinste er Marcus Agrippa an und griff einmal mehr nach den Würfeln.

14

Ein Sturm braut sich zusammen

An den Ufern des Euphrats, im Süden der heutigen Türkei, stieg die Hitze unaufhörlich.

Die Erde hier war trocken und braun, die Felder ausgebleicht von der Sonne. Für die Bauern, die hier am Fluss schufteten, war ein Tag wie der andere. Nichts tat sich. Gestern, heute, morgen – das Leben ging einfach seinen gewohnten Gang.

Doch eines Nachmittags begann die Erde zu zittern. Zunächst war es nur ein leises Murmeln, das nach und nach zu einem unheilvollen Grollen anschwoll. Dann war klar, was es war: das Trampeln von Stiefeln, das Klappern von Hufen, das Rattern von Wagenrädern und … Trommelschläge …

Es war der Frühling 36 v. Chr. und die Römer kamen.

Vor wenigen Tagen hatte Marcus Antonius mit fast hunderttausend Mann Antiochia verlassen, darunter sechzehn ausgebildete Legionen und zehntausend berittene Soldaten, die Besten der Besten.

Entschlossen, Crassus' alte Fehler nicht zu wiederholen, hatte Antonius mit König Artavasdes von Armenien, dem gebirgigen

Königreich jenseits des Flusses, einen Pakt geschlossen. Artavasdes hatte ihm nicht nur Tausende Soldaten als Verstärkung angeboten, sondern auch versprochen, die Römer durch die Berge bis ins Reich der Parther zu führen.

Als Antonius jetzt sein Pferd antrieb, durchlief ihn ein Schauer der Erregung. Auch Alexander der Große war einst diesen Weg gekommen und vielleicht würden die Menschen eines Tages ihrer beider Namen im selben Atemzug nennen.

Die Vorstellung ließ ihn unwillkürlich vor Freude laut auflachen.

An den Ufern des Euphrats herrschte reges Treiben. Die Vorhut hatte bereits die Brücke überquert, und Antonius' Pioniere waren gerade dabei, Pontonboote zusammenzuhämmern, damit ihre Kameraden ihnen schnell folgen konnten.

Keiner von ihnen zweifelte auch nur eine Sekunde an dem Erfolg ihres Unternehmens. Plutarch zufolge ließen die Gerüchte über das Anrücken des römischen Heeres »ganz Asien erzittern«.

Als die Wagen über die Brücke rumpelten, ließ sich Antonius von seinem Pferd gleiten und nahm Kleopatra in die Arme. Bis hierhin hatte sie ihn begleitet, doch das musste genügen. Die Schlachtfelder von Parthien waren kein Ort für die Königin von Ägypten.

Außerdem musste Kleopatra auch noch aus einem anderen Grund auf sich aufpassen: Wieder einmal hatte Isis ihr zugelächelt – sie erwartete erneut ein Kind.

Für einen Moment hielten sich die Liebenden so fest, wie sie nur konnten, ihr Kopf an seiner Schulter. Dann rissen sie sich voneinander los und Antonius ritt der Brücke entgegen.

Auf der gegenüberliegenden Seite drehte er sich noch einmal um und hob seine Hand zu einem letzten Gruß. Im nächsten Moment war er in einer Staubwolke verschwunden.

Kleopatra wandte sich Richtung Süden, den Bergen des heutigen Libanon entgegen. Dies war nun ihr Land, und sie war gespannt darauf, ihr neues Hoheitsgebiet selbst in Augenschein zu nehmen.

Es war Hochsommer, als sie wieder in Alexandria zurück war. Und nur wenige Tage nach ihrer Ankunft trafen die ersten Nachrichten aus dem Osten ein.

Erfreut nahm sie zur Kenntnis, dass alles perfekt zu laufen schien. Nachdem Antonius den Euphrat überquert hatte, war er wie geplant in Richtung Norden nach Armenien abgebogen und war nun auf dem Weg in die parthische Provinz Atropatene. Was den Feind anbelangte – von dem gab es bisher keine Spur.

Ein wissendes Lächeln umspielte Kleopatras Lippen. Die Parther hatten keine Ahnung, was sie erwartete.

Der Sommer wich dem Herbst. Der Nil trat über seine Ufer, überflutete die Felder und ließ fruchtbare schwarze Erde zurück.

Kleopatra brachte ihr viertes Kind zur Welt, einen gesunden kleinen Jungen. Sie nannte ihn Ptolemaios Philadelphos, nach dem zweiten makedonischen Pharao.* Eines Tages, da war sie sich sicher, würden ihre Kinder sie alle in den Schatten stellen.

Alles war in bester Ordnung. Die Wochen vergingen, der kleine Junge entwickelte sich gut, und Kleopatra freute sich auf weitere gute Nachrichten aus dem Osten.

Der Winter brach an.

Dann, eines Tages – um den Palast toste gerade ein heftiger Sturm –, blickte sie zufällig aus ihrem Fenster aufs offene Meer hinaus und sah ein Schiff gegen den Sturm ankämpfen und sich mühsam dem Hafen nähern.

Als die Wachen den Kapitän in den Thronsaal geleiteten, klapperten seine Zähne so heftig, dass er kaum ein Wort herausbrachte. Doch Kleopatra wusste bereits, was er sagen wollte.

Antonius.

▪

Ein paar Wochen später lief Kleopatras Schiff in einen kleinen Hafen südlich der phönizischen Küstenstadt Beirut ein.

Es war ein bitterkalter Tag, der Wind peitschte die Wellen, die sich hoch auftürmten und weiße Schaumkronen trugen. Als sie den Kai betrat, sah sie zunächst nichts als ein Meer von Gesichtern – blass, ausgezehrt, halb verhungert.

Erst nachdem ihr ihre Wachen einen Weg durch die Menge gebahnt hatten, sah sie auch Antonius. Er saß allein an einem

---

* Ptolemaios II. Philadelphos regierte Ägypten von 284 v. Chr bis 246 v. Chr.

ramponierten Tisch, in einen alten Umhang gehüllt, und starrte in einen Becher.

Als ihre Blicke sich trafen, war eine schreckliche Leere in seinem Gesicht. Seine Stimme klang gepresst und müde. Wo sie gewesen sei, fragte er verbittert. Warum sie nicht früher gekommen sei.

Kleopatra schüttelte entsetzt den Kopf. *Was war geschehen? Wo war der Rest der Armee?*

Erst im Laufe der nächsten Tage, als ihre Männer die Römer mit Nahrung und Kleidung versorgten, begannen die Soldaten, ihre Geschichte zu erzählen.

Die Dinge hatten bereits sehr früh begonnen schiefzulaufen. Die armenischen Berge hatten sich als steiler und unzugänglicher herausgestellt, als sie alle erwartet hatten. Der Versorgungszug war weiter und weiter zurückgefallen, die Belagerungsmaschinen immer wieder stecken geblieben.

Geplagt von der sengenden Sommerhitze verlor Antonius schon bald die Geduld. Er ließ Material und Vorräte zurück und drang mit der Kavallerie und der leichten Infanterie auf parthisches Gebiet vor.

Kurz darauf erblickten seine Späher eine Stadt in der Ferne. Es war die Festung von Phraaspa – und sie wirkte deutlich besser befestigt und deutlich wehrhafter, als sie es sich vorgestellt hatten.

Da seine Belagerungsmaschinen in den Bergen feststeckten, befahl Antonius seinen Männern, das umliegende Gebiet nach

Holz abzusuchen, um damit Rammböcke zu bauen. Doch in dem kargen, unfruchtbaren Land gab es keine Bäume.

Die Römer wussten nicht mehr weiter. Sie saßen, zur Untätigkeit verdammt, vor den Mauern der Stadt fest, und ihre Essensvorräte gingen langsam zur Neige.

Antonius ließ Artavasdes eine Botschaft zukommen, in der er ihn um Hilfe bat. Antwort kam keine – der armenische König schien sich in Luft aufgelöst zu haben.

Dann kam die schlimmste Nachricht von allen. Parthische Einheiten hatten den römischen Versorgungszug angegriffen, die Soldaten niedergemetzelt, vom Proviant mitgenommen, was sie mitnehmen konnten, und den Rest verbrannt.

Die Römer befanden sich in einer aussichtslosen Lage – ohne Proviant, ohne Verstärkung und ohne Hoffnung, den Winter durchzustehen. Schweren Herzens wies Antonius seine Männer an, ihre Ausrüstung zurückzulassen und den langen Marsch zurück in die Berge anzutreten.

Zwei Tage lang lief der Rückzug wie geplant. Am dritten Tag meldeten die Späher, dass die Straße vor ihnen komplett überflutet sei.

Und dann, als die Römer mit dem Weitermarsch zögerten, schlugen die parthischen Bogenschützen zu. Tag für Tag forderten ihre Pfeile einen furchtbaren Tribut. Antonius versuchte, seine Verteidigung zu organisieren, doch was konnte er tun?

Mit quälender Langsamkeit tasteten die Römer sich Richtung Berge vorwärts. Es regnete jetzt. Sie hatten weder Trinkwasser noch Proviant. Ihre Uniformen hingen in nassen, schmutzigen Fetzen an ihnen herab. Und unablässig pfiffen die Pfeile durch die Luft und ein Römer nach dem anderen fiel tot zu Boden.

Man muss Antonius zugutehalten, dass er sich niemals seiner Verantwortung entzog. Er schwankte nie, er schlief nie. Ständig trieb er seine Männer weiter. Irgendwann flehte er laut die Götter an, nur ihn allein zu bestrafen, sodass »dem Rest der Armee die Rettung und der Sieg gewährt werden könne«.

Doch die Götter stellten sich taub.

Vom Hunger geschwächt, kauten manche Soldaten giftige Pflanzen – dann würgten sie sie wieder heraus und erbrachen sich. Andere tranken, halb verrückt vor Durst, schmutziges Wasser und weinten vor Schmerzen.

Es begann zu schneien und ihre Finger und Zehen begannen abzufrieren. Jeden Tag fielen die, die gar nicht mehr konnten, weiter zurück, und als ihre Kameraden sich umblickten, waren sie im Schnee verschwunden.

Schließlich stolperten die Überlebenden aus dem Gebirge heraus. Sie waren in Sicherheit. Doch keinem einzigen von ihnen war zum Feiern zumute.

Im Laufe von sechs Monaten hatte Antonius etwa dreißigtausend Männer verloren. Die meisten starben nicht durch parthische Pfeile, sondern fielen dem Hunger, der Kälte oder Krankheiten zum Opfer.

Antonius selbst zahlte einen schrecklichen Preis. In den dunkelsten Stunden während des langen Rückzugs hatte er tatsächlich darüber nachgedacht, sich das Leben zu nehmen. Er hatte einen seiner Leibgardisten zu sich gerufen und ihn schwören lassen, »ihn mit dem Schwert zu durchbohren und seinen Kopf abzuschneiden«, falls sie festgesetzt würden.

Dazu kam es glücklicherweise nicht. Doch für manche seiner Männer war dies der Moment, in dem etwas tief in seinem Inneren zerbrach. Er würde nie wieder der Alte werden.

■

Für Kleopatra war die parthische Katastrophe ein Schock. Bisher hatte sie nie daran gezweifelt, dass die Götter auf ihrer Seite waren. Doch nun hatten sie sich in einem alles entscheidenden Moment gegen sie gewandt.

Am schlimmsten traf sie jedoch Antonius' Veränderung. Von dem verwegenen Feldherrn war nichts übrig geblieben. An seine Stelle war ein mürrisches, betrunkenes Wrack getreten.

Auf dem Weg zurück nach Alexandria starrte er nur schweigend aufs Meer hinaus. Nichts, was Kleopatra sagte, schien ihn trösten zu können.

Und wie auch? Antonius war in den Krieg gezogen, um Crassus zu rächen und den Ruhm Roms wiederherzustellen. Doch nicht einmal Crassus, dessen Name schon lange gleichbedeutend mit »Versager« war, hatte so viele Männer verloren.

Auf einen Schlag hatte der Feldzug all seine Hoffnungen zunichtegemacht, Octavian in den Schatten stellen zu können. Wie konnte er in Rom überhaupt jemals wieder sein Gesicht zeigen? Geschweige denn seinen Anspruch aufrechterhalten, Rom führen zu wollen? Er konnte Octavian ja schon von hier aus lachen hören …

Antonius grübelte den ganzen Winter hindurch. Dann passierte Folgendes:

Im Frühjahr 35 v. Chr. kehrte Antonius nach Syrien zurück, um einen neuen Feldzug vorzubereiten. Einmal mehr war Kleopatra an seiner Seite, um ihm den Rücken zu stärken.

Doch kurz nach ihrer Ankunft erschien auch schon ein berittener Bote in ihrem Lager. Und als Kleopatra hörte, was er zu sagen hatte, lief ihr ein kalter Schauer über den Rücken.

Natürlich hatte sie gewusst, dass die Nachricht über das Fiasko auch Rom erreichen würde. Jetzt war Antonius' Frau Octavia mit siebzig Schiffen, Truhen voller Geld, Kisten voller Vorräte und zweitausend Elitesoldaten aus der Prätorianergarde ihres Bruders nach Osten unterwegs.

Kleopatra wusste, was das bedeutete. Falls Antonius ihre Hilfe annahm, wäre er für den Rest der Welt von jetzt an nichts weiter als Octavians Juniorpartner. Und selbst wenn es ihm gelänge, sich an den Parthern zu rächen, würde man diesen Erfolg Octavian zuschreiben.

Und natürlich hatte das Ganze für Kleopatra auch eine sehr persönliche Seite: Octavias Ankunft in Syrien würde das Ende ihrer Beziehung mit Antonius bedeuten. Man würde sie nach Ägypten zurückschicken, weil sie nicht mehr nützlich war.

Zu ihrem Entsetzen bemerkte Kleopatra, dass Antonius

schwankte, dass er tatsächlich in Versuchung geraten war. Wenn man den römischen Chronisten glauben darf, bot sie jetzt alles auf, was sie ihm gegenüber aufbieten konnte.

»Sie gab vor, leidenschaftlich in Antonius verliebt zu sein«, heißt es bei Plutarch. »Sie hörte auf zu essen, um dünner zu werden … Sie erlaubte ihm, sie weinen zu sehen, nur um dann ihre Tränen rasch fortzuwischen, so als wäre es ihr unangenehm, dass er sie so gesehen hatte.«

Unablässig hingen ihre Höflinge an seinem Ohr. Könne er denn nicht sehen, wie aufgewühlt sie war? Sei ihm nicht klar, dass sich Kleopatra, sobald er wieder mit Octavia vereint wäre, vor Kummer das Leben nehmen würde?

Selbst nach Kleopatras eigenen Maßstäben war dies eine ziemliche dreiste Show. Doch sie funktionierte.

Geschockt von ihren Tränen, lenkte Antonius ein. Er ließ Octavia die Nachricht zukommen, dass sie in Athen bleiben solle. Ein Kriegsgebiet sei nichts für eine Frau und außerdem komme er sehr gut ohne die Verstärkung ihres Bruders zurecht.

Einige seiner Offiziere schüttelten darüber den Kopf. War er verrückt? Verhext? Begriff er nicht, dass er damit seine Beziehung zu Octavia zerstörte – und, was viel wichtiger war, die zu Octavian?

Doch Antonius' Entscheidung stand fest. Es gab kein Zurück mehr.

Wenige Wochen später kehrten er und Kleopatra nach Ägypten zurück. Der Feldzug war abgesagt. Zu Hause angekommen, galt es, sich erst mal ausführliche Gedanken über die Weinvorräte zu machen.

Antonius blieb monatelang in Alexandria. Das Fiasko des Feldzugs gegen die Parther war jetzt über ein Jahr her, doch schien er all seine Energie und seinen Ehrgeiz verloren zu haben.

Seinen Offizieren kam er schlapp und apathisch vor, sein Blick ging ins Leere. Kleopatra war dünner und blasser als je zuvor, als würde sie mehr und mehr von einer großen Angst erdrückt.

Unter vier Augen murmelten Antonius' Offiziere, er solle nach Rom zurückkehren und sich mit Octavia versöhnen. Doch es war aussichtslos. Kleopatra würde ihn nicht gehen lassen.

Im Frühjahr 34 v. Chr. raffte sich Antonius endlich auf. Als das Wasser des Nils zu steigen begann, marschierte er von Alexandria aus in Richtung Osten, dann die Küste hinauf bis zum Euphrat.

Diesmal wollte er jedoch nicht die Parther angreifen, sondern hatte sich ein weitaus leichteres Opfer ausgesucht.

Wenige Wochen zuvor hatten Antonius und Kleopatra einen Boten nach Armenien geschickt, verbunden mit der Einladung an König Artavasdes, seine Tochter mit ihrem Sohn Alexander Helios zu verheiraten,

Doch Artavasdes lehnte ab. Er war ja kein Narr. Mit den Parthern vor der Haustür käme eine Heiratsallianz mit Antonius dem Selbstmord seines Landes gleich.

Doch seine Weigerung bescherte Antonius den Vorwand, den

er brauchte. Er benötigte einen leichten Sieg, um seine Truppen zufriedenzustellen, und Artavasdes war das perfekte Opfer.

Antonius' Legionen brachen wie eine Flutwelle über Armenien herein. Nach ein paar Wochen war alles vorbei. Artavasdes, seine Frau und seine Kinder wurden gefangen genommen und in goldene Ketten gelegt. Und als die Römer in den Süden zurückkehrten, ächzten ihre Wagen unter der Last ihrer Beute aus den armenischen Bergdörfern.

Selbst nach römischen Maßstäben war das alles ein ziemlich brutales Geschäft gewesen. Die Armenier hatten nicht die geringste Chance gehabt, und Artavasdes – ein kluger, zivilisierter Mann, der Theaterstücke und Abhandlungen in griechischer Sprache verfasste – hatte Besseres verdient, als in Ketten durch die syrische Wüste geschleift zu werden.

Doch für Antonius zählte das alles nicht. Er hatte unbedingt einen Sieg gebraucht, irgendeinen Sieg. Und um diesen zu feiern, veranstaltete er ein Spektakel, an das man sich noch Jahrhunderte später erinnern würde.

Der Triumphzug war eine römische Institution, keine ägyptische. Kein römischer General hatte je einen Triumphzug außerhalb von Rom veranstaltet. Schließlich diente er ja dem Zweck, den Bürgern der Republik die Gefangenen und die Beute zu präsentieren.

Doch jetzt war auf Kleopatras Befehl hin ganz Alexandria auf den Beinen, um sich das Spektakel anzusehen.

Kurz nach Sonnenaufgang hörten die Einwohner Trommeln

in der Ferne. Hörner schmetterten, Flaggen wehten, und von einer riesigen Staubwolke umgeben marschierten Antonius' Soldaten in die Stadt ein.

Die Wagen rumpelten die Kanopische Straße hinunter. Die Gefangenen trotteten auf den steinernen Gehwegen. Und der siegreiche Held grüßte von seinem Triumphwagen aus die Massen.

Am Tempel der Serapis kam die Prozession zum Stehen. Hier wartete Kleopatra, deren goldener Thron auf einer schimmernden silbernen Bühne stand. In ihre prächtigsten Gewänder gekleidet, wirkte sie wie der Inbegriff von Reichtum und Erhabenheit.

Antonius bellte ein Kommando und seine Wachen stießen die Gefangenen vorwärts.

Die Menge verstummte. Jeder wusste, was jetzt geschehen würde: Der armenische König würde in den Staub sinken und der Königin die Füße küssen.

Doch Artavasdes kniete nicht. Er blickte Kleopatra ins Gesicht, ein trotziges Lächeln auf seinen Lippen.

Die Wachen umringten ihn, traten und schlugen ihn. »Knie nieder!«, schrien sie.

Doch Artavasdes kniete immer noch nicht. Sein Gesicht war geschwollen und voller Blut, doch er stand.

»Hallo, Kleopatra«, sagte er.

■

Als sich an diesem Abend Antonius' Männer in den Tavernen zusammendrängten, redeten alle über den so offen zur Schau getragenen Ungehorsam des Königs.

Alle waren sich einig, dass Artavasdes außerordentlichen Mut bewiesen hatte. Etwas zu viel Mut, murmelten einige der Älteren. Kleopatras Wachen erteilten ihm bestimmt gerade eine unmissverständliche Lektion.*

Doch im Festsaal des Palastes verschwendete niemand einen Gedanken an die Gefangenen. Antonius war euphorisch angesichts seines Triumphs, sein Gesicht rot und schweißnass.

Er leerte seinen Weinkelch in einem Zug und beugte sich zu seiner ägyptischen Königin. Er habe eine Überraschung für sie, sagte er mit schwerer Zunge, die sie nie vergessen würde.

Ein paar Tage später konnten die Einwohner Alexandrias sehen, was er gemeint hatte.

Im Herzen der Stadt stand das Gymnasion. Das riesige Gebäude mit seinen Säulengängen war das Zentrum des Lebens in Alexandria. Hier konnten die Männer flanieren, ihren Körper ertüchtigen oder Ballspielen frönen. Hier trafen sie Freunde und Kollegen, lauschten öffentlichen Vorträgen oder entspannten ihre Muskeln in den luxuriösen Bädern.

Normalerweise hatten Frauen hier keinen Zugang, doch heute war es anders. Heute war ein besonderer Tag.

---

* Für den armen Artavasdes nahm die Sache kein gutes Ende. Drei Jahre schmachtete er in Kleopatras Kerker, bis sie ihn schließlich hinrichten ließ.

Schon am Vormittag war es brechend voll gewesen, die Leute hatten sich in jede noch so kleine Ecke gedrängt. Es war ihnen ein großes Fest versprochen worden und die Luft war erfüllt vom Duft der Braten, die sich an den Spießen drehten.

Am gegenüberliegenden Ende des großen Innenhofs hatten die Wachen eine silberne Bühne aufgestellt. Zwei große goldene Thronstühle nahmen das Zentrum der Bühne ein, darunter standen vier weitere, etwas kleinere.

Nun betraten Antonius, Kleopatra und die königlichen Kinder die Bühne, um ihre Plätze einzunehmen.

Antonius war als Neuer Dionysos gekleidet. Auf seinem Kopf trug er einen Efeukranz, in der Hand hielt er einen Stab aus Riesenfenchel, dem Symbol des Weingottes.

Auch Kleopatra trug ihr prächtigstes Gewand, samt einer Krone, die von einer Kobra geziert wurde – die Neue Isis in all ihrer Herrlichkeit.

Unter ihnen saßen die Kinder: der junge Cäsarion, der inzwischen dreizehn Jahre alt war, die sechsjährigen Zwillinge Alexander Helios und Kleopatra Selene sowie, blass und ernst, der zweijährige Ptolemaios Philadelphos.

Antonius hob seine Stimme. Dieser Tag, erklärte er heiser, markiere den Beginn einer neuen Weltordnung.

Er wandte sich an Kleopatra. Von nun an, sagte er, werde sie bekannt sein als »Königin der Könige, deren Söhne Könige sind«.

Dann gab er Cäsarion, der komplett in vornehme römische

Gewänder gehüllt war, ein Zeichen, sich zu erheben. »Lasst die ganze Welt wissen«, fuhr Antonius fort, »dass dieser junge Mann der rechtmäßige Erbe des göttlichen Julius Cäsar ist! Als Sohn eines Gottes wird er ab jetzt als König der Könige bekannt sein!«

Als Nächstes gab Antonius Alexander Helios ein Zeichen. Der kleine Junge sprang von seinem Thron und zeigte der Menge stolz seine Kleider – die Pumphose, die lange Tunika und den Turban mit der Pfauenfeder, wie sie die alten persischen Könige getragen hatten.

»Seht den zweiten König der Könige!«, rief Antonius. »Der Großkönig von Armenien, Atropatene und dem Partherreich!«

Die Menge brach in Jubelgeschrei aus. Niemand schien sich daran zu stören, dass Antonius das Partherreich gar nicht erobert hatte. Alle waren viel zu sehr damit beschäftigt, die Show zu genießen.

Nun stand auch Kleopatra Selene auf. Sie war gekleidet wie ihre Mutter, im fließenden Gewand der nordafrikanischen Mondgöttin. »Hier steht die Königin von Kreta und Kyrene!«, rief Antonius.

Schließlich gab Antonius auch dem kleinen Ptolemaios Philadelphos ein Zeichen. Der Kleine trug eine altmodische makedonische Tracht – hohe Stiefel, einen kurzen roten Umhang und sogar einen flachen Hut mit breiter Krempe – und glich einer Miniaturausgabe von Alexander dem Großen.

»Hier«, sagte Antonius feierlich, »steht der neue König von

Phönizien, Syrien und Kilikien, der Herrscher über ganz Asien vom Hellespont* bis zum Euphrat!«

Erneut brandete Beifall auf. Die Alexandriner waren begeistert.

Nun küssten die Kinder nacheinander ihre Eltern. Die königliche Familie hob ihre Arme zum Gruß. Wieder brüllte die Menge, und die Wachen warfen – mit einer Geste, als würden sie Saat ausbringen – Münzen ins Publikum.

Dann war alles vorbei und das große Fest konnte beginnen.

■

In dieser Nacht, als der Wein durch die Rinnsteine floss und die Lagerfeuer in der Dunkelheit loderten, ließ Kleopatra ihren Blick über die Stadt schweifen.

Hinter ihr schallte Gelächter über die Korridore des Palastes. Antonius und seine Freunde grölten alte Militärlieder, doch sie wollte für einen Moment allein sein.

Andere hätten die »Schenkungen von Alexandria« vielleicht als leere Geste, als Scherz oder als absurde Fantasterei abgetan. Nicht so Kleopatra – für sie war dies der größte Tag ihres Lebens. *Königin der Könige, deren Söhne Könige sind* … Alles, was sie je getan hatte, hatte zu diesem Moment geführt.

Wenige Jahre zuvor war Ägypten noch Gefahr gelaufen, zu

---

* Eine Meerenge, die heute unter einem anderen Namen – die Dardanellen – bekannt ist.

einer römischen Provinz degradiert zu werden. Und nun lag ihr ganz Asien zu Füßen.

Auf dem Papier erstreckte sich ihr Imperium von der Sahara bis zu den Bergen Persiens, vom Fuße des Kaukasus bis zu den Grenzen Arabiens. Und warum hier aufhören? Sie musste nur mit den Fingern schnippen und Antonius' Legionen waren ihr zu Diensten.

Einst, dachte sie, hatte der göttliche Alexander von einem Reich geträumt, das die ganze Welt umspannte. Er hatte davon geträumt, Osten und Westen in einem einzigen Reich zu vereinen, einem Land von ewiger Harmonie.

Warum sollte sie nicht genau das tun? Sie war keine gewöhnliche Sterbliche. Sie war die Neue Isis, auserwählt von den Göttern, um Ägypten zu Ruhm und Ehre zu führen.

Eines Tages würde Cäsarion sein Erbe als Herrscher Roms für sich beanspruchen. Und sie, seine göttliche Mutter, würde auf dem Kapitol stehen, würde ihre Stimme erheben – und die Römer würden vor ihrer Kaiserin niederknien.

Ihr wurde plötzlich kühl. Sie blickte auf.

Eine Wolke hatte sich vor den Mond geschoben. Über dem Meer erhob sich der Wind. Ein Sturm zog auf …

Fröstelnd zog sie ihren Umhang fester um sich. Dann zuckte sie die Schultern und machte sich auf den Weg zurück zum Bankett.

TEIL VIER

SCHACHMATT

15

Der Vorabend der Zerstörung

Die Münze war nicht besonders groß. Octavian hielt sie ins Licht und ihre silberne Oberfläche funkelte in der Herbstsonne.

Der Barbier hinter ihm bewegte sich so lautlos und geschickt, dass Octavian eigentlich nur die Schere wahrnahm, die ihm klappernd durch die Haare fuhr.

»ANTONI ARMENIA DEVICTA«, stand da zu lesen. »Antonius. Armenien ist erobert.«

Er drehte die Münze um. »CLEOPATRAE REGINAE REGVM FILIORVM REGVM.« – »Für Kleopatra. Königin der Könige, deren Söhne Könige sind.«

Einen Moment lang drehte er die Münze hin und her, als prüfe er ihre Beschaffenheit. Dann schnippte er sie lässig dem Barbier zu und lachte laut.

Wie konnte Antonius nur so dumm sein! Begriff er denn wirklich nicht, wie entsetzt die Römer darüber waren, dass er den Triumphzug, eines der ältesten Rituale der Republik, zu einem ordinären Massenbesäufnis in den Gossen Alexandrias gemacht hatte?

Und dann diese lächerliche Veranstaltung im Gymnasion. Welcher Idiot verschenkte Länder, die er nicht erobert hatte? Wie hatte er Kleopatra zur Königin des Ostens machen können? Wie hatte er ägyptischen Kindern römisches Territorium schenken können? Es musste ihm doch klar sein, was man in Rom davon halten würde?

Was Cäsarion betraf, musste Antonius den Verstand verloren haben. Er, Octavian, war Julius Cäsars rechtmäßiger Erbe, nicht dieser ägyptische Bengel!

Und jetzt dieser Silberdenar – Antonius' Kopf auf der einen, Kleopatras auf der anderen Seite. Eine ausländische Königin auf einer römischen Münze! *Wollte* Antonius, dass man ihm den Garaus machte?

Das wirklich Erstaunliche, dachte Octavian, ist aber die Tatsache, dass Antonius so blind dafür ist, wie die Machtverhältnisse sich verschoben haben.

Es war jetzt fast zehn Jahre her, dass sie ihr Triumvirat eingerichtet hatten. Damals hatten die meisten Antonius als den führenden Kopf und Octavian als bloßes Jüngelchen betrachtet, das durch den Zufall seiner Geburt auf die große Bühne katapultiert worden war.

Doch Jahr für Jahr hatte Octavian seine Position gestärkt. Er hatte die alten Aristokraten für sich gewonnen und dann eigene Männer an wichtige Stellen gesetzt. Er hatte klug geheiratet – eine angesehene junge Frau namens Livia Drusilla.

Er hatte die einfachen Römer mit Brot und Spielen umworben. Er hatte die Meere von Piraten und die Hügel von Banditen befreit. Er hatte die ägyptischen Magier vertrieben und die alten Götter wiederbelebt.

Nun ehrte jede Stadt Italiens seinen Namen. Die meisten nannten ihn nicht mehr Octavian, sondern einfach *Imperator.*

Selbst mitten in Rom stand eine goldene Statue von ihm. »Zu Lande und zu Wasser«, so lautete die Inschrift, »hat er den Bürgerkrieg beendet und den Frieden wiederhergestellt.«

Manche, das wusste er, nannten ihn einen Tyrannen. Sie verwiesen auf die Erbarmungslosigkeit, mit der er den armen Lepidus behandelt hatte, wie er ihm nacheinander seine Titel, seine Truppen, seine Provinzen und sein Vermögen genommen und ihn schließlich aus dem öffentlichen Leben verbannt hatte.

Aber so musste das Spiel nun mal gespielt werden. Man gewann oder man verlor. Einen Mittelweg gab es nicht.

Pompeius war tot, Crassus war tot, Cäsar war tot, Cassius war tot, und Brutus war tot. Nur drei von ihnen waren noch übrig.

Er selbst natürlich, dann Antonius … und Kleopatra. Und Letztere würde seine Geheimwaffe sein.

■

Alexandria, wenige Tage später.

Es war wieder mal ein wundervoller Abend gewesen, der Stoff, aus dem die Träume sind: Rosen und exotische Düfte, viel gegrilltes Fleisch und entsprechende Mengen honiggesüßten

Weins. Als Kleopatra sich auf ihrer Couch zurücklehnte, hätte sie zufriedener nicht sein können.

Sie war fünfunddreißig Jahre alt, in der Blüte ihres Lebens. Sie hatte vier Kinder, die ihr nachfolgen konnten, und einen der berühmtesten Generäle der Welt als ihren Gefährten und Beschützer.

Ägypten war sicher. Aus ihren neuen Territorien strömten jeden Tag Silber, Kupfer, Holz und Öl herein.

In der königlichen Werft entstand gerade eine Flotte, um die sie die ganze Welt beneiden würde. Und nahe des Hafens hatten ihre Steinmetze gerade die Arbeit an einer riesigen Anlage beendet – dem Tempel des Cäsar.

Ein Besucher beschrieb dessen Innenräume als über und über mit Gold und Silber verziert und die gesamte Anlage als Gewirr von »Galerien, Bibliotheken, Vorhallen, Sälen, Korridoren und geweihten Hainen, so prachtvoll, wie nur höchste Kunstfertigkeit und viel Geld dies vermochten«. Nirgendwo in der Welt fand sich etwas Vergleichbares.

Sie blickte über den Tisch zu Antonius, der sich gerade eine weitere Auster nahm. Seine Augen funkelten im Kerzenlicht. Der Sieg in Armenien hatte seine Lebensgeister geweckt und er schien wieder ganz der Alte zu sein.

Das Leben machte wieder Spaß. Der Tag gehörte der anstrengenden Regierungsarbeit – Geld sammeln, Tempel bauen, Rechtsstreitigkeiten klären –, doch die Abende waren zum Essen, Trinken und Tanzen da und zogen sich oft bis nach Mitternacht hin.

Kürzlich hatte es beispielsweise folgenden höchst amüsanten Vorfall gegeben: Einer von Antonius' engsten Freunden, Lucius Munatius Plancus, hatte eine Wette gewonnen, indem er vollkommen nackt und blau angemalt zum Bankett erschienen war. Um die Taille hatte er sich einen Fischschwanz gebunden und erklärt, er sei eine Meeresnymphe. Er hatte sich dann auf den Boden geworfen und sehr überzeugend »Fisch an Land« gespielt. Kleopatra und ihre Höflinge hatten Tränen gelacht.

Einen derart grandiosen Einfall musste Kleopatra natürlich toppen. Vor ein paar Tagen hatte sie Antonius wegen seiner Vorliebe für teure Bankette aufgezogen und mit ihm gewettet, dass sie zehn Millionen Sesterzen für ein einziges Abendessen ausgeben könne. »Unmöglich«, hatte Antonius lachend entgegnet. Ein römischer Legionär bekomme etwa tausend Sesterzen *im Jahr* – und sie wolle allen Ernstes behaupten, sie könne das Zehntausendfache *für einen einzigen Abend* ausgeben?

Heute war also der Tag, an dem sie den Beweis antreten wollte – bisher hatte sie Antonius allerdings noch nicht überzeugen können. Obwohl Kleopatras Diener ein goldenes Tablett nach dem anderen angeschleppt hatten, auf denen sich köstlich zubereitete Austern, Tauben, Gänse und Pfaue getürmt hatten, war das alles natürlich für ein königliches Abendessen noch nichts Besonderes. Klar, dass sie Antonius damit noch nicht zufriedengestellt hatte.

Na, dann wollen wir mal, dachte Kleopatra und nickte einem Sklaven zu. Dieser stellte eine gewöhnliche Küchenschüssel, die mit Essig gefüllt zu sein schien, auf den Tisch, verbeugte sich und trat zurück.

Antonius stand der Mund offen. Kleopatra lächelte. Dann fasste sie sich an ihr Ohr, und im nächsten Moment funkelte einer ihrer Perlenohrringe – angeblich der größte und teuerste der Welt – in ihrer Hand.

Bevor sie jemand aufhalten konnte, ließ Kleopatra die Perle in den Essig fallen. Alle am Tisch schnappten nach Luft.

Später sagten manche, die Perle habe sich dank des starken Essigs sofort aufgelöst. Das scheint aber eher unwahrscheinlich. Vielleicht hat sie sich auch fast gar nicht aufgelöst. Oder Kleopatra hatte sie bereits vorher in Essig eingeweicht und die Perle war sozusagen bereits kurz vor der Auflösung.

An das, was dann geschah, haben jedoch alle dieselbe Erinnerung. Während sämtliche Anwesende sie ungläubig anstarrten, setzte Kleopatra die Schale an ihre Lippen, legte den Kopf zurück und trank.

Als sie die Schale wieder auf den Tisch stellte, war die Perle verschwunden.

Jetzt fasste sich Kleopatra ans andere Ohr. Doch Lucius Plancus machte eine Geste in ihre Richtung. Es gebe keinen Grund, eine weitere Perle zu verschwenden, sagte er. »Ich denke, wir sind uns alle einig, dass Antonius verloren hat!«

Jubel und Gelächter erfüllte den Saal. Kleopatra warf Antonius einen triumphierenden Blick zu.

■

Octavian begann seine Kampagne in den ersten Wochen des Jahres 33 v. Chr. Zunächst legte er dem Senat die letzten Berichte über Antonius' Verhalten vor.

Er frage sich, was in Alexandria los sei, sagte er. Und was in seinen alten Kameraden gefahren sei. Wie könne man ein derart unrömisches Gebaren erklären?

Ähnliche Fragen stellten zur selben Zeit seine Agenten beim freundlichen Plausch auf dem Markt, in der Arena, im öffentlichen Bad und in der Kaserne. Die einen hielten ihn schlicht für arrogant, die anderen für ständig betrunken. Manche sagten, er habe von Anfang an vorgehabt, seine Kinder zu Königen und Königinnen zu machen, andere meinten, er sei vor lauter Hass auf sein eigenes Land verrückt geworden.

Und was sollten eigentlich diese ständigen Auftritte als Dionysos? Der Weingott sei ja schließlich ein Grieche, einer aus dem Osten – und damit im höchsten Maße unseriös und suspekt. Welcher ordentliche Römer wollte sich schon mit so jemandem abgeben?

Und mit jedem Tag wurden die Geschichten schockierender. Antonius habe sich den seltsamsten ägyptischen Kulten verschrieben. Er habe seine römischen Tugenden verloren und sei dem Luxus verfallen.

Er faulenze von früh bis spät auf einer vergoldeten Couch, trage ein juwelenbesetztes Gewand und ein orientalisches Zepter. Er trinke unablässig den Wein der Einheimischen und entleere sich in einen Nachttopf aus massivem Gold.

Abend für Abend nehme er absonderliche und unrömische Speisen zu sich, gehorche wie gebannt den Launen seiner ägyptischen Königin. Während der Bankette im Palast massiere er ihr sogar wie ein Sklave die Füße.

War an irgendeiner dieser Geschichten etwas dran? Wir können es nicht sagen. Alles, was wir über Antonius und Kleopatra wissen, stammt von römischen Historikern, die alle hie und da auch zu Übertreibungen neigten.

Doch Antonius zahlte es Octavian mit gleicher Münze heim und setzte seinerseits Gerüchte in die Welt, dass Octavian grausam und habgierig sei, ein Tyrann und ein Feigling.

Seine Vorfahren seien Seilmacher, Geldwechsler, Bäcker und Krämer gewesen. Während er, Antonius, in Philippi gekämpft habe, habe Octavian sich aus dem Staub gemacht und vorgegeben, krank zu sein. Er sei so unmännlich, dass er sich die Beine mit glühenden Walnussschalen rasiere, wie eine Frau.

Doch Antonius' Vorwürfe liefen ins Leere, weil die meisten Römer viel lieber Kleopatra-Geschichten hören wollten.

Seit Jahrhunderten liebten die Römer schon den Klatsch und Tratsch über das seltsame Treiben in Alexandria – von den blutigen Familienfehden der Ptolemäer bis zu deren widernatürlichen Geschwisterehen. Ja, das war Ägypten, sagten sie dann – ein Land von unermesslichem Reichtum und Luxus, aber eben auch eines voller Grausamkeit, Verderbtheit und Lasterhaftigkeit.

Als Octavians Agenten Kleopatra also als Zauberin beschrieben, die Antonius verhext und zu ihrem Sklaven gemacht hatte, glaubten dies viele. Wenn Kleopatra magische Fähigkeiten besaß, dann war Antonius' Verhalten absolut erklärbar. Er war eben »von dieser verfluchten Frau verzaubert worden«, wie es ein römischer Autor ausdrückte.

Aber das war noch nicht alles. Kleopatras eigentliches Ziel, sagten Octavians Agenten, sei Rom selbst. Wenn sie bereit war, würde sie mit ihren Truppen in Italien landen, die Republik zerstören und sich selbst zur Kaiserin der Welt erklären.

Kleopatras Freunde konnten darüber nur lachen. Doch viele einfache Römer glaubten all das – und Schlimmeres.

In den Badehäusern und auf den Marktplätzen hieß es, sie verkehre mit Schlangen, beschwöre Geister und braue ihre eigenen Zaubertränke. Sie sei eine Mörderin und Giftmischerin, eine neue Medea, die Hexenkönigin in den Sagen vom Goldenen Vlies.

Der Dichter Horaz nannte sie *fatale monstrum*. Und genauso sahen sie auch die meisten Römer – als tödliches Ungeheuer.

▪

Das ganze Jahr 33 v. Chr. hindurch tobte der Krieg der Worte. Kleopatra und Antonius konnten tun, was sie wollten, es gelang ihnen nicht, der Flut von Verleumdungen seitens Octavians Agenten Einhalt zu gebieten.

Als dann am ersten Tag des Jahres 32 v. Chr. zwei von Antonius' Freunden als Konsuln die wichtigsten Posten der Republik übernehmen sollten, erreichte der Konflikt einen neuen Höhepunkt.

Einer der beiden, Gaius Sosius, war offensichtlich auf Krawall gebürstet. Er erhob sich im Senat von seinem Platz, um Antonius zu verteidigen und Octavian, der sich auf seinem Landsitz aufhielt, heftig anzugreifen.

Octavian nahm die Herausforderung umgehend an. Nur wenige Tage später war er im Senat mit seinen Unterstützern zur Stelle.

Es seien Antonius und seine Freunde, erklärte er, die den Frieden in Rom gefährdeten. Und falls der Senat noch irgendwelche Beweise brauche, so würde er »gewisse Dokumente« vorlegen, die bewiesen, wer die wahren Verräter seien.

Octavians Stimme war so kühl und beherrscht wie immer. Doch während er sprach, öffneten seine Unterstützer ihre Togas, sodass alle die Dolche in ihren Gürteln sehen konnten.

Die beiden Konsuln verließen am nächsten Tag die Hauptstadt fluchtartig in Richtung Osten. Begleitet wurden sie von über dreihundert Senatoren, mindestens einem Drittel aller Senatsmitglieder, die das, was sie als Octavians Versuch ansahen, sich zum Diktator zu machen, zutiefst beunruhigt und erschreckt hatte.

Sie trafen mit Antonius und Kleopatra in Ephesos zusammen – einer Stadt im Westen der heutigen Türkei mit hoch aufragenden Tempeln und weitläufigen Amphitheatern, das Meer auf der einen, die Berge auf der anderen Seite. Das bekannteste Paar der mediterranen Welt hätte sich keinen romantischeren Rückzugsort aussuchen können.

Doch Antonius und Kleopatra waren nicht nach Ephesos gekommen, um Urlaub zu machen. Sie waren – jetzt, da Octavians Absichten klar waren – gekommen, um sich auf den Krieg vorzubereiten.

Die ersten Wochen hatten sie damit verbracht, ihre Kräfte zu formieren, hatten Schiffe und Soldaten aus sämtlichen östlichen Provinzen zusammengezogen. Der weite blaue Horizont war getupft mit Hunderten und Aberhunderten Segeln – die größte Armada, die die meisten jemals gesehen hatten.

Auf den Kais herrschte geschäftiges Treiben. Zwischen Wagenladungen Proviant und Waffen und vor Gold und Silber überquellenden Kisten tummelten sich Zehntausende Legionäre, berittene Soldaten, Stallknechte und Diener.

Und aus all dem Chaos ragte eine Gestalt heraus: Kleopatra, die Verkörperung von Reichtum und Erhabenheit.

Trotzdem fühlten sich viele von Antonius' Freunden äußerst unwohl bei dem Gedanken, hinter der Königin des Nils in den Krieg zu marschieren – eine Frau, die von den meisten Römern als böse Zauberin angesehen wurde. Nicht wenige murrten, dass ihre bloße Anwesenheit in Ephesos Octavian in die Hände spiele und dass es besser wäre, sie nach Alexandria zurückzuschicken.

Zunächst schien Antonius diese Bedenken ernst zu nehmen. Bei einem der Geschichtsschreiber lesen wir, dass Antonius sogar versprach, Kleopatra zu sagen, sie solle »nach Ägypten zurückkehren, um dort das Ende des Krieges abzuwarten«.

Doch Kleopatra hatte andere Pläne. Sie wies Antonius darauf hin, dass es *ihr* Gold war, das diesen Krieg finanzierte; *ihr* Holz, mit dem seine Schiffe gebaut wurden; und *ihr* Brot, das seine Armee ernährte. Und was ihre eigenen Seeleute und Soldaten betraf – die würden für sie und nur für sie kämpfen.

Und überhaupt: Hatte sie nicht sogar die Pflicht, hierzubleiben? Sie verstand genauso viel von Krieg und Politik wie jeder Mann. War sie nicht die Pharaonin von Ägypten? Wusste ein gewöhnlicher Senator etwa mehr als sie?

Die Worte verfehlten ihre Wirkung nicht. Antonius gab nach. Doch insgeheim schüttelten viele seiner Offiziere den Kopf.

Für einen von Antonius' Freunden, einen Burschen namens Geminius, war das alles zu viel. Eines Nachts, als der Wein in Strömen floss, brach es plötzlich aus ihm heraus: »Ob nüchtern oder betrunken, eines weiß ich sicher – dass die Dinge viel besser liefen, wenn Kleopatra nach Ägypten zurückgeschickt würde.«

Bei seinen Worten machte sich am Tisch eine beklemmende Stille breit. Antonius' Gesicht war vor Wut knallrot angelaufen. Doch Kleopatra lächelte nur.

»Du hast gut daran getan, die Wahrheit zu sagen, Geminius«, entgegnete sie mit sanfter Stimme. »Jetzt müssen wir dich nicht mehr foltern.«

Eine Woche später floh Geminius und lief zu Octavian über.

▪

Als der Frühling kam, schifften sich Antonius und Kleopatra mit ihren Truppen nach Westen ein, Richtung griechisches Festland.

Unterwegs machten sie Station auf Samos, einer Insel von grüner, bewaldeter Schönheit, berühmt für ihren edlen Wein und ihre roten Töpferwaren. Sie hatten ein rauschendes Fest organisiert, das Schauspieler, Akrobaten, Tänzerinnen und Musiker aus allen Teilen der griechischen Welt anzog.

Wieder einmal schüttelten Antonius' Offiziere ihre Köpfe. Würde das Octavian nicht noch mehr Munition liefern?

Doch Antonius amüsierte sich einfach zu gut und winkte ab. Das Fest war eine weitere Gelegenheit, sich mittels Tierfellen, eines purpurfarbenen Umhangs und eines Efeukranzes als Dionysos zu verkleiden.

Im Mai zog das Paar nach Athen weiter, wo ihnen die Einheimischen einen stürmischen Empfang bereiteten. Einigen seiner Freunde schien Antonius verliebter denn je.

Er überredete die Athener, eine Kleopatra-Statue auf der Akropolis – dem großen Felsplateau über der Stadt – zu errichten. Während Sitzungen, in denen wichtige Entscheidungen getroffen werden mussten, las er lieber ihre Briefe. Einmal unterbrach er sogar eine Gerichtsverhandlung und rannte auf die Straße, weil er durch ein Fenster gesehen hatte, wie man ihre Sänfte vorbeitrug.

Manche dieser Geschichten mögen übertrieben sein, doch

sicher nicht alle. Einigen seiner Offiziere war sein Verhalten so peinlich, dass sie kaum hinschauen konnten. Was war nur in ihn gefahren? Hatte sie ihn wirklich verzaubert oder hatte er seinen Verstand verloren?

Und dann beging Antonius tatsächlich eine große Dummheit. Seit dem Fiasko des Partherfeldzugs lebte seine Frau Octavia friedlich in ihrer beider Villa in Rom und kümmerte sich um die gemeinsamen Töchter sowie um Antonius' Söhne.

Und Antonius fiel jetzt nichts Besseres ein, als einige seiner Männer nach Rom zu schicken, um sie auf seinen Befehl hin rauszuschmeißen. Er habe genug von ihr, er wolle die Scheidung.

Binnen Stunden sprach die ganze Stadt darüber: Eine unschuldige junge Mutter, natürlich in Tränen aufgelöst, mit ihren Kindern einfach vor die Tür gesetzt.* Als Octavian davon erfuhr, verhärteten sich seine Gesichtszüge.

Antonius wollte dieses Spiel also mit harten Bandagen spielen. Nun gut, das konnte er haben …

Wenige Tage später erschien Octavian im Tempel der Vesta, der Göttin des Herdfeuers. Hier bewahrten die Priesterinnen eine Reihe geheimer Dokumente auf, darunter die Testamente von Roms wichtigsten Politikern.

---

* Octavias Bruder fand allerdings eine neue luxuriöse Bleibe für sie. Er sorgte auch dafür, dass sie gut behandelt wurde, und erklärte es sogar für strafbar, sie zu beleidigen – was ohnehin niemand gewagt hätte.

Er sei gekommen, um Antonius' Testament zu holen, erklärte er kühl. Falls sie sich weigerten, würde er es mit Gewalt an sich nehmen.

Am nächsten Tag kam er in den Senat, eine Abschrift des Testaments in seinen Händen. Als er es vorzulesen begann, runzelten einige der Anwesenden die Stirn. Sie hielten es für eine »seltsame und schmerzliche Angelegenheit«, schrieb der Historiker Plutarch, »dass ein lebender Mann Rechenschaft darüber ablegen sollte, was er nach seinem Tode wünschte«.

Doch als Octavians Stimme durch den Saal hallte, verwandelte sich ihre Missbilligung in Fassungslosigkeit. Denn Antonius' Testament hätte unglücklicher nicht sein können. Zum einen pochte er darauf, dass Kleopatras Sohn Cäsarion, nicht Octavian, der wahre Erbe Julius Cäsars sei. Zudem bestätigte er alle Gebietsschenkungen an Kleopatra und ihre Kinder und vermachte ihnen den Großteil seines Besitzes.

Bei diesen Worten ging ein Raunen durch die Bänke der Senatoren. Was dachte sich Antonius nur dabei?

Es komme noch schlimmer, sagte Octavian dann finster. *Viel* schlimmer. Denn Antonius habe verfügt, dass, selbst wenn er in Rom sterbe, sein Leichnam nach Ägypten gebracht und dort neben Kleopatra beigesetzt werden solle. Mit anderen Worten: Er wollte als Alexandriner seine letzte Ruhe finden.

Der junge Feldherr ließ seinen triumphierenden Blick durch den Saal schweifen.

Dies sei der Beweis, dass Antonius Hexerei zum Opfer gefallen sei, seinen Verstand verloren und sein Heimatland verraten habe!

Zustimmende Rufe hallten durch den Saal. Einige Senatoren waren aufgesprungen, verfluchten Antonius' Namen und forderten Kleopatras Kopf.

Nachdem Octavian seinen Platz wieder eingenommen hatte, blickte er zu seinem Freund Marcus Agrippa hinüber und zwinkerte ihm kurz zu.

■

Im Spätsommer verlegten Antonius und Kleopatra ihre Armee weiter nach Westen und stationierten ein Truppenkontingent an jedem wichtigen Hafen entlang der griechischen Küste.

Ihr Plan war offensichtlich: einen Verteidigungsvorhang zu errichten, um die Seewege nach Alexandria und die reichen Städte Kleinasiens zu schützen.

Doch insgeheim wuchs der Unmut unter Antonius' Offizieren. Sollten nicht *sie* die Initiative ergreifen? Wenn sie sich beeilten und in Italien landeten, ehe Octavian seine Truppen zusammenziehen konnte, würden sie binnen weniger Wochen auf Rom zumarschieren können.

Kein Befehlshaber konnte es mit Antonius' militärischer Erfahrung aufnehmen. Warum spielte er diese Erfahrung nicht aus, indem er dem Feind seine Regeln aufzwang?

Sie alle kannten die Antwort: Kleopatra.

Ihr ganzes Leben lang hatte Ägypten für Kleopatra an erster

Stelle gestanden, wie ihr Vater sie dies einst gelehrt hatte. Aber wenn sie Antonius ihre Schiffe überließ, um in Italien einzufallen, würde Ägypten schnell in Vergessenheit geraten.

Er würde sie niemals mitnehmen, weil ihre bloße Anwesenheit die Römer gegen ihn aufbringen würde. Doch wenn Antonius siegte, würde er dann jemals nach Alexandria zurückkehren?

Nein, er würde zweifellos in Rom bleiben und römische Statthalter entsenden, um die östlichen Königreiche zu kontrollieren. Kleopatras Traum von einem ägyptischen Imperium, das von Alexandria aus regiert wurde, wäre ein für alle Mal ausgeträumt.

So ließ Antonius nun also auf Kleopatras Drängen hin seine Truppen entlang der griechischen Küste aufmarschieren: fünfhundert Kriegsschiffe, dreißig Legionen und von Verbündeten zur Verfügung gestellte Hilfstruppen mit Abertausenden Soldaten. Und dort warteten sie, Woche um Woche …

Der Herbst kam, gefolgt von einem kalten, grauen Winter. Antonius' Männer kauerten um die Lagerfeuer und warteten ungeduldig auf Befehle, die niemals kamen.

Von ihrem neuen Hauptquartier am Hafen von Patras aus blickte Kleopatra nachdenklich über das graue Wasser. Unter dem trüben Himmel lagen Hunderte Schiffe vor Anker und warteten und warteten …

In Rom stimmte der Senat dafür, Antonius seine verbliebenen Titel zu entziehen. Er sei ganz eindeutig »unter fremdem Einfluss und nicht Herr seiner Sinne«, hielt Plutarch den Urteilsspruch fest. Er habe sich »einer Frau ausgeliefert« und müsse den Preis dafür zahlen.

Am nächsten Tag erklärte Octavian Kleopatra auf dem Campus Martius offiziell den Krieg. Zu diesem Anlass sollte es eine besondere Zeremonie geben – »inspiriert von den Vorvätern«, wie Octavian sagte; so mancher hatte allerdings eher das Gefühl, dass er sie sich selbst ausgedacht hatte.

Vor dem Tempel der Kriegsgöttin Bellona stand eine hohe Steinsäule. An dieser Säule trat Octavian – gemessenen Schrittes und in voller Militärtracht – vor die Augen der gespannten Menge.

Langsam hob er einen Holzspeer, von dem Schweineblut tropfte, über seinen Kopf. Dann schleuderte er den Speer über die Steinsäule hinweg in Richtung Ägypten.

Krieg.

Das war sie also, die Stunde des Schicksals. Auf der einen Seite Octavian – Herrscher von Rom und Verfechter der Sache des Westens. Auf der anderen Seite Antonius und Kleopatra – die Erben Alexanders und Verteidiger des Ostens.

In den nächsten Monaten würde sich die Zukunft der Welt entscheiden. Lag sie in Ägypten oder in Rom?

Auf den Straßen Süditaliens ratterten die Wagen der Küste entgegen. In den Häfen schufteten die Männer bis tief in die Nacht, um die Transportschiffe für Octavians Legionen vorzubereiten.

Von der anderen Seite des Mittelmeeres kamen unablässig Berichte, die viele als Omen deuteten. Die italienische Stadt Pisaurum, wo Antonius seinen verdienten Soldaten Häuser und Höfe zugedacht hatte, war von einem Erdbeben zerstört worden. Woanders hatte eine seiner Statuen salzige Tränen geweint. Und in Athen war eine Dionysos-Statue vom Wind von ihrem Sockel gerissen worden und direkt in ein Amphitheater gestürzt.

Das neue Jahr begann, doch nichts geschah. Allem Anschein nach wollte keine Seite den ersten Schritt machen.

Der Frühling kam und auf den Feldern blühten die wilden Blumen. Noch immer passierte nichts. Auf den April folgte der Mai, auf den Mai der Juni …

Dann schlug Octavian mit der Schnelligkeit einer Kobra zu.

16

Actium

Wenn man heute die Küstenstadt Methoni besucht, wird man sich einen ruhigeren, idyllischeren Ort kaum vorstellen können.

Eine prächtige Festung erhebt sich über das glitzernde Wasser. Am weiten blauen Horizont dümpeln Boote im Sonnenschein. Kinder planschen fröhlich im seichten Wasser, während sich ihre Eltern im goldenen Sand ausstrecken.

Methoni, an der Südspitze Griechenlands, scheint der ideale Ort, um all seine Sorgen zu vergessen.

Doch genau hier begann im Frühjahr 31 v. Chr. der Krieg.

Die Angreifer kamen im Morgengrauen. Sie brachen wie eine Sturmflut über den Strand herein, ihre Helme glitzerten im Morgenlicht, ihre Schwerter waren für das Gemetzel geschärft.

Antonius' Männer kämpften verbissen, doch sie hatten keine Chance. Nach wenigen Stunden wurde ihr Anführer zum Hafen geschleppt und hingerichtet.

Als seine Soldaten am Abend auf ihren Sieg anstießen, war Octavians alter Freund Marcus Agrippa bereits wieder in die Landkarte vertieft und plante den nächsten Angriff.

Ihre Strategie war klar. Von Methoni aus würden sich seine Männer die Küste hinaufarbeiten und eine Militärbasis nach der anderen ausschalten. Derweil brachten weiter im Norden Octavians Transportschiffe Tausende Soldaten einer Eliteeinheit auf die Insel Korfu.

Von Korfu war es nur ein Katzensprung nach Epirus im äußersten Norden Griechenlands. Und danach war es nur noch eine Frage der Zeit, bis sie Antonius in die Enge getrieben hatten und er wie eine Ratte in der Falle saß.

Wie Octavian war auch Agrippa noch ein junger Mann, untersetzt und pausbäckig. Seine Feinde verachteten ihn wegen seiner Herkunft aus bescheidenen Verhältnissen, seiner ruhigen Art, seinem methodischen Ernst und seinem Pflichtgefühl.

Doch Agrippa wusste, wie man Krieg führte und Schlachten gewann. Und das war es schließlich, worauf es ankam.

■

Wieder begannen also zwei rivalisierende Feldherrn, ihre Truppen wie Spielfiguren auf einem Schachbrett herumzuschieben.

Während Octavians Männer in Korfu landeten, schlugen Antonius und Kleopatra ein neues Hauptquartier am Golf von Ambrakia auf, einem großen sichelförmigen Hafen auf halber Höhe der griechischen Westküste.

Auf der Südseite des Golfs, nahe des abgelegenen Dorfes Actium, befand sich eine flache Landzunge, die aufs Meer hinausragte. Der perfekte Ort, befand Antonius, um sowohl Octavian als auch den wichtigen Seeweg nach Alexandria im Auge zu behalten.

Octavian ließ nicht lange auf sich warten. Er marschierte die Küste hinunter und errichtete seine Basis auf der gegenüberliegenden Seite des Golfs, von wo aus seine Männer die Fahnen, die über Antonius' Lager wehten, gerade noch mit bloßem Auge erkennen konnten.

Auf dem Papier waren beide Seiten in etwa gleich stark. Antonius und Kleopatra verfügten über ungefähr fünfhundert Schiffe und hunderttausend Soldaten. Octavian und Agrippa hatten wahrscheinlich etwas weniger Schiffe und ungefähr achtzigtausend Soldaten, die allerdings besser ausgebildet waren.

Die eigentliche Frage war, ob die entscheidende Auseinandersetzung auf dem Wasser oder an Land stattfinden würde. Die meisten von Antonius' Offizieren wollten unbedingt an Land kämpfen, wo dessen Erfahrung unübertroffen war.

Es wäre Wahnsinn, murmelten nicht wenige, sich auf eine Seeschlacht einzulassen. Octavians Truppen seien professionell und gut organisiert, während ihre eigenen aus Vagabunden, Maultiertreibern und Tagelöhnern aus der griechischen Provinz bestünden.

Antonius konnte spüren, wie der Druck zunahm. Er dachte an die wichtigen Schifffahrtsrouten nach Alexandria. Falls Marcus Agrippas Flotte den Golf von Ambrakia erreichte und ihn von den ägyptischen Werften und Kornspeichern abschnitt, würde er sich in einer prekären Lage befinden.

Was sollte er machen? Die Zelte abbrechen und Richtung Landesinneres marschieren? Oder doch einen Ausbruch über das Meer versuchen?

Seinen Offizieren erschien Antonius vor Unentschlossenheit wie erstarrt. Er hatte in seinem Leben schon viele waghalsige Manöver unternommen, doch jetzt, da es darauf ankam, war er unfähig, eine Entscheidung zu treffen.

Und währenddessen nahmen die feindlichen Schiffe einen Hafen nach dem anderen ein, rollten die ägyptischen Versorgungslinien von hinten auf und kamen näher und näher …

▪

Die Diener zogen den Eingang von Kleopatras Zelt auf. Die Wachen machten einen Schritt zur Seite, und die Herrin beider Länder trat hinaus in die morgendliche Hitze und versuchte, die Fliegenschwärme und den Gestank zu ignorieren.

Ehe sie ihre königliche Miene aufsetzte, verriet ihr Gesicht für eine Sekunde ihre wahren Gefühle. Ihr war heiß, sie langweilte sich, und sie fühlte sich elend.

Um sie herum nichts als Zelte und Karren, Fahnen und Banner. Das struppige Gras war mit Gerätschaften übersät: Schwerter, Speere, Schilde, Helme, Stiefel, Brustpanzer, Fässer, Zaumzeug.

Hier polierten drei römische Legionäre ihre Schilde, dort hockten thrakische Söldner um ein Feuer und brieten sich etwas. Hier standen ein paar Syrer zusammen und lachten über einen Witz, dort starrte eine Gruppe schwarzbärtiger Armenier argwöhnisch in ihre Richtung.

Kleopatra blickte zum westlichen Horizont hinüber. Sie waren immer noch da – diese verhassten schwarzen Flecken, die seit Wochen einer neben dem anderen auf der dünnen Linie zwischen Meer und Himmel saßen.

Marcus Agrippas Seeblockade – eine lange Reihe von Schiffen, die die Einfahrt zum Hafen bewachten und es für jeden unmöglich machten, hinein- oder hinauszugelangen.

Was für eine Närrin sie doch gewesen war, nicht rechtzeitig von hier zu verschwinden. Jetzt saß sie in dieser sumpfigen Öde fest, mit nichts als Antonius' jämmerlichen Soldaten und Tausenden von Fliegen als Gesellschaft.

Ihre Laune wurde von Tag zu Tag schlechter. Das Wasser war faul und brackig, das Essen spartanisch. Einige ihrer Wachen litten seit Kurzem unter schrecklichen Darmkrämpfen, jeden Tag erkrankten Hunderte Soldaten.

Das waren nicht die einzigen schlechten Nachrichten. Fast jede Woche verschwand einer von Antonius' Verbündeten aus dem Lager, um kurz danach an Octavians Seite wieder aufzutauchen.

Antonius schien alldem ohnmächtig zuzusehen. Als er hörte, dass einer seiner engsten politischen Freunde, Domitius Ahenobarbus, ein Boot gestohlen und quer über den Golf zum Lager von Octavian gerudert war, schickte Antonius ihm wenige Tage später sogar sein Gepäck hinterher!

Als sie sich darüber stritten, beharrte Antonius darauf, dass das eben die anständige römische Art sei – Kleopatra traute ihren Ohren nicht. Hätte sich ein ägyptischer Höfling so verhalten, hätte sie seinen Kindern eigenhändig die Kehle durchgeschnitten. Das hier war kein Spiel, sondern Krieg!

Sie würde diese Römer nie verstehen. Und sie wusste, dass das auf Gegenseitigkeit beruhte. Wann immer sie ihr Zelt verließ, konnte sie sehen, wie Antonius' Männer sie anstarrten und hinter vorgehaltenen Händen miteinander tuschelten.

Und da war noch etwas. Alle paar Tage berichteten ihre Wahrsager von bösen Ohmen.

Man hatte Blut aus Gläsern mit Bienenwachs tropfen sehen. Schwalben hatten ihr Nest ganz oben im Mast ihres Flaggschiffs gebaut. Und am unheilvollsten von allem: Ihre Statue auf der Akropolis war während eines Sturms umgestürzt und in tausend Stücke zerbrochen.

Kleopatra versuchte, all das zu ignorieren. Sie sagte sich, dass sie sich keine Sorgen machen müsse, dass das alles nur Zufälle seien, die nichts zu bedeuten hatten.

Doch tief in ihrem Inneren wusste sie es besser. Seit sie ein kleines Mädchen war, hatte sie die Anwesenheit der Götter gespürt. Und sie wusste, dass es Wahnsinn war, ihnen nicht zuzuhören, wenn sie sprachen.

Und jetzt, vielleicht zum ersten Mal in ihrem Leben, hatte sie Angst.

■

August. Es war jetzt fast unerträglich heiß, die Luft erdrückend feucht. Wenn morgens die Sonne aufging, fielen Schwärme von Stechmücken über das Lager her.

Kleopatra blieb fast die ganze Zeit über in ihrem Zelt, während ihre Diener Parfum versprühten, um den Gestank zu vertreiben. Die Stimmung war auf dem Nullpunkt. Nur am späten Nachmittag wehte vom Meer her eine leichte Brise und verschaffte ein wenig Linderung. Wenn dann die Dämmerung anbrach, kehrten mit erbarmungsloser Regelmäßigkeit die Stechmücken zurück.

Die Blockade war nun undurchlässiger denn je und Kleopatra hatte jede Hoffnung auf Hilfe aus Alexandria aufgegeben. Antonius hatte seine Männer angewiesen, Lebensmittel aus den Dörfern weiter landeinwärts zu beschlagnahmen und Ortsansässige zusammenzutreiben und sie zu zwingen, die Getreidesäcke ins Lager zu schleppen.

Die Hitze stieg immer weiter – und mit ihr die Anspannung.

In der letzten Augustwoche rief Antonius zur Lagebesprechung. Sie trafen sich in seinem Zelt: Hauptmänner, verbündete Könige, Senatoren, Chefberater und – natürlich – Kleopatra.

Antonius blickte sich langsam um, seine Augen blutunterlaufen, sein Gesicht schweißnass. Ihre Lage sei sehr ernst, sagte er düster, und sie werde immer schlimmer.

Seit mehr als drei Monaten seien sie von der Blockade eingeschlossen. Schon bald komme der Herbst und danach würden die Winterstürme aufziehen. Es gebe in der näheren Umgebung nicht mehr genug Lebensmittel, um hier weiter auszuharren zu können.

Auf die eine oder andere Weise musste ihnen der Ausbruch gelingen. Die Frage war nur, wie.

Es war Antonius' Freund Publius Canidius, der zuerst sprach. Die Antwort liege auf der Hand, sagte er freiheraus. Antonius sei ein landerprobter Feldherr. Seine Stärke liege in seinen Legionen, und das seien Landstreitkräfte. Sie sollten sich also nach Osten in Richtung Epirus, Makedonien und Thrakien durchkämpfen, dann über den Hellespont nach Asien und von dort aus südwärts nach Ägypten marschieren.

Während er sprach, machte sich ein zustimmendes Gemurmel unter den anderen Römern breit. Alles schien so klar zu sein.

Dann sprach Kleopatra und ihre Stimme bebte vor Erregung. Welcher Irrsinn! Welche Torheit!

Wenn sie ins Landesinnere zögen, müssten sie ihre Schiffe zurücklassen. Erwarten sie das allen Ernstes von ihr? Und was dann? Wie sollten sie ohne eine Flotte gewinnen? Wie sollten sie jemals nach Rom gelangen?

Der einzig vernünftige Weg, sagte sie hitzig, bestehe darin, ihre Flotte zu nutzen und den Feind auf dem Wasser zu stellen. Selbst wenn die Schlacht ungünstig verlaufe, könnten sie immer noch die Blockade durchbrechen und sich bis Ägypten durchschlagen. Dort könnten sie sich erholen, neue Legionen rekrutieren und im nächsten Jahr eine neue Offensive starten.

Alle Augen richteten sich auf Antonius. Der sagte zunächst kein Wort. Dann nickte er langsam.

Kleopatra hatte recht. Genau so würden sie es machen.

■

1. September 31 v. Chr., später Nachmittag.

Am Strand verbrannten Kleopatras Männer ihre Transportschiffe. Morgen würden sie nur ihre stärksten und schnellsten Kriegsschiffe brauchen – mit Metallverstrebungen, die sie widerstandsfähiger machten, und heimtückischen Bronzerammen am Bug.

In der Nähe verstauten Seeleute Masten, Segel und Takelage auf den verbliebenen sechzig ägyptischen Schiffen. Nichts davon würde ihnen in der Schlacht irgendetwas nützen, alles davon war aber unentbehrlich, falls sich Kleopatra zu einer schnellen Flucht entschloss.

Über dem Strand von Actium stieg der Rauch auf und einige Römer tauschten verwirrte Blicke. Wollte die Königin kämpfen oder fliehen? Wenn sie kämpfen wollte, was sollte dann das ganze übrige Zeug?

Doch sie wurden nicht dafür bezahlt, Fragen zu stellen, sondern dafür, Befehle auszuführen.

Antonius schritt von Zelt zu Zelt, gab Anweisungen und sprach seinen Männern Mut zu. Die meisten nickten einfach, doch ein Zenturio der Infanterie, dessen Gesicht von unzähligen Narben gezeichnet war, fasste sich ein Herz.

»General!«, sagte er. »Warum vertraut Ihr nicht auf unsere Narben und unsere Schwerter? Warum setzt Ihr auf diese elenden Holzklötze? Wenn diese Ägypter auf dem Meer kämpfen wollen, dann lasst sie. Doch lasst uns an Land kämpfen, wie wir es immer getan haben. Lasst uns siegen oder sterben!«

Einige seiner Kameraden murmelten zustimmend. Doch Antonius entgegnete nichts. »Mit einem Blick und einer Geste«, so ein Chronist, »ermunterte er den Mann, guten Mutes zu sein, dann ging er weiter.«

Die Nacht brach herein. In ihren Zelten schnarchten einige der Soldaten. Die, die vor Anspannung und Angst nicht schlafen konnten, beteten, unterhielten sich oder starrten einfach in die Luft.

Unterdessen bewegten sich am Strand ein paar Gestalten durch die Dunkelheit. In völliger Stille, um ihre Kameraden nicht zu wecken, luden Kleopatras vertrauenswürdigste Männer ihre Schätze auf ihr prächtiges Flaggschiff, die *Antonia*.

Die Königin hatte sich bereits entschieden. Was morgen auch immer geschah, ob Sieg oder Niederlage, sie würde nach Ägypten zurückkehren.

■

Über dem Golf von Ambrakia graute der Morgen. Ein purpurrotes Band zog sich über den Himmel. Kein Lüftchen regte sich und es war bereits sehr heiß.

In der Bucht liefen die Vorbereitungen auf Hochtouren.

Antonius' Kapitäne legten selbst hier und da mit Hand an, während ihr oberster Befehlshaber in einem kleinen Ruderboot von Schiff zu Schiff gebracht wurde. Jedes Mal rief er der Besatzung ein paar aufmunternde Worte zu, die von dieser mit einem Kampfschrei beantwortet wurden.

Schließlich war alles so weit. Über zwanzigtausend Soldaten, Bogenschützen und Schleuderer waren an Bord und bereit zum Kampf.

Kleopatra stand bewegungslos am prachtvoll verzierten Bug der *Antonia* und fixierte die feindlichen Kriegsschiffe, die sich am Horizont aufreihten wie an einer Perlenkette.

Ihre Haut prickelte vor Aufregung angesichts des Schreckens der bevorstehenden Schlacht. Sie spürte die Sonne auf ihren Schultern und das Pochen der Adern in ihren Schläfen.

Allmählich schob sich die Flotte hinaus in die Bucht, Reihe um Reihe eisenbeschlagener Kriegsschiffe – riesig, prächtig, stolz.

Die Trommeln dröhnten. Die Ruderer sangen. Die Bogenschützen legten ihre Pfeile an, die Soldaten zogen ihre Schwerter.

Antonius stand unbeweglich an Bord seines Flaggschiffs, seine Miene starr und verschlossen. Die Ruder schlugen auf die schäumende See. Vom Ufer aus sahen Zehntausende Kavalleristen und Infanteristen zu und warteten.

Jetzt schoben sich Antonius' Kriegsschiffe nach vorne und nahmen ihre Position ein. Das war der Plan. Antonius würde mit etwa zweihundert Schiffen den Angriff anführen, während Kleopatra ihre sechzig Schiffe in der Hinterhand hielt.

Antonius' Schiffe preschten vor und nahmen weiter Fahrt auf, die Sonne in ihrem Rücken. Die feindliche Linie kam immer näher: Marcus Agrippa auf der linken, Octavian auf der rechten Seite.

Der Wind war jetzt stärker geworden, peitschte von Nordwesten her übers Wasser und trieb Antonius' mächtige Kampfschiffe immer schneller dem Feind entgegen. Er schrie jetzt Befehle, die von Schiff zu Schiff weitergebeben wurden. Aus einer Linienformation wurde eine Sichel – er wollte die Flanken stärken und nahm dafür in Kauf, dass das Zentrum seiner Angriffsformation verwundbarer wurde.

Die Luft war erfüllt von Trommeln und Trompeten, von gebrüllten Kommandos und salziger Gischt. Der Feind war jetzt sehr, sehr nah. Kleopatra stand immer noch am Bug der *Antonia*, die Fingernägel in die Handflächen gegraben, ihr Gesicht starr vor Anspannung.

Näher und immer näher kamen sich die Kampfformationen …

Und dann?

Seit über zweitausend Jahren bemühen sich Schriftsteller darum, die Schlacht von Actium angemessen zu beschreiben. Für die Römer war sie ein gigantischer Showdown, der den Lauf der Geschichte veränderte – der Entscheidungskampf zwischen Gut und Böse, zwischen Zivilisation und Barbarei, echten römischen Göttern und falschen ägyptischen.

In seinem Epos *Aeneis* entwirft der größte aller römischen Dichter, Vergil, ein außerordentliches Schlachtengemälde: »blaues Wasser schäumend mit weißen Wogen«, »Delfine schimmernden Silbers« und »goldglänzende Wellen«.

Vergil malt sich Octavian am Heck seines Flaggschiffs aus, seines »Vaters Stern« funkelnd auf seinem Kopf. Er beschreibt Agrippa als Flottenkommandanten, auf dessen Stirn »die Schiffskrone, diese stolze Kampfesauszeichnung« glitzert.

Und er beschreibt, wie Antonius »von Fremden umringt und mit seltsamen Waffen« die Mächte Ägyptens und des Orients in die Schlacht führt:

Alle stürmen gemeinsam voran, ringsum schäumt die See, aufgewühlt von peitschenden Rudern und dreizackigen Spornen. Sie stoßen ins tiefe Wasser vor, entwurzelten Inseln gleich, die auf dem Meere treiben, oder Bergen, die auf Berge stürzen; mit solcher Gewalt dringen die turmhohen Schiffe aufeinander ein. Flammende Tücher und Geschosse aus geflügeltem Stahl regnen aus ihren Händen, Neptuns Gefilde färben sich rot im nie da gewesenen Gemetzel …

Dann, als das Blut fließt, wendet sich Vergil Kleopatra zu – und beschreibt sie als Hexenkönigin, die ihre überirdischen Helfershelfer beschwört. Und wie zur Antwort auf ihren Ruf stürzen die Geister Ägyptens aus dem Himmel herab, »der bellende Anubis und monströse Götter jeder Art«, um dem Kriegsgott

Mars und seinen Gefährten einen monumentalen Kampf um die Zukunft der Welt zu liefern.

Es ist eine unvergessliche Szene – die aufeinanderzurasenden Schiffe, die Götter Auge in Auge, die Himmel von Feuer und Donner auseinandergerissen.

Doch obwohl sich in der *Aeneis* die bei Weitem berühmteste Darstellung der Schlacht findet, war Vergil natürlich nicht dabei. Anders gesagt: Er sich das alles nur ausgedacht.

Was geschah also wirklich?

Als die vorderen Linien aufeinanderkrachten, schien es zunächst so, als würde Antonius' waghalsiger Plan aufgehen. Seine Schiffe waren größer und höher und erlaubten es seinen Männern, einen tödlichen Sturm aus Steinen, Pfeilen und Speeren auf ihre Feinde herabregnen zu lassen.

Doch Octavians Schiffe waren schneller und wendiger, schwirrten um ihren schwerfälligeren Gegner herum und wichen dessen heimtückischen Bronzerammen geschickt aus. Schon bald sprangen Octavians Männer auf die feindlichen Schiffe und heulten und brüllten und hackten und stachen.

Die Schiffe – Seeungeheuern gleich – drehten und wanden sich, ächzten und stöhnten. Es regnete brennende Geschosse, Kapitäne schrien verzweifelt ihre Befehle, und unablässig stürzten Männer ins Wasser, das sich von römischem, griechischem und ägyptischem Blut dunkelrot färbte.

Auf der rechten Flanke lieferte sich Antonius einen tapferen Kampf mit Agrippa. Doch im Zentrum und auf der linken

Flanke zeigten sich erste bedenkliche Lücken in seiner Formation. Die griechischen Bauern hatten größte Mühe, sich gegen die bestens ausgebildeten römischen Soldaten zu behaupten. Langsam, aber sicher gerieten Antonius' Schiffe ins Hintertreffen.

Doch dann – der Moment der Entscheidung schien nicht mehr fern – hörte Antonius hinter sich plötzlich aufgeregte Jubelschreie …

Als er herumfuhr, machte sein Herz vor Freude und Erleichterung einen Sprung – Kleopatra!

Mit ihren sechzig Schiffen rauschte sie ihm entgegen. Allen voran die *Antonia* – ein glitzernder Koloss, der mit geblähten Segeln die Wellen durchpflügte.

Die Schiffe kamen immer näher. Doch sie hielten nicht an, verlangsamten nicht einmal ihr Tempo.

Sie fuhren einfach weiter – mitten durch die Schlacht, mitten durch das geschwächte Zentrum seiner Formation, und kümmerten sich nicht um die Geschosse und Pfeile, die sie umschwirrten.

Octavian und Agrippa versuchten, ihre Schiffe zu wenden, doch es war zu spät. Mit Rückenwind und vollen Segeln war die *Antonia* bereits an ihnen vorbeigeprescht und hielt auf das offene Meer zu.

Auf Antonius' Flaggschiff fiel einigen seiner Männer die Kinnlade herunter. Andere brüllten vor Wut – dass die Ägypterin sie verraten habe … dass sie feige davonlaufe … dass sie von

Anfang an geplant habe, sie einfach dem sicheren Tod auszuliefern …

Für einen Moment war Antonius wie erstarrt. Dann kam er wieder zu sich und rief nach einer schnellen Galeere. Im nächsten Moment sprang er von seinem Flaggschiff in das kleinere und schnellere Boot. Ohne sich noch einmal umzudrehen, jagte er Kleopatra hinterher.

Als er sie schließlich einholte, hatten sie die feindliche Blockade weit hinter sich gelassen. Und als Antonius an Bord der *Antonia* kletterte, waren sie schon in Sicherheit und hatten Kurs nach Süden genommen.

■

Als Kleopatras Flaggschiff in dieser Nacht durch die Dunkelheit glitt, saß Antonius allein am Bug, seinen Kopf in die Hände gestützt, und starrte ins Nichts.

Sie waren noch einmal davongekommen. Bei ihrer Geschwindigkeit und ihrem Vorsprung war es kaum wahrscheinlich, dass Octavian sie noch einholte, bevor sie Alexandria erreichten.

Doch um welchen Preis? Sie hatten Kleopatras Schätze gerettet. Aber sie hatten Hunderte Schiffe zurückgelassen – und Zehntausende treuer Soldaten.

War das von Anfang an ihr Plan gewesen? War die Seeschlacht nur ein Ablenkungsmanöver gewesen, um Kleopatra im passenden Moment die Flucht zu ermöglichen? Oder hätte sie ihre Schiffe tatsächlich in den Kampf werfen sollen?

Keiner ihrer Freunde hat je die Antwort herausbekommen. Mag sein, dass Antonius sie nicht einmal selbst kannte.

Mag sein, dass er die ganze Zeit vorgehabt hatte, sich irgendwann davonzumachen, aber davon ausgegangen war, dass ihm ein Großteil seiner Schiffe folgen würde. Mag aber auch sein, dass er, als Kleopatra an ihm vorbeirauschte, in Panik geriet und sich spontan entschied, ihr zu folgen, anstatt zu kämpfen.

Bis heute sind sich die Historiker hierüber uneins. Was wann warum genau schiefgelaufen ist, werden wir nicht mehr erfahren.

Doch als Antonius nun als gebrochener Mann in die Dunkelheit starrte, war er sich der Konsequenzen dessen, was passiert war, nur allzu bewusst.

Er hatte alles verloren, was ein Feldherr verlieren konnte. Nicht nur – was schlimm genug war – seine Armee, sondern auch seinen Mut und den Glauben an sich selbst und seine Mission.

Binnen weniger Stunden hatte er seinen Ruf zunichtegemacht und Octavian den entscheidenden Trumpf zugespielt.

Jetzt gab es kein Zurück mehr.

17

Letztes Gefecht in Alexandria

Die *Antonia* sauste unter einem strahlend blauen Himmel durch die Wellen. Der Schlachtenlärm war verklungen und Actium weit weg.

Antonius saß, in ein schreckliches Schweigen gehüllt, allein am Bug des ägyptischen Flaggschiffs. Niemand wagte es, sich ihm zu nähern, nicht einmal Kleopatra.

Die Tage vergingen und Antonius bewegte sich nicht vom Fleck. Manchmal schien er den Horizont abzusuchen, als hoffe er, dort die Schiffe zu entdecken, die er im Stich gelassen hatte. Hin und wieder sank ihm sein Kopf auf die Brust, nach wie vor sprach er kein Wort.

Kleopatra konnte sich vorstellen, was in ihm vorging. Sein ganzes Leben lang war er auf eines besonders stolz gewesen: seinen Mut. Ein wahrer Römer würde sich *immer* dem Kampf stellen und nicht einmal im Traum daran denken, seine Männer im Stich zu lassen.

An einem einzigen Nachmittag hatte sich sein Traum, die römische Welt anzuführen, in Luft aufgelöst.

Gegen Abend des dritten Tages ging die *Antonia* am Kap Taenarum vor Anker, einer zerklüfteten Landspitze am südlichsten Punkt Griechenlands. Hier füllte die Besatzung die Trinkwasser- und Nahrungsvorräte wieder auf, und Antonius und Kleopatra hörten, was in Actium weiter passiert war.

Sie erfuhren, dass ein Großteil von Antonius' Schiffen noch einige Zeit weitergekämpft hatte. In der Nacht hatte sich dann die Nachricht von seiner Flucht herumgesprochen und bis zum Morgengrauen hatten sich die meisten seiner Kapitäne ergeben.

Antonius' Infanterie hatte noch ein paar Tage durchgehalten, im Glauben daran, dass ihr geliebter General bald wieder auftauchen und sie retten würde. Doch auch sie hatten sich schließlich den Realitäten beugen müssen.

Octavian spielte sein Blatt mit äußerstem Geschick aus. Niemand würde bestraft werden, erklärte er. An Rache sei ihm nicht gelegen. Er versprach Antonius' Veteranen dieselbe Entlohnung wie seinen eigenen Leuten, um ihnen zu zeigen, dass er nicht nachtragend war.

Als Antonius diese Nachricht hörte, ließ er den Kopf noch tiefer hängen. Er war ein geschlagener Mann, erdrückt von Schuld und Enttäuschung.

Jetzt nahmen zwei von Kleopatras engsten Gefährtinnen – ihre Friseurin Eiras und ihre Hofdame Charmion – all ihren Mut zusammen und suchten Antonius am Bug des Schiffes auf. Er solle mit der Königin reden, sagten sie ernst. Es sei doch Wahnsinn, ewig nur zu grübeln.

Niemand weiß, was Kleopatra zu ihm gesagt hat. Doch am Abend nach ihrem Gespräch rief Antonius seine beiden Freunde Scellius und Alexas zu sich und bat sie, ein Transportschiff nach Korinth zu nehmen. Dort kenne er Leute, die sie versteckt halten würden, »bis sie ihren Frieden mit Octavian machen konnten«.

Bei diesen Worten stiegen beiden Männern Tränen in die Augen, doch Antonius bestand darauf, dass sie seiner Bitte Folge leisteten.

Als ihr Schiff ablegte, blickten Scellius und Alexas zur *Antonia* zurück. Antonius stand am Bug und sah ihnen nach. Dann nahm ihr Schiff Fahrt auf und seine Gestalt verlor sich in der Dunkelheit.

■

Wenige Tage später legte die *Antonia* nahe eines windumtosten Fischerdorfs an der ägyptischen Küste an, gut dreihundert Kilometer von Alexandria entfernt.

Hier trennten sich Antonius' und Kleopatras Wege. Die Königin wandte sich nach Osten, ihrer Hauptstadt zu, während sich Antonius die Küste entlang Richtung Westen aufmachte.

In der alten Stadt Kyrene im heutigen Libyen hatte er eine Garnison zurückgelassen, die aus vier römischen Legionen bestand. Diese – so sein Plan – würde den Grundstein für eine neue Armee bilden, mit der er Ägypten gegen Octavian verteidigen konnte.

Doch er kam zu spät. Die Nachricht vom Desaster bei

Actium war längst bis Kyrene vorgedrungen, und der Befehlshaber vor Ort hatte sich entschieden, die Seiten zu wechseln. Als Antonius' Boten bei ihm erschienen, ließ er sie sofort hinrichten. Und damit nicht genug: Er ließ all jene Offiziere, die Antonius immer noch treu ergeben waren, zusammentreiben und ebenfalls hinrichten.

Für Antonius war dies der größtmögliche Verrat, die schlimmstmögliche Erniedrigung. Als er außerhalb der Stadtmauern von Kyrene davon erfuhr, schien sich unter ihm ein Abgrund aufzutun.

Für einen Moment ließ ihn der Schock taumeln, dann griff er nach seinem Schwert. Besser, es jetzt zu Ende zu bringen – ein schneller Stoß ins Herz … –, als auch nur noch eine einzige Demütigung ertragen zu müssen.

Doch seine Gefährten waren schneller. Sie warfen sich auf ihn, wanden ihm das Schwert aus der Hand und drehten ihm die Arme zur Seite.

Jetzt wandten sie sich also zurück nach Osten. Vier Wochen lang waren sie unterwegs: vier Wochen voller Hitze und Durst, Schweiß und Sand, in denen Antonius kaum ein Wort sprach.

Dann, als die Herbstwinde sie schließlich aus der Wüste heraustrieben, erblickten sie die Stadtmauern von Alexandria.

■

Kleopatra saß allein im Palast und hing ihren Gedanken nach.

Nachdem sie von Antonius Abschied genommen hatte, war

Kleopatra mit ihrer Flotte in den großen Hafen eingelaufen, als feiere sie einen glorreichen Sieg. Ihre sechzig Schiffe waren mit Blumen geschmückt und von den höchsten Masten hingen Girlanden.

Als die *Antonia* am Kai anlegte, war die Luft vom Gesang ihrer Dienerinnen erfüllt. Und von überallher die Jubelrufe der Alexandriner, die ihren Triumph feierten.

Doch natürlich war das alles nur ein Hirngespinst. Kleopatra wusste das selbst am allerbesten. Sobald sie in ihren Palast zurückgekehrt war, begann sie damit, Vorkehrungen gegen den aufziehenden Sturm zu treffen. Im Gegensatz zu Antonius hatte sie nie ihren Sinn für die Realität verloren und wusste genau, dass die Römer auf Vergeltung aus waren.

Kleopatras Lage war verzweifelt – aber dennoch nicht vollkommen hoffnungslos. Eine winzige Chance blieb ihr noch, so dachte sie, ihre Dynastie zu retten.

Zunächst erwogen sie und ihre Berater, in westliche Richtung über das Meer nach Spanien zu fliehen, wo es wertvolle Eisen- und Silberminen gab. Doch so eine Überfahrt barg erhebliche Risiken. Außerdem war es extrem fraglich, ob sich die Einheimischen einer geflohenen Königin unterordnen würden.

Dann kam sie auf eine vielversprechendere Idee. Jahrhunderte zuvor hatte Alexander der Große seine Armee bis nach Indien geführt. Und einige Gelehrte behaupteten, dass es in den weiten Flussebenen des Punjabs immer noch griechisch sprechende Städte gab.

Jahr für Jahr fuhren ägyptische Handelsschiffe über das Rote Meer und dann entlang der arabischen Küste bis zur Mündung des Indus. Warum sollte sie nicht dieselbe Route nehmen und mit all ihren Schätzen Richtung Osten segeln? Warum sollte sie nicht Cäsarion als Pharao in Ägypten lassen und selbst versuchen, in Indien ein neues Königreich auf die Beine zu stellen?

Natürlich – das die einzige Schwierigkeit – musste ihre Flotte erst einmal zum Roten Meer kommen. Dazu würden ihre Soldaten die Schiffe mehrere Hundert Kilometer über Land ziehen müssen, um den Hafen des heutigen Suez zu erreichen.

Doch hatten ägyptische Herrscher in der Vergangenheit nicht schon größere Taten vollbracht? Hatten ihre Vorfahren nicht Pyramiden und Tempel, ja Alexandria selbst erbaut?

Leider aber wandten sich die Götter erneut gegen sie. Nur Tage nachdem ihre Männer die ersten Schiffe bis zum Roten Meer gezogen hatten, wurden sie von arabischen Stämmen angegriffen, die zudem alle ihre Schiffe verbrannten.

Es stellte sich heraus, dass die Römer bereits mit den Arabern dahingehend übereingekommen waren, jeden Versuch Kleopatras, nach Osten zu fliehen, zu unterbinden. Das war also das Ende ihrer indischen Träume.

Und jetzt, als Kleopatra wieder einmal in ihrem Palast vor sich hin grübelte, tauchte plötzlich Antonius aus der Wüste auf – mit Staub bedeckt und niedergeschlagen und offenbar dem totalen Zusammenbruch nahe.

Er wehrte zunächst all ihre Versuche ab, ihn zu trösten, und weigerte sich, auch nur eine einzige Nacht im Palast zu schlafen. Stattdessen wies er seine Männer an, auf der Südseite des Hafens eine kleine Hütte für ihn zu errichten, wo er seinen Lebensabend als Einsiedler verbringen wollte.

Doch seine Karriere als Einsiedler dauerte nicht lange. Nach wenigen Wochen gelang es Kleopatras Dienerinnen, ihn mit der Aussicht auf rauschende Feste in den Palast zu locken.

Anscheinend fest entschlossen, alles zu tun, um die Erinnerung an Actium auszulöschen, stürzte sich das Paar erneut in einen wilden Reigen aus Festen und Banketten. Doch im Grunde wussten sie sehr genau, dass sie sich Nemesis, der Göttin der Gerechtigkeit, nicht lange würden entziehen können.

▪

In Alexandria kehrte der Winter ein. Woche um Woche überquerten Abgesandte das Mittelmeer, deren Botschaften für Octacvians Hauptquartier in Griechenland bestimmt waren.

Antonius gestand seine Niederlage ein und bat darum, als Privatmann in Ruhe gelassen zu werden. Kleopatra schickte goldene Krone und Zepter und bot ihren Rücktritt als Pharaonin an, falls Octavian Cäsarion als König dulden würde.

Octavian nahm die Geschenke entgegen, lächelte höflich – und schwieg.

Als die beiden schließlich begriffen, dass sie keine Antwort erhalten würden, stellten sie ihre Bemühungen ein. Was hatten die noch für einen Sinn?

Heftiger als je zuvor stürzten sie sich in einen wilden Strudel von Vergnügungen und Lustbarkeiten. Die Festmähler wurden immer exotischer, die Tänze und Trinkspiele immer ausgelassener.

Dennoch lag eine untrügliche Anspannung in der Luft. Als läge ein Schatten über jedem Gelage. Als säße ein Geist mit an jeder Festtafel.

Das Paar nannte sich nicht mehr *Amimetobioi*, die »Unbesiegbaren«. Stattdessen gründeten sie einen neuen Klub: die *Synapothanoumenoi*, die »Partner des Todes« beziehungsweise »diejenigen, die zusammen sterben werden«. Sollte das ein Scherz sein? Nicht einmal ihre engsten Freunde waren da ganz sicher.

In der Öffentlichkeit schmiedeten die beiden immer noch Zukunftspläne. Der sechzehnjährige Cäsarion war alt genug, um zum Militär zu gehen, während der fünfzehnjährige Antyllus nun die *toga virilis*, die Toga der römischen Bürger, tragen durfte.

Beiden Jungen zu Ehren organisierten Kleopatra und Antonius verschwenderische Bankette und Partys. Die Bevölkerung von Alexandria strömte jubelnd auf die Straßen, und fast schien es so, als wären die alten Zeiten immer noch lebendig.

Doch wenn sie allein war, verschwand das Lächeln aus Kleopatras Gesicht.

Sie war fast vierzig und nicht mehr jung. Wenn sie in den Spiegel blickte, sah sie eine müde, angespannte Frau, die viele Prüfungen und Enttäuschungen hinter sich hatte.

Was mochte noch vor ihr liegen? Ein weiteres Comeback? Eine weitere überraschende Wendung des Schicksals? Oder nur Gefangennahme, Demütigung und Tod?

Während sich Antonius dem Alkohol widmete, verbrachte Kleopatra viele Abende allein und studierte Manuskripte aus der Bibliothek. Und ein Thema interessierte sie mehr als jedes andere: Gift.

Später kursierten Gerüchte, sie habe den Winter damit verbracht, verschiedene Gifte an den Kriminellen in Alexandrias Gefängnissen auszuprobieren. Manche behaupteten auch, sie habe giftige Tiere aufeinander losgelassen, um herauszufinden, welches das tödlichste war.

Wenn die Leute sich diese Geschichten erzählten, erwähnten sie immer wieder ein ganz bestimmtes Tier – die Uräusschlange oder Ägyptische Kobra. »Wer von der Kobra gebissen wurde«, schrieb Plutarch, »der erlitt keine Krämpfe und stöhnte auch nicht. Nur ein dünner Schweißfilm zeigte sich auf dem Gesicht. Alle Sinne entspannten sich und wurden schwächer, selbst wenn man versuchte, den Gebissenen zu schütteln und zu wecken – so, als wäre er eingeschlafen.«

Das sei Kleopatras Lieblingstier, sagten die Leute.

Das neue Jahr brach an. Octavian schwieg sich weiter aus.

Eine Zeit lang redete Kleopatra sich ein, dass er vielleicht doch nicht kommen würde. Vielleicht nahm ihn die römische Politik zu sehr in Anspruch. Vielleicht gab es einen neuen Aufstand und Ägypten würde verschont bleiben.

Doch an einem wunderschönen Frühlingsmorgen erreichte sie eine Nachricht, die sie bis ins Mark erschütterte. Octavian war in Syrien gelandet und marschierte an der Spitze seiner Legionen in Richtung Süden. Am Hafen von Ptolemais* war er von König Herodes begrüßt worden, der ihm Wasser und Wein und zwanzigtausend Talente für die römische Sache schenkte.

Kleopatra hätte am liebsten laut aufgeschrien. Herodes! Sie hätte ihn erdrosseln sollen, als sie die Gelegenheit dazu hatte!

Nun überschlugen sich die Ereignisse. Kleopatras Agenten berichteten, dass eine zweite römische Armee von Kyrene aus vorrückte. Ägypten wurde in die Zange genommen.

Stundenlang saß Kleopatra mit regloser Miene in ihrem Arbeitszimmer. Alles, wofür sie gearbeitet hatte, hing am seidenen Faden. In wenigen Wochen – vielleicht schon in Tagen – würde Octavian in Alexandria sein. Wenn ihr nicht ganz schnell etwas einfiel, war ihre Dynastie am Ende.

Jede Nacht betete sie zu den Göttern. Doch selbst Isis schien sie verlassen zu haben.

Pelusium fiel. Die große steinerne Festung, die Ägyptens Ostgrenze seit Generationen geschützt hatte, ergab sich Octavian schon nach wenigen Tagen. Voller Wut (und zu viel Wein) ließ Antonius Frau und Kinder des Befehlshabers der Festung hin-

---

* Die spätere Kreuzfahrerstadt Akkon, die von Englands unerschrockenem König Richard Löwenherz erobert wurde.

richten. Das, sagte er grimmig, würde die anderen Hauptmänner dazu anhalten, mutiger zu kämpfen.

Doch Kleopatra wusste, dass das alles keinen Sinn mehr hatte. Wenn sie in die müden Augen ihrer Offiziere blickte, sah sie, dass diese ihre Niederlage bereits akzeptiert hatten.

Der Sommer begann heiß und stickig, kein Windhauch verschaffte Erleichterung. In den Straßen Alexandrias roch es nach Anspannung und Angst.

Jetzt würde es nicht mehr lange dauern.

Eines Morgens, Mitte Juli, dann die Nachricht aus dem Osten: Kleopatras Späher hatten Octavians rot gekleidete Kavallerie gesichtet. Und gleich dahinter Tausende Legionäre – Reihe um Reihe marschierten sie durch das Flussdelta, unbarmherzig, unerbittlich, die größte Militärmaschine, die die Welt je gesehen hatte.

Schließlich überwand Antonius seine Lethargie, warf sich in seine Uniform, rief nach Pferden, Schwertern und Speeren. Heute gehe es um Ruhm oder Tod!

Den ganzen Tag lang wartete Kleopatra, die Fingernägel vor Anspannung in ihre Handflächen gegraben, allein an ihrem Fenster. Dann – die Dämmerung war bereits angebrochen – sah sie, wie Reiter durch das große Kanopische Tor sprengten, die menschenleeren Straßen hinunterritten und vor den Palastmauern haltmachten.

Kurz darauf stürmte Antonius zu ihr herein – keuchend, schweißüberströmt und mit Blut bespritzt. Doch seine Augen leuchteten, und als er sie in seine Arme nahm, lachte er vor Freude. Die Götter hätten ihm den Sieg geschenkt – einen glorreichen, glorreichen Sieg!

Alles war so einfach gewesen. Vor lauter Überheblichkeit war Octavians Kavallerie seinen Leuten, die im Hinterhalt gelegen hatten, praktisch in die Arme geritten. Und während die Römer von ihrem langen Ritt erschöpft gewesen waren, waren Antonius' Männer frisch gewesen und hatten mit der verzweifelten Entschlossenheit von Männern gekämpft, die ihrer letzten Stunde entgegensahen.

Antonius winkte einen jungen Mann zu sich in den Raum. Sein Gesicht war dreckverschmiert und sein Blick ehrfürchtig zu Boden gerichtet. Dieser edle Soldat, erklärte Antonius, habe »am tapfersten von allen« gekämpft. Er müsse ausgezeichnet werden, um seinen Kameraden als Vorbild zu dienen.

Kleopatra lächelte. Aber natürlich! Er werde einen goldenen Brustpanzer und einen goldenen Helm bekommen, damit alle Welt sehe, dass er in Alexandria hochgeschätzt sei!

Der junge Mann errötete, stammelte seinen Dank und zog sich aus dem Raum zurück. Als sich seine Schritte auf dem Korridor entfernten, drehte sich Antonius zu Kleopatra um und breitete seine Arme aus.

Doch als sie am nächsten Morgen erwachten, war der junge Mann spurlos verschwunden. Schnell stellte sich heraus, dass er noch in der Nacht zu Octavian übergelaufen war.

Und natürlich hatte er seine goldene Rüstung mitgenommen.

Damit waren die letzten Illusionen zerstoben.

Antonius' Sieg war nur ein unbedeutendes Geplänkel gewesen und Octavians Armee, die unerbittlich weiter vorrückte, so stark wie zuvor.

Ende Juli kampierten die Römer bereits unmittelbar außerhalb der Stadt. Die Alexandriner rochen den Rauch ihrer Lagerfeuer und hörten die schroffen Kommandos ihrer Zenturionen.

Eine unheilvolle Stille lag jetzt über Alexandria. Aaskrähen kreisten über der Stadt. Jenseits des Hafens konnte man am Horizont Octavians Schiffe sehen – eine neuerliche Seeblockade, diesmal direkt vor der ägyptischen Hauptstadt.

Aus dem Palast ließ Antonius Octavian die Nachricht zukommen, dass er ihn vor den Toren der Stadt zu einem Zweikampf treffen wolle.

Doch die Antwort war so höflich und verächtlich wie immer. Es sei noch offen, entgegnete Octavian, wie genau Antonius diese Welt verlassen würde. Doch lege er keinen Wert darauf, ihn auf diesem Weg zu begleiten.

Und jetzt, da alles, wonach er jemals gestrebt hatte, in Trümmern vor ihm lag, fasste Marcus Antonius endlich einen Entschluss. Wenn am nächsten Tag die Sonne aufging, würde er ein letztes Mal sein Pferd besteigen und wie ein echter römischer Held im Kampf sterben.

Er rief seine verbliebenen Freunde zu sich und wies seine

Diener an, ihnen sämtliche Speisen und Getränke zu bringen, die im Palast verfügbar waren. Morgen Abend schon, sagte er, würden sie anderen Herren dienen. Er wäre dann tot, eine Mumie, ein Nichts.

Bei diesen Worten stiegen seinen Freunden Tränen in die Augen. Antonius lächelte. Sie sollten nicht weinen, sagte er. Auf ihn warte ein ehrenvoller Tod.

▪

In dieser Nacht, während Antonius schlief, verließen die Götter Alexandria.

Man konnte sie hören, »eine Schar von Feiernden, die ein großes Spektakel veranstalteten«, mitten in der Nacht mit Flöten und Trommeln durch die Stadt hüpften und tanzten. Doch wenn die Leute aus ihren Fenstern blickten, waren die Straßen leer.

Jeder wusste, was das bedeutete. Der Weingott Dionysos verließ mit seinen Freunden und Gefährten die Stadt und ließ den General zurück, der ihm so hingebungsvoll gehuldigt hatte.

Als am nächsten Morgen die Sonne über Alexandria aufging, legte Antonius bereits seine Rüstung an. Sein Gesicht war ruhig und sein Geist klar.

Es war ein weiterer brütend heißer Tag. Als Antonius durch das große Kanopische Tor ritt, hörte er den Jubel der Soldaten, die die Stadt bewachten. Der General hob seine Hand zum Gruß. Er war mit sich im Reinen.

Er zog seine Kavallerie auf einer Anhöhe zusammen, dann wandte er sich um und blickte übers Meer. Seine Flotte verließ bereits den Hafen und hielt auf Octavians Schiffe zu – eine Mission auf Leben und Tod, wie seine eigene.

Die vorderen Schiffsreihen kamen sich immer näher. Gespannt wartete Antonius auf den bevorstehenden Zusammenstoß.

Dann sah er entsetzt, dass das vorderste seiner Schiffe die Ruder hob. Ein zweites tat es ihm gleich, dann ein drittes.

Erst jetzt wurde ihm vollends klar, was da gerade passierte. Seine Schiffe salutierten … kapitulierten … liefen zum Feind über …

Er wandte sich zu den Männern seiner Kavallerie – und sah den Blick in ihren Augen. Was er sah, war nicht die hoffnungslose Verzweiflung von Männern, die gleich ihrem Tod entgegenreiten würden. Er sah die schuldbewussten Blicke von Männern, die, wie ihre Kameraden auf See, ausgezogen waren, um sich zu ergeben.

Es würde kein letztes ruhmreiches Gefecht geben. Es war vorbei.

■

Hinter den Toren der Stadt war Kleopatra mit eigenen Vorbereitungen beschäftigt.

Seit Monaten arbeiteten ihre Baumeister bereits an einem zweistöckigen Mausoleum – einem riesigen, prunkvollen Grabmal in unmittelbarer Nähe zum Tempel der Isis. Hier, neben der

Göttin, die sie so sehr liebte, wollte Kleopatra bis in alle Ewigkeit schlafen.

Im Obergeschoss des Mausoleums befand sich eine Galerie mit einer Fensterreihe, von der aus man aufs Meer blicken konnte. Wie viele ägyptische Königsgräber hatte die Tür einen raffinierten Schließmechanismus. Waren die Sperrgitter erst einmal nach unten gefallen, war das Grab für immer verriegelt und vor Grabräubern sicher.

Das Mausoleum war noch nicht ganz fertig, das Dach noch nicht vollendet. Doch als Antonius aus der Stadt hinausritt, entschied Kleopatra, dass der richtige Zeitpunkt gekommen war.

Gemeinsam mit ihren treusten Dienerinnen, Eiras und Charmion, eilte sie durch die Palastanlage und suchte ihre wertvollsten Schätze zusammen: »Gold, Silber, Smaragde, Perlen, Ebenholz, Elfenbein und Zimt.« Diese stapelten sie im Inneren des Mausoleums neben einem großen Haufen Brennholz auf.

Kleopatras Plan war einfach. Sie wusste, dass Octavian Geld brauchte, um seine Truppen zu bezahlen – und davon hatte sie mehr als genug. Wenn sie sich im Inneren ihres Grabmals verbarrikadierte und damit drohte, ihre Schätze zu verbrennen, würde sie vielleicht irgendetwas für sie Sinnvolles aushandeln können.

Zur selben Zeit, als Antonius von seinen Soldaten im Stich gelassen wurde, verriegelten Kleopatra und ihre Vertrauten also von innen das Mausoleum, um sicherzustellen, dass niemand zu ihnen vordringen konnte.

Doch nun, inmitten all dieses unglaublichen Chaos, nahm die Geschichte nochmals eine tragische Wendung.

Für Antonius war die Desertation seiner Kavallerie der Tropfen, der das Fass zum Überlaufen brachte. Er kehrte seinen Männern den Rücken, raste in die Stadt zurück, bahnte sich seinen Weg durch die panische Menge und schrie nach Kleopatra.

In dem Tumult rief irgendwer, dass die Königin in ihrem Mausoleum sei. Und natürlich schloss Antonius daraus, dass sie sich das Leben genommen hatte, um ihrer Gefangennahme zu entgehen.*

Daraufhin brach er komplett zusammen und brüllte wie ein Wahnsinniger. Blind vor Verzweiflung stolperte er in den Palast und in seine Gemächer. Dort riss er sich seinen Brustpanzer herunter, schleuderte ihn von sich und tobte und brüllte.

»Kleopatra!«, schrie er. »Ich trauere nicht, dich verloren zu haben, denn bald werde ich bei dir sein. Doch es tut mir leid, dass ich, ein Anführer von Männern, es mit dem Mut einer Frau nicht aufnehmen konnte!«

Dann winkte er einen Sklaven zu sich heran, einen Griechen namens Eros. »Stoß zu!«, rief Antonius und zeigte auf seine Brust.

---

* Bei einigen römischen Geschichtsschreibern liest man, sie habe ihn absichtlich getäuscht und ihren Dienern befohlen, ihm von ihrem Selbstmord zu berichten. Doch ich bin mir da nicht so sicher. Für mich klingt das ein bisschen zu sehr nach dem Versuch, sie als Schurkin hinzustellen.

Eros zögerte kurz. Dann zog er sein Schwert – und stieß es in seine eigene Brust.

»Gut gemacht, Eros!«, rief Antonius, als sein Sklave neben ihm tot zu Boden sank. »Du konntest meinem Befehl nicht folgen, aber du hast mir gezeigt, was ich tun soll!«

Damit riss er sein Schwert aus der Scheide und rammte es sich tief in den Unterleib.

■

Antonius war schwer verwundet, aber er lebte noch. Er lag ausgestreckt auf dem Boden, um ihn herum breitete sich eine purpurne Lache aus.

Kurz darauf wurde er von Kleopatras Sekretär gefunden. Gemeinsam mit ein paar Palastdienern schleppte er Antonius nach draußen und dem Mausoleum entgegen.

Als Kleopatra die aufgeregten Schreie hörte und aus dem Fenster blickte, wich sämtliche Farbe aus ihrem Gesicht. Panisch rief sie nach ihren Freundinnen, aber die Tore waren verschlossen!

In ihrer Verzweiflung ließen Kleopatra, Eiras und Charmion Seile aus dem Fenster. Die Palastdiener knoteten sie um den blutenden Antonius und die Frauen begannen zu ziehen.

Es war eine furchtbare Szene. Um Antonius an der Fassade des Gebäudes emporzuziehen, mussten die Frauen ihre allerletzte Kraft aufbieten, ihre Hände bluteten, und ihre Gesichter waren zu Grimassen verzerrt. Antonius baumelte unter grässlichen Schmerzen am Seil, »mit Blut verschmiert und dem Tode nah«.

Schließlich gelang es ihnen, ihn durch das Fenster zu hieven und auf den Steinfußboden zu legen. Doch er atmete nur noch sehr flach.

Fast zum ersten Mal in ihrem Leben verlor Kleopatra die Kontrolle. Sie schrie und schluchzte, zerriss ihre Kleider und schlug sich an die Brust. Verzweifelt wischte sie Antonius das Blut von der Stirn, nannte ihn ihren »Herrn, Ehemann und Gebieter«.

Schließlich rührte er sich und verlangte nach einem Becher Wein. Dann traf sein Blick den Kleopatras und er zwang sich zu einem schwachen, schmerzhaften Lächeln. Sie solle an ihre eigene Sicherheit denken, flüsterte er. Sie solle nicht um ihn trauern.

Er sei sehr glücklich gewesen, habe große Siege errungen und große Freuden erlebt. Und er sterbe ehrenvoll als Sohn Roms …

Dann sank sein Kopf zur Seite.

Er war tot.

18

Die Schlange

Octavian befand sich immer noch außerhalb der Stadtmauern Alexandrias. Er beugte sich gerade mit seinen Offizieren über einen Stadtplan, als ihn die Nachricht erreichte.

Das erste Anzeichen war ein Tumult am Rand des Lagers. Kurz darauf drängte sich ein Mann zu ihm vor, heftig keuchend und mit weit aufgerissenen Augen.

Bevor Octavians Offiziere ihn aufhalten konnten, zog er etwas unter seinem Umhang hervor. Es war ein schweres und kostbares Schwert, das mit leuchtend rotem Blut verschmiert war.

Jetzt erkannte Octavian den Mann wieder. Es war Dercetaeus, einer aus Antonius' Leibgarde. Er rang so sehr nach Luft, dass er kaum sprechen konnte. Und dieses Schwert … Es kam ihm sehr bekannt vor …

»Er ist tot«, stieß Dercetaeus hervor.

Und wie immer wusste Octavian auch in diesem Moment genau, wie er sich zu verhalten hatte. Er zeigte nicht den geringsten Anflug von Freude. Einige seiner Offiziere meinten sogar gesehen zu haben, wie er sich eine Träne aus dem Augenwinkel wischte.

»Das habe ich nie gewollt«, sagte er leise. »Antonius war mein Schwager, mein Amtskollege und mein Partner in so vielen Unternehmungen und Kämpfen. Er war nie mein Feind. Er war ein Römer.«

Sie alle würden Zeit brauchen, um zu trauern, sagte er ernst. Er selbst wolle den Nachmittag allein in seinem Zelt verbringen und seines alten Freundes gedenken.

Das Erstaunliche war, dass einige von ihnen ihm das sogar glaubten.

▪

Seine Gedanken rasten. Das Wichtigste war jetzt, die Stadt und den Palast unter seine Kontrolle zu bringen und – natürlich – Kleopatra in die Hände zu bekommen. Am besten lebend, zumindest aber brauchte er ihren Schatz.

Wie sich schnell herausstellte, gab es hier bereits das erste Problem: Kleopatra und ihr Schatz befanden sich nach wie vor im Mausoleum, und zwar hinter mindestens einem Fallgitter und einer verriegelten Holztür.

Octavians erster Schritt bestand darin, einen redegewandten Freund, Gaius Proculeius, zu entsenden, um mit Kleopatra direkt zu verhandeln. Das war zwar leichter gesagt als getan, doch schließlich willigte sie ein, durch ein Metallgitter in der Tür mit ihm zu sprechen.

Nein, sagte sie mit Entschiedenheit, sie würde nicht herauskommen. Nein, sie würde Octavian nicht erlauben, auf ihren Schatz aufzupassen. Und nein, sie habe nicht die Absicht, ihn nach Rom zu begleiten.

Sie selbst habe nur einen einzigen Wunsch. Ihre Herrschaft sei zu Ende. Würde Octavian ihren Kindern erlauben, Ägypten an ihrer Stelle zu regieren, wie es rechtmäßig sei?

Proculeius druckste herum und sagte, er könne nichts versprechen. »Aber seid guten Mutes«, fügte er freundlich hinzu, »und vertraut auf Octavian!«

Doch die Ereignisse des nächsten Tages zeigten deutlich, wie es um Octavians Vertrauenswürdigkeit stand.

Am Morgen erschien ein anderer römischer Offizier, Cornelius Gallus, am Fallgitter des Mausoleums, um mit Kleopatra zu reden. Während Kleopatra und ihre Vertrauten abgelenkt waren, bedienten sich Proculeius und zwei weitere Männer einer Leiter und kletterten durch das Fenster im ersten Stock.

Während Kleopatra also noch an der Mausoleumstür mit Gallus verhandelte, schlichen Proculeius und seine beiden Helfershelfer bereits die Treppe hinunter. Sie wagten kaum zu atmen. Es war Eiras, die sich plötzlich umblickte und dann entsetzt aufschrie, als sie die drei entdeckte.

»Meine Königin!«, rief Charmion. »Ihr seid ihnen lebend in die Hände gefallen!«

Kleopatra griff sich sofort an den Gürtel, wo sie einen kurzen Dolch versteckt hatte. Doch Proculeius war zu schnell für sie, wand ihr den Dolch aus der Hand, hielt ihre Arme fest und schüttelte ihr Gewand, um zu sehen, ob sich darin ein Fläschchen mit Gift befand.

»O Kleopatra«, sagte er bedauernd. »Ihr tut dem sanftesten aller Feldherrn unrecht! Er will Euch nur zeigen, wie gütig und ehrlich er ist.«

Als ihre römischen Entführer sie zum Palast geleiteten, verriet Kleopatras Miene jedoch sehr genau, was sie von dieser Art Güte und Ehrlichkeit hielt.

An diesem Nachmittag – die Sonne brannte auf die Marmorkolonnaden – ritt Octavian in Alexandria ein.

Der Moment, als ein römischer Eroberer ungehindert in die Stadt Alexanders einritt, um den Schatz der Ptolemäer an sich zu reißen, war ein Wendepunkt der Weltgeschichte.

Waren die Straßen von Menschen gesäumt, die den neuen Machthabern ihre Loyalität bekunden wollten? Erhob sich der Jubel über die Dächer der Stadt? Oder hallte das Trampeln der Stiefel durch menschenleere Straßen?

Keiner der Chronisten sagt es uns, also können wir nur raten.

Am Gymnasion, wo Antonius Kleopatras Kinder zu Königen und Königinnen gekrönt hatte, ließ Octavius sich vom Pferd gleiten und betrat eine hölzerne Tribüne. Zu seinen Füßen drängten sich Hunderte von Ägyptern, um einen Blick auf ihren neuen Herrn zu erhaschen. Als Octavius oben angekommen war, warfen sie sich in den Staub, um ihre Unterwürfigkeit zu zeigen.

Sie mögen aufstehen, sagte Octavian ruhig. Er wolle ihnen nichts Böses.

Sein ganzes Leben lang habe er Alexandria bewundert, die »reichste und größte aller Städte«. Der Hass und die Missverständnisse gehörten der Vergangenheit an. Von nun an werde zwischen Rom und Ägypten nichts als Freundschaft bestehen.

Die Menge jubelte – natürlich. Das hatte er vorher gewusst.

In dieser Nacht schlief er im Palast, nicht weit von der gefangenen Kleopatra entfernt. Sie waren sich immer noch nicht begegnet, doch damit hatte Octavian keine Eile.

Kleopatra kam das alles wie ein seltsamer, unbegreiflicher Traum vor. Man behandelte sie jedoch nicht schlecht und sie durfte ihre Zeit mit Eiras und Charmion verbringen.

Doch Octavian achtete darauf, dass einer seiner vertrauenswürdigsten Diener, ein gewisser Epaphroditus, stets in ihrer Nähe war. Draußen standen römische Soldaten an jeder Ecke, patrouillierten auf den Korridoren und hielten Wache in den Gärten – mit aufmerksamen Blicken und den Händen an ihren Schwertern.

Am dritten Tag ließ Octavian der Königin eine Nachricht zukommen, dass sie Antonius' Leichnam nach jedem gewünschten Ritual bestatten dürfe.

Im Gegensatz zu den Ägyptern, deren Leichen mumifiziert wurden, verbrannten die Römer ihre Leichen meist und bewahrten ihre Asche in Urnen auf. So geschah es auch mit Marcus Antonius.

Für Kleopatra war es ein weiterer qualvoller Moment. Als sie zusah, wie der Leichnam ihres Geliebten brannte, wurde sie von einem so heftigen Schmerz ergriffen, dass sie sich kaum auf den Beinen halten konnte. Sie schrie, kratzte sich gepeinigt die Brust auf und schluchzte hemmungslos, während ihre Freunde sie zu trösten versuchten. Doch für sie gab es keinen Trost.

Als sie in den Palast zurückkehrte, blutete sie heftig. In der Nacht war ihre Stirn schweißnass, und ihr Puls raste, als hätte sie ein gefährliches Fieber ergriffen.

Am nächsten Tag weigerte sie sich, etwas zu essen. Auch am Tag darauf nahm sie nichts zu sich, sondern kauerte apathisch und mit geröteten Augen in ihren Gemächern.

Als einer ihrer Ärzte fragte, ob er irgendetwas tun könne, schüttelte sie den Kopf. Sie sei entschlossen zu sterben, sagte sie mit leiser Stimme, das sei alles.

Unglücklicherweise hatte Octavian überall im Palast seine Spitzel und so erfuhr er davon.

Am nächsten Morgen erschien in aller Frühe ein römischer Offizier in ihren Gemächern. Wie sein Herr war auch er ruhig, kurz angebunden und kam ebenso unumwunden zur Sache.

Die Königin freue sich bestimmt zu hören, dass die kleineren ihrer Kinder ab sofort Octavians Gäste seien. Sie würden gut behandelt werden, solange sich Kleopatra Medizin und Nahrung nicht länger verweigere.

Kleopatra entgegnete nichts. Ihre Miene verriet nicht die

geringste Regung. Doch als der Offizier gegangen war, schnitt sie eine Grimasse in Richtung ihrer Dienerinnen.

Ihr blieb nichts anderes übrig, als wieder zu essen. Stunde um Stunde wurden ihre Optionen weniger.

■

Ein paar Tage später, am 10. August, kündigte Octavian ihr seinen Besuch an.

Es war eines der spannungsgeladensten Treffen der Geschichte – zwischen zweien der bemerkenswertesten Persönlichkeiten aller Zeiten. Und wie immer hatte Kleopatra alles mit größter Sorgfalt vorbereitet.

Als die Wachen die Türen öffneten, um ihn in ihre Gemächer zu lassen, lag sie auf einem einfachen Feldbett. Ihre verbliebenen Berater hatten sich hinter ihr aufgereiht. Sie trug nur ein sehr einfaches Gewand, als hätte sie all ihre königlichen Insignien abgelegt.

Was dann folgte, beschreibt ein Chronist so: »Als er hereinkam, sprang sie auf und warf sich ihm zu Füßen. Ihr Gesicht und ihre Haare waren ein schreckliches Durcheinander, ihre Stimme zitterte, und ihre Augen waren tief eingesunken.« Sie sorgte sogar dafür, dass er die roten Striemen auf ihrer Brust sehen konnte, wo sie sich aufgekratzt und geschlagen hatte.

Octavian lächelte nur und bat sie, Platz zu nehmen. Dann setzte er sich neben sie auf das Feldbett und wartete darauf, dass sie etwas sagte.

Kleopatra starrte ihn schweigend an. Er war kleiner, als sie erwartet hatte: blass, still, nicht unfreundlich. Verglichen mit Antonius schien er so … gewöhnlich.

Sie begann zu sprechen, erinnerte ihn an seinen Großonkel Julius Cäsar und die Liebe, die zwischen ihnen bestanden hatte. Sie zeigte auf die Porträts des großen Mannes überall im Raum, holte sogar ein Bündel von Cäsars Briefen hervor und bedeckte sie mit Küssen.

Sie sei Rom gegenüber stets loyal gewesen, erklärte sie. Und was immer man Octavian auch erzählt habe – sie habe nie auch nur im Traum daran gedacht, einen Krieg gegen ihn anzuzetteln.

All das sei Antonius gewesen, sagte sie mit gepresster Stimme. Immer Antonius … er habe sie gezwungen und sie habe sich so gefürchtet …

Kleopatra hatte ihre Rede so oft geprobt. Doch jetzt hörte sie, wie ihre Worte sich überschlugen und ihre Stimme immer schriller und verzweifelter wurde.

Sie warf Octavian einen verstohlenen Blick zu. Er schaute zu Boden.

Langsam schüttelte er den Kopf. Nein, sagte er nachdenklich. Nein. Sie habe einen perfekten Auftritt hingelegt, aber er glaube ihr kein Wort.

Nun versuchte es Kleopatra mit einer anderen Taktik. Sie begann zu weinen, schluchzte immer wieder zitternd auf. Sie flehte ihn um Gnade an. Beschwor ihn, Mitleid mit ihr als Mutter zu haben und ihre kleinen Kinder zu verschonen.

Hektisch wühlte sie in ihrem Gewand und zog eine Liste hervor. Dies, sagte sie heiser, sei eine Liste all ihrer Schätze. Sie habe nichts ausgelassen.

Doch zu ihrem Entsetzen wurde sie von einem ihrer Verwalter unterbrochen. Das sei nicht wahr, widersprach er. Er wisse, dass sie einige ihrer Schätze beiseitegeschafft habe.

In diesem Moment verlor Kleopatra jegliche Selbstbeherrschung. Ehe sie wusste, was sie tat, sprang sie auf, schrie ihren Verwalter an, packte ihn an den Haaren, spuckte ihm ins Gesicht.

Als die Wachen sie wegzerrten, lächelte Octavian immer noch.

»Ist das nicht ungeheuerlich, o Cäsar«, sagte sie atemlos, »dass – während Ihr so freundlich seid, mir in meiner Not beizustehen – meine eigenen Sklaven sich gegen mich wenden? Ich habe nur ein paar schlichte Schmuckstücke zur Seite gelegt – nicht für mich selbst, sondern als Geschenke für Eure Frau und Eure Schwester, wenn ich nach Rom komme!«

Bei diesen Worten wäre Octavian fast in Lachen ausgebrochen. Was für eine Frau! Was für eine Vorstellung!

Er stand auf. »Es war mir ein Vergnügen«, sagte er höflich. »Ihr sollt wissen, dass ich Euch eine prächtigere Behandlung zuteilwerden lasse, als Ihr Euch vorstellen könnt.«

Kleopatra starrte ihn an. »Ich werde nicht bei einem Triumphzug vorgeführt werden.« Ihre Stimme war plötzlich leise und ruhig. *»Ich werde nicht bei einem Triumphzug vorgeführt werden.«*

Octavian lächelte erneut, dann wandte er sich ab.

Nachdem Octavian gegangen war, stand Kleopatra lange am Fenster und betrachtete die Silhouette von Alexandria. Schon bald würde sie von ihr endgültig Abschied nehmen müssen.

Am nächsten Morgen fragte einer von Octavians Offizieren, ob er sie unter vier Augen sprechen könne. Sein Name war Cornelius Dolabella und er hatte sie immer sehr zuvorkommend behandelt.

Ihre Zeit laufe ab, sagte Dolabella leise. Octavian habe bereits angeordnet, sie und ihre Kinder in den nächsten drei Tagen zum Hafen zu bringen und auf ein Schiff nach Rom zu verfrachten.

Kleopatra nickte. Sie wusste, was das bedeutete. Wie sie befürchtet hatte, wollte Octavian sie als Trophäe bei seinem Triumphzug zur Schau stellen.

Falls sie es zuließ, dass man sie auf sein Schiff brachte, würde sie, wie ihre Schwester Arsinoë vor ihr, in Ketten durch die Straßen von Rom geschleift werden, den Schmähufen des Pöbels hilflos ausgeliefert. Und sie würde ihre Tage in einem römischen Gefängnis beschließen: ein Freak, eine Kuriosität, von Angst und Einsamkeit in den Wahnsinn getrieben.

Für eine ägyptische Königin, eine Pharaonin aus dem Geschlecht der Ptolemäer, wäre dies die schlimmstmögliche Demütigung. Für die Neue Isis war es schlicht undenkbar.

Und mit einem Mal wusste sie, wie ihre Geschichte enden musste.

■

An diesem Nachmittag ließ sie Octavian eine Nachricht zukommen und fragte ihn, ob sie Antonius' Grab ein letztes Mal besuchen dürfe.

Da sie immer noch sehr geschwächt war, trugen ihre Diener sie in einer Sänfte, eskortiert von römischen Wachen. Sie kniete vor der Urne nieder und ließ geweihte Opfergaben – Wein und parfümiertes Öl – darüberlaufen. Tränen liefen ihr über die Wangen, als sie die Urne an sich schmiegte, als wäre sie ein Baby.

In seiner Version der Szene legt ihr der Geschichtsschreiber Plutarch herzzerreißende Worte in den Mund: Sie flehte Antonius' Geist an, dafür Sorge zu tragen, dass, ganz gleich, was die Römer ihr antäten, sie bis in alle Ewigkeit nebeneinander ruhen würden.

»Lass mich hier mit dir begraben sein!«, schluchzt Plutarchs Kleopatra. »Denn von all meinen unzähligen Missgeschicken war die kurze Zeit, die ich ohne dich verbringen musste, das schlimmste und schrecklichste!«

Ob sie das wirklich gesagt hat? Niemand weiß es. Irgendwie klingt das doch ein wenig zu aufgelöst für die normalerweise so mutige und entschlossene Kleopatra.

Schließlich küsste sie die Urne ein letztes Mal, ehe sie wieder auf die Sänfte stieg und sich in den Palast zurückbringen ließ.

Die Nachmittagshitze ließ allmählich nach. Sie hörte das leise Rauschen der Straßen Alexandrias – die Tausenden Stimmen und Geräusche all der Handwerker, Händler, Ladenbesitzer, Wahrsager und Sklaven, die ihren täglichen Verrichtungen nachgingen.

Kümmerten sie sich überhaupt darum, welche Gesichter jeweils auf ihren Münzen zu sehen waren? War es für sie irgendwie von Belang, ob sie von Ptolemäern aus den makedonischen Bergen oder von Cäsaren aus Rom regiert wurden? Spielte das irgendeine Rolle, solange sie Brot zu essen, Geld zum Einkaufen und Götter zum Anbeten hatten? Waren sie und ihre Familie jemals irgendetwas anderes als Unterhaltung für die Massen gewesen?

Der Abend brach an. Weit im Westen, über der großen libyschen Wüste, senkte sich die Sonne dem Horizont entgegen.

Ein blutroter Schimmer legte sich über die Stadt.

In ihren Gemächern nahm Kleopatra ein Bad. Ihre Augen waren geschlossen. In Dampf gehüllt, lag sie ausgestreckt im duftenden Wasser, so still und stumm wie eine Leiche.

Schattenhafte Gestalten zogen an ihr vorüber, Geister einer fernen Vergangenheit. Sie sah einen lachenden Marcus Antonius beim Abendessen, sein Gesicht rot von zu viel Wein. Sie sah Julius Cäsar, der seinen Blick über den Nil schweifen ließ und von einem Nilpferd angegrinst wurde. Sie sah Pompeius den Großen in einem alten Fischerboot, der seinem Untergang entgegenfuhr …

Sie sah und hörte ihre kleinen Brüder schreien, sah den Hass und den Ehrgeiz in den Augen ihrer Schwestern Arsinoë und

Berenike. Sie sah ihren Vater im Tempel des Ptah und diese geheimnisvolle Priesterin an der Steintafel der Isis.

Dann sah sie ein weiteres Gesicht, das aus einer anderen Zeit kam. Mit blinden Augen starrte Alexander aus seinem Grab herauf. Und neben ihm stand ein kleines Mädchen.

▪

An diesem Abend aß Kleopatra mit ihren verbliebenen Freunden in ihren Gemächern zu Abend.

Nie hatte sie prächtiger und eleganter ausgesehen. Nie hatte sie königlicher gewirkt. Ihre langen Haare schimmerten, ihre Augen waren mit Kajal geschminkt. Sie trug das fließende Gewand der Isis und auf ihrer Stirn glitzerte ein Diadem.

Für eine Weile sprach sie mit ihren Gefährten über glücklichere Zeiten. Dann klopfte es an der Tür, und die römischen Wachen traten beiseite, um einen Besucher einzulassen.

Es war ein Mann vom Lande mit einem braunen, wettergegerbten Gesicht. Kleopatra hatte ihn noch nie gesehen, wusste aber, weshalb er gekommen war.

Er trug einen Weidenkorb, der bis zum Rand mit reifen ägyptischen Feigen gefüllt war. Er habe sie schon den Wachen angeboten, sagte er mit einem zahnlosen Grinsen, nur um zu zeigen, dass er nichts Ungewöhnliches dabeihabe.

Für einen Moment konnte sich Kleopatra ein Lächeln nicht verkneifen. Dann warf sie dem Bauern eine Münze zu. Er verbeugte sich und zog sich zurück.

Im nächsten Moment ließ Kleopatra nach Epaphroditus rufen. Sie habe eine wichtige Nachricht für Octavian, sagte sie mit sanfter Stimme, und reichte ihm eine Wachstafel.

Epaphroditus nickte. Er würde sie dem Feldherrn sogleich überbringen.

Die Kerzen waren heruntergebrannt. Das Abendessen neigte sich dem Ende zu und Kleopatras Freunde sagten ihr Auf Wiedersehen.

Nachdem sich die Türen hinter dem letzten Gast geschlossen hatten, blieb sie allein mit Eiras, Charmion und dem Korb voller Feigen zurück.

Behutsam, damit die Wachen nichts hörten, verriegelten sie die Türen. Dann trat Kleopatra ein letztes Mal ans Fenster und ließ ihren Blick über die Stadt ihrer Väter schweifen.

Die Lichter von Alexandria funkelten in der Dunkelheit. In der Ferne war der Schein des Leuchtturms zu erkennen – ein Fanal des Aufbruchs in eine lange Nacht.

»Bringt es zu Ende, Herrin«, sagte Eiras. »Der helle Tag ist vorüber, wir sind bereit für die Finsternis.«

Kleopatra lächelte und griff in den Korb.

■

Octavian saß mit seinen erfahrenen Offizieren zusammen und beugte sich über Schriftrollen, die Kleopatras Schätze auflisteten, als Epaphroditus mit der Wachstafel erschien.

Als Octavian den Text überflog, legte sich seine Stirn in Falten. Und als er die Worte »Bitte begrabt mich mit Antonius« las, wäre er fast von seinem Stuhl aufgesprungen.

Es war zu spät. Bereits als seine Männer die Korridore entlangstürmten, die verblüfften Wachen zur Seite stießen und verzweifelt gegen die Türen ihrer Gemächer hämmerten, wusste er, dass es keinen Zweck mehr hatte.

Als es ihnen schließlich gelang, die Türen aufzubrechen, ließ der Anblick, der sich ihnen bot, nicht den geringsten Zweifel.

Kleopatra lag auf ihrer vergoldeten Couch, ihr Gesicht weiß und kalt. Zu ihren Füßen war Eiras zusammengesunken, deren Gesicht von Todesqualen gezeichnet war. Neben ihr stand Charmion und rang nach Luft, ihre Hand in ihre Seite gepresst, und bemühte sich mit letzter Kraft, das Diadem auf der Stirn ihrer Herrin gerade zu rücken.

»Das habt Ihr ja fein hinbekommen, Charmion!«, brach es aus einem von Octavians Männern heraus.

»Ja, nicht wahr?«, flüsterte sie trotzig. »Und einer Tochter so vieler Könige angemessen!« Dann schwankte sie und brach neben ihrer Herrin tot zusammen.

Wie hatten sie das geschafft?

Octavians Männer entdeckten zwar zwei kleine blutige Punkte auf Kleopatras Arm, trotzdem war sich niemand je ganz sicher. Auf den Marktplätzen und in den Badehäusern von Rom kursierten bald die unterschiedlichsten Theorien.

Manche sagten, Kleopatra habe ein tödliches Gift auf eine Nadel aufgetragen und sich diese selbst in den Arm gestochen, nachdem die Türen verriegelt waren. Andere vermuteten, sie habe »das Gift in einem hohlen Kamm aufbewahrt und diesen in ihren Haaren versteckt«.

Doch viele zeigten mit dem Finger auf den mysteriösen Korb mit den Feigen. Unter den Früchten, hieß es, sei eine Kobra versteckt gewesen.

Als die Türen verriegelt waren, habe Kleopatra die Schlange aus dem Korb genommen und sie sich an die Brust gehalten, und dann habe die Schlange eben zugebissen.

Doch selbst einige römische Geschichtsschreiber fanden diese Theorie ziemlich unwahrscheinlich. Plutarch berichtet, dass Octavians Wachen jeden Winkel des Zimmers abgesucht hätten, ohne dabei eine Schlange zu finden.

Und selbst wenn es eine Schlange gewesen war – wie hatte Kleopatra sie dazu gebracht, sie zu beißen? Und dann auch gleich noch Eiras und Charmion? Wie brachte man eine zwei Meter lange Schlange in einem kleinen Korb unter *und* bedeckte sie dann noch mit Feigen? Und warum hätte sich Kleopatra auf eine Ägyptische Kobra verlassen sollen, wenn das Gift dieser Schlange nicht einmal unbedingt tödlich war?

Doch die Geschichte mit der Schlange hält sich hartnäckig. Für die Römer waren Schlangen unheimliche, magische Kreaturen, ebenso faszinierend wie Furcht einflößend.

Die Schlange war ein Symbol Ägyptens und Kleopatras makedonischer Vorfahren. Die Mutter von Alexander dem Großen hatte Schlangen mit ins Bett genommen. Und die Göttin

Isis nahm zuweilen die Gestalt einer Schlange an. Schlangen schmückten auch ihre Statuen.

Doch im Grunde kam es darauf nicht an. Eine Schlange, eine Nadel, irgendeine Mixtur – das Ergebnis war dasselbe.

Die letzte Pharaonin Ägyptens lag auf ihrer goldenen Couch und starrte in die Dunkelheit. Das Diadem funkelte auf ihrer Stirn, doch in ihren Augen war jedes Glitzern erloschen.

Es war der Abend des 10. August 30 v. Chr. und ihre Geschichte war zu Ende.

EPILOG

Das Leben nach dem Tod

Hier, im Dunkeln, ruhte die Schlange – zusammengerollt an einem ihrer Lieblingsplätze auf dem steinernen Fußboden. Nur wenige Schritte entfernt schlief der Gott unter einer Platte aus durchscheinendem Alabaster.

Der Schlange waren Götter und Helden gleichgültig. Sie interessierte sich nur für das Sonnenlicht, das manchmal durch die Ritzen in den Wänden drang, und für die Mäuse und Eidechsen, die über den Boden der Grabkammer huschten.

Nichts anderes zählte. Der Aufstieg und Niedergang von Imperien, das blutige Geschick von Königen und Feldherrn, die ehrgeizigen Ziele von Königinnen und Prinzessinnen – das alles bedeutete der Schlange nichts.

Doch jetzt schreckte sie plötzlich auf. Eine Fackel flammte auf und in der Tür zeichneten sich die Umrisse einer Gestalt ab – ein schmaler, klein gewachsener Mann mit blonden Haaren und klarem, ruhigem Blick.

Octavian betrat die Grabkammer. Hinter ihm wartete ein Diener des Tempels und rang nervös die Hände.

Die Schlange hob den Kopf. Octavian nickte seinem Leibwächter zu. Ein Schwert sauste herab – und dieser Schlange werden wir leider nicht noch mal begegnen.

Für einen Moment stützte Octavian seine Hand auf das steinerne Grab und blickte durch den milchigen Schleier auf das leblose Gesicht. Das war er also: Alexander der Große, König der Könige, Pharao von Ägypten, Sohn des Zeus.

So viele Menschen, dachte Octavian, hatten versucht, es ihm gleichzutun. Die Ptolemäer waren nur ein schwacher Abklatsch gewesen. Dann waren da die Römer: Pompeius, Crassus, Cäsar, Antonius – alle tot.

Doch Kleopatra war eine würdige Gegnerin gewesen. Was für eine Frau!

Doch nicht einmal Kleopatra hatte ein klares Bild von der Geschichte gehabt, dachte Octavian. Alexander war ein großer Mann gewesen, doch was hatte er hinterlassen? Sein Reich war zerfallen und geblieben war nur sein Name.

Er, Octavian, würde die Dinge anders angehen. Er würde nicht nur erobern, sondern *herrschen* und Fundamente legen, die Jahrhunderte überdauern würden.

Er nickte und seine Wachen hoben die Platte ab. Behutsam, ehrfürchtig, setzte er ein Diadem auf Alexanders mumifizierten Kopf und bestreute den Toten mit frischen Blumen. Er murmelte ein Gebet, dann wandte er sich zum Gehen.

»Wollt Ihr jetzt die Gräber der Ptolemäer sehen?«, fragte der Tempeldiener.

Octavian schüttelte den Kopf. »Ich bin nicht hierhergekommen, um irgendwelche Toten zu sehen«, entgegnete er. »Ich wollte einen König sehen.«

■

Für Octavian war Kleopatras Tod sowohl ein Schock als auch eine Erleichterung gewesen.

Zwar hatte sie seinen Plan vereitelt, sie in einem Triumphzug durch Rom zur Schau zu stellen. Doch weg war weg – und so konnte er jetzt ohne Umschweife, und ohne den geringsten Widerstand, darangehen, ihr Reich auseinanderzunehmen. Plutarch schrieb, Octavian sei »verdrossen über den Tod der Frau« gewesen, doch zugleich voller Bewunderung für ihren »erhabenen Geist«. Als Zeichen seines Respekts ließ er sie »auf prächtige und königliche Art« neben Antonius in ihrem Mausoleum bestatten.

Nach Kleopatra hätte die Doppelkrone eigentlich auf ihren Sohn Cäsarion übergehen sollen. Doch seine Mutter hatte ihn schon aus der Stadt geschmuggelt, zusammen mit seinem Hauslehrer Rhodon und einem kleinen Vermögen an Gold und Münzen.

Sie wollte ihn den Nil hinaufschicken, dann durch die Wüste nach Osten bis zum Toten Meer. Von dort aus sollten sie ein Schiff nach Indien nehmen, wo Cäsarion vor Octavians Schergen in Sicherheit sein würde.

Doch sie kamen nie in Indien an. Als sie am Roten Meer

waren, behauptete Rhodon, eine geheime Botschaft erhalten zu haben, die sie nach Alexandria zurückriefe. Octavian wolle Cäsarion nun doch den ägyptischen Thron überlassen.

Der arme Cäsarion glaubte jedes Wort. Kaum waren sie zurück in Alexandria, lief er auch schon einem Hinrichtungskommando in die Arme, das bereits mit gezückten Messern gewartet hatte.

So starb der Sohn von Julius Cäsar im Alter von nur siebzehn Jahren. Wie einer von Octavians Beratern düster bemerkte, sei auf der Welt nur Platz für *einen* Cäsar.

Ein ähnliches Schicksal erwartete den siebzehnjährigen Antyllus, den ältesten Sohn von Antonius und Fulvia. Obwohl er im Tempel des Cäsar in Alexandria Zuflucht gesucht hatte, wurde auch er von seinem Hauslehrer, einem Griechen namens Theodorus, verraten. Octavians Soldaten stürmten in den Tempel, schleiften Antyllus nach draußen und hackten ihm den Kopf ab.

Doch auch für den Verräter Theodorus nahm die Sache kein gutes Ende. Als die Soldaten sahen, wie er Antyllus' Leiche nach dem Edelstein absuchte, den dieser um den Hals getragen hatte, erteilten sie ihm eine Lektion. An ein Kreuz genagelt, starb der Lehrer einen qualvollen Tod. Viele betrachteten das als durchaus gerechten Lohn für jemanden, der seinen Schüler so schändlich verraten hatte.

■

Am letzten Augusttag des Jahres 30 v. Chr. fand das Königreich der Ptolemäer offiziell sein Ende. Damit fiel der Vorhang für eine Zivilisation, die dreitausend Jahre lang Bestand gehabt hatte – das Zeitalter der Pharaonen und Pyramiden, der Tempel und Sphinxe, der Götter Horus, Osiris, Isis und Set.

In der gesamten römischen Welt verkündeten Octavians Münzen eine klare Botschaft: AEGYPTO CAPTA – »Ägypten ist erobert«.

Doch obwohl Antonius' Statuen zerschlagen wurden, blieb der Rest von Alexandria unversehrt. Und obwohl Octavian sich die ägyptische Staatskasse unter den Nagel riss, um seine Soldaten zu bezahlen, verbot er seinen Männern das Plündern und Brandschatzen.

Er wusste, dass Ägypten eine wertvolle Trophäe war, die es zu bewahren galt. Und nach dem Tod von Antonius und Kleopatra gab es keinen Anlass für weiteres Blutvergießen.

Theoretisch hätte sich Octavian zum Pharao krönen können, wie Alexander das getan hatte. Die Priester behandelten ihn wie einen Gottkönig und die Wandreliefs in den Tempeln zeigen ihn in den Kleidern eines Pharaos.

Doch Octavian wusste, dass die Römer Könige nicht mochten. Also wurde Ägypten unter seiner Herrschaft zu einer weiteren römischen Provinz mit einem langweiligen Statthalter.

Octavian weigerte sich sogar, dem heiligen Apis-Stier den obligatorischen Besuch abzustatten. Er verehre nur echte Götter, keine Nutztiere, sagte er.

In Rom kam dies alles gut an. Noch erfreuter waren die Leute, als sie hörten, dass Octavian Kleopatras Schätze verschmäht hatte. Nur eine einzige Porzellantasse habe er sich genommen, raunte man sich hinter vorgehaltener Hand zu. Ein bescheidener Lohn für einen bescheidenen römischen Bürger.

Doch in Wahrheit hielt sich seine Bescheidenheit in Grenzen. Als er im Sommer 29 v. Chr. nach Rom zurückkehrte, kam er als glorreicher Herrscher über ein riesiges Imperium, das sich vom Ärmelkanal bis nach Arabien erstreckte.

Drei Tage hintereinander fanden prunkvolle Triumphzüge statt. In kaiserlichen Purpur gekleidet, fuhr er auf einem Triumphwagen aus Gold und Elfenbein in die Stadt ein. Ihm folgte ein endloser Strom von Wagen, die über und über mit Münzen und Rüstungen, Statuen und Skulpturen, Möbeln, Schmuck und Gemälden beladen waren – der sagenumwobene Reichtum des Ostens als Geschenk an die römische Bevölkerung.

Aus Ägypten brachte er Krokodile, ein Nilpferd und sogar ein Nashorn mit. Und in der Mitte des Triumphzugs befanden sich die noch lebenden Kinder Kleopatras – die elfjährigen Zwillinge Alexander Helios und Kleopatra Selene sowie der siebenjährige Ptolemaios Philadelphos. Alle drei waren mit goldenen Ketten behängt und trotteten hinter einem riesigen Bildnis ihrer toten Mutter her, das diese in ihrem letzten Moment zeigt: mit einer Schlange um ihren sterbenden Körper.

So etwas hatten selbst die verwöhnten römischen Massen

noch nie zu Gesicht bekommen. Die Feierlichkeiten dauerten noch Tage an.

Nachdem Octavian seine Truppen bezahlt und den verdienten Soldaten eigene Höfe geschenkt hatte, machte er sich daran, Rom im großen Stil umzugestalten. Denn die Stadt war nicht mehr nur das Herz einer Republik, sondern die Hauptstadt eines Imperiums.

In den folgenden Jahren tönte der Klang von Hämmern und Meißeln durch die Straßen. Wie Octavian später bemerkte, hatte er Rom als eine Stadt aus Ziegeln vorgefunden, aber als eine Stadt aus Marmor zurückgelassen.

Viele seiner neuen Gebäude hatten ägyptische Elemente wie Sphinxe, Sonnenscheiben, Schlangen und Hieroglyphen. Und sie alle erinnerten an Octavians Sieg.

Auf dem Marsfeld, wo er Kleopatra einst den Krieg erklärt hatte, wurde ein ägyptischer Obelisk errichtet. Und seine Briefe versiegelte Octavian mit dem Bild einer Sphinx – das er später allerdings gegen den Kopf Alexanders des Großen austauschte.

Es gab jedoch eine Ausnahme, was die römische Begeisterung für alles Ägyptische betraf: Im neuen Rom war die Verehrung ägyptischer Götter offiziell verboten.

Während Octavian seiner Hauptstadt ein neues Gesicht verlieh, begann für Kleopatras Kinder ihr neues Leben an der Seite der alten Rivalin ihrer Mutter, Octavia.

Zunächst waren sie verständlicherweise verängstigt. Doch

Octavia behandelte sie freundlich und kümmerte sich um sie, als wären sie ihre eigenen Kinder.

Wie es Alexander Helios und Ptolemaios Philadelphos weiter erging, weiß man nicht. Manche Historiker vermuten, dass sie, wie damals so oft, früh starben. Doch Aufzeichnungen hierüber gibt es keine.

Das Leben von Kleopatra Selene hingegen verlief sehr aufregend. Als sie etwa fünfzehn Jahre alt war, arrangierte Octavia für sie die Hochzeit mit einem anderen jungen Exilanten, der in ihrer Villa lebte, Prinz Juba.

Juba stammte aus der nordafrikanischen Provinz Numidien und war eine äußerst eindrucksvolle Erscheinung. Er hatte für Octavian bei Actium gekämpft und ist der Autor Dutzender Schriften zu allen erdenklichen Themen. Er soll sogar die Kanarischen Inseln inklusive Teneriffa und Lanzarote entdeckt und sie nach den dort lebenden wilden Hunden benannt haben.*

Octavian sandte das Paar als Herrscher nach Mauretanien, das auf dem Gebiet der heutigen Länder Marokko und Algerien lag. Fünfundzwanzig Jahre lang hielten sie Hof in der prächtigen neuen Hauptstadt Caesarea** und umgaben sich mit Künstlern und Schriftstellern aus Kleopatra Selenes alter Heimatstadt Alexandria.

Was danach geschah, liegt im Dunkeln. Wir wissen, dass

---

* *Canarius* ist Latein und bedeutet »Hunde-« oder »Hunde betreffend«.

** Heute die algerische Stadt Cherchell.

Kleopatra Selene ungefähr zehn Jahre vor der Geburt von Jesus von Nazareth einen eigenen Sohn namens Ptolemaios hatte. Danach verlieren sich ihre Spuren.

Soweit wir wissen, war Ptolemaios der einzige Enkel von Kleopatra VII. Im Jahr 23 n. Chr. wurde er König von Mauretanien und regierte siebzehn Jahre lang.

Doch wie so viele seiner Vorfahren nahm auch dieser Ptolemaios ein blutiges Ende. Während eines Besuchs in Rom war er so unvorsichtig, einen prächtigen purpurroten Mantel zu tragen, während er einem Gladiatorenkampf zusah. Kaiser Caligula, ohnehin wirr und unberechenbar, war außer sich und befahl seine sofortige Hinrichtung.

Mit ihm endet die Ahnenreihe Kleopatras VII., der letzten Pharaonin von Ägypten.

■

Für die meisten Ägypter änderte das Leben unter römischer Herrschaft nicht viel. Octavians Statthalter sorgten für Ruhe und Ordnung und hielten die Preise niedrig und die Bauern entlang des Nils nahmen vermutlich kaum einen Unterschied wahr.

Und Alexandria entwickelte sich weiterhin prächtig. Natürlich war sie nur die zweitgrößte Stadt des Römischen Reichs, aber sie blieb ein Leuchtturm des Handels, der Wissenschaften und des Vergnügens – einer der reichsten und aufregendsten Orte auf Erden.

Für den Großteil der römischen Welt waren die Jahrzehnte nach Kleopatras Tod ein goldenes Zeitalter. Die Bürgerkriege waren vorbei. Chaos und Blutvergießen waren Wohlstand und Frieden gewichen.

Im Januar 27 v. Chr., vier Jahre nach der Schlacht von Actium, teilte Octavian dem Senat mit, dass er seine Macht gern abgeben würde. Er habe seine Pflicht getan und wolle zu seinem Leben als Privatperson zurückkehren.

Er wusste natürlich genau, dass sie ihn anflehen würden zu bleiben. Er hatte nie wirklich mit dem Gedanken gespielt, sich zur Ruhe zu setzen – all das war nur ein weiteres seiner politischen Spielchen.

Der Senat verlieh ihm eine Krone aus Eichenlaub, die für jedermann sichtbar vor seiner Villa aufgehängt wurde. Sie gaben ihm den Titel *Princeps* – »Erster Bürger« – und einen neuen Namen: Augustus, was »Erhabener« oder auch »Ehrwürdiger« bedeutet.

Angeblich war Augustus nur ein normaler Bürger mit außerordentlichen Befugnissen, doch in Wahrheit war er der erste römische Kaiser.

Octavian – oder Augustus – wurde fünfundsiebzig Jahre alt und starb friedlich im Sommer 14 n. Chr. Selbst auf dem Totenbett wählte er seine Worte mit Bedacht: »Das Spiel ist vorbei, Zeit für den Applaus.«

Nach Augustus ging die Herrschaft über das Römische Reich auf seinen Stiefsohn Tiberius über, danach auf seinen

Urenkel Caligula, seinen Großneffen Claudius und schließlich seinen Ururenkel Nero. Nero war der letzte römische Kaiser aus Augustus' direkter Verwandtschaft, nach ihm ging der Kaisertitel auf eine lange Reihe von Politikern und Generälen über.

Doch das Reich überlebte länger, als Augustus es sich hätte vorstellen können. Der westliche Teil hatte bis 476 Bestand, während die östliche Hälfte noch weitere tausend Jahre bis 1453 existierte. Heute gibt es nur sehr wenige Länder, die nicht auf die eine oder andere Weise vom Römischen Reich geprägt wurden.

Nur wenige haben ein solches Erbe hinterlassen – nicht einmal Alexander der Große.

■

Doch wenn es eine Figur in dieser Geschichte gibt, die jeder kennt, dann ist es nicht Augustus. Es ist die Frau, die er besiegte.

Mit ihrem Tod wurde Kleopatra zur mythischen Figur. Für Generationen römischer Geschichtsschreiber wurde sie zudem zum Erzbösewicht schlechthin – zu einer Tyrannin und bösen Zauberin, die mit den Tiergöttern Ägyptens im Bunde war.

Viele räumten zwar ein, dass sie dem Tod mit außerordentlichem Mut ins Auge geblickt hatte. Doch letztlich glaubten sie alle, dass Kleopatra schlussendlich vor lauter Machthunger und Hass auf Rom verrückt geworden war.

Für die Römer war Kleopatra nicht nur deshalb die perfekte Superschurkin, weil sie Ausländerin war, sondern auch, weil sie, wie es der Geschichtsschreiber Cassius Dio ausdrückte, »eine Frau von unersättlicher Lust und Gier« war.

In Rom sollten sich die Frauen im Hintergrund halten, den Haushalt führen und sich um die Kinder kümmern. Für viele Römer war wahrscheinlich die Vorstellung, dass eine König*in* Flotten und Armeen kommandierte, die schockierendste von allen.

Die Jahrhunderte vergingen und im Laufe der Zeit veränderte sich Kleopatras Alexandria bis zur Unkenntlichkeit. Feuer, Aufstände, Erdbeben und Überschwemmungen verwandelten das Gesicht der Stadt.

Die Bibliothek, das Museum und das Gymnasion wurden weniger und weniger genutzt und verfielen. Ägyptische Tempel wichen christlichen Kirchen. Dann folgten arabische Stämme und verwandelten Alexandria unter dem Banner des Islam in eine Stadt der Moscheen und Minarette.

Auch von dem berühmten Leuchtturm war irgendwann nicht mehr viel übrig. Auf seinem Fundament baute man eine Festung, die nicht mehr erahnen ließ, welches Weltwunder hier einst gestanden hatte.

Heute ist das Alexandria der Antike fast vollständig verschwunden. In der sich ausbreitenden modernen Metropole sucht man vergeblich nach irgendetwas, das an Kleopatra erinnert. Ihr Palast, ihre Tempel, sogar ihr Grabmal sind spurlos verschwunden.

Kleopatra VII. selbst erging es ähnlich wie ihrer Stadt. Es gibt praktisch keine Statuen und Bilder von ihr und die Papyrusrollen aus der Zeit ihrer Herrschaft sind verrottet.

Es gibt nicht einmal ägyptische Quellen, die von ihrem Leben berichten. Es gibt nur die Darstellungen römischer Autoren, die sie in denkbar schlechtem Licht zeigen.

Doch Kleopatras Name ist nie verschwunden. Ob für William Shakespeare oder die Filmemacher Hollywoods – sie ist der Inbegriff von Glamour und Romantik geblieben, die tragischste Heldin der Weltgeschichte.

Oder wie es eine Figur aus Shakespeares *Antonius und Kleopatra*, der wohl einflussreichsten Nacherzählung ihrer Lebensgeschichte, ausdrückt:

Das Alter kann sie nicht verdorren lassen, noch die
Gewohnheit ihre unendliche Vielfalt rauben.
Andere Frauen ersticken den Appetit, den sie stillen,
*doch sie macht hungrig, wo sie am meisten sättigt …**

Heute gibt es zahlreiche Bilder und Gemälde, die Kleopatras Treffen mit Antonius in Tarsus zeigen oder den Moment, in dem sie die Schlange hochhält, um sich in die Brust beißen zu lassen. Es gibt etwa zweihundert Theaterstücke und Romane über sie, fast fünfzig Opern, fünf Ballette und mindestens vier-

---

* Oder einfacher ausgedrück: Das Alter kann ihr nichts anhaben, auch ihrem Charme nicht. Mit anderen Frauen langweilt man sich irgendwann, doch Kleopatra wird mit der Zeit immer interessanter.

zig Filme. Sie spielt sogar eine wichtige Rolle in einem »Assassin's Creed«-Computerspiel.

Viele dieser Geschichten fußen auf den römischen Quellen und zeigen Kleopatra als vampirhafte Zauberin, undurchsichtig, schön und grausam. Doch die wirkliche Kleopatra war vermutlich nichts von alldem.

Sie war leidenschaftlich, entschlossen, mutig und nachdenklich – eine sorgenvolle, einsame Frau, die alles dafür tat, um ihr Königreich und ihre Dynastie zu bewahren. Vielleicht war ihre Niederlage vorprogrammiert. Ägypten befand sich schon seit Jahren auf dem absteigenden Ast und der Aufstieg Roms war vermutlich unaufhaltsam.

Doch die meiste Zeit ihrer neununddreißig Lebensjahre gelang es ihr bemerkenswert gut, die römischen Wölfe in Schach zu halten. Und wer weiß, was passiert wäre, hätte Marcus Antonius sein Blatt geschickter ausgespielt.

Wie sollen wir also Kleopatra in Erinnerung behalten? Als hübsche junge Verführerin, die sich aus einem Teppich rollte? Als mächtige Königin, die majestätisch den Nil hinuntersegelte? Als gebieterische Pharaonin mit der Macht, über Leben und Tod zu entscheiden? Oder einfach als junges Mädchen, das in eine gefährliche Welt hineingeboren wurde und es schaffte, fast vierzig Jahre lang am Leben zu bleiben, bis sie ihr Glück schließlich verließ?

Ein Stückchen Wahrheit steckt sicher in jeder dieser Sichtweisen.

Über zweitausend Jahre nach ihrer Geburt ist sie immer noch die bekannteste Frau der Weltgeschichte – eine Kämpferin, eine Überlebenskünstlerin, eine Anführerin, eine Legende. Noch in vielen Hundert Jahren wird man sich an sie erinnern.

Und das ist vielleicht ihr größter Sieg.

Nachwort

Die Geschichte von Kleopatra – ihrem Leben und ihrem Tod – gehört zum Spannendsten, was die Weltgeschichte zu bieten hat. Doch hier Fakten und Fiktion auseinanderzuhalten, ist komplizierter, als man denkt.

Da es keine ägyptischen Zeugnisse über Kleopatras Leben gibt, stammt fast alles, was wir über sie wissen, von den Römern. Diese waren aber offensichtlich sehr darauf bedacht, sie als Schurkin darzustellen. Deshalb sollten wir ihre Behauptungen mit Vorsicht genießen. Und da wir praktisch nichts über ihre frühen Jahre wissen, sind selbst die erfahrensten Historiker auf Vermutungen angewiesen.

Demzufolge musste auch ich einige Leerstellen ausfüllen, was bedeutet, dass sich dieses Buch ein wenig von den anderen Bänden meiner *Weltgeschichte(n)*-Reihe unterscheidet. Die Geschichte, wie sich Kleopatra zum Grab Alexanders des Großen schleicht, habe ich mir ausgedacht. Ebenso die Reise mit ihrem Vater zu den Tempeln von Memphis sowie ihre rätselhafte Begegnung mit der Isis-Priesterin.

Es wird euch aber vielleicht überraschen, dass die wirklich

ausgefallenen Geschichten auf historischen Fakten beruhen. Der Bericht über ihr erstes Treffen mit Julius Cäsar, bei dem sie sich aus einem Teppich rollte, stammt vom römischen Geschichtsschreiber Plutarch – auch wenn es sich vermutlich um einen Wäschesack handelte.

Die Geschichte von dem Bankett, bei dem sie eine Perle verschluckte, stammt von einem anderen römischen Autor, Plinius dem Älteren. Und drei verschiedene römische Schriftsteller – Plutarch, Cassius Dio und Strabo – diskutieren die Episode, derzufolge sich Kleopatra mithilfe einer Schlange getötet hat, auch wenn deutlich wird, dass keiner von ihnen diese Geschichte glaubte.

Auch für diese Version von Kleopatras Leben waren natürlich die ursprünglichen römischen Berichte wichtige Quellen. Außerdem stehe ich in der Schuld einiger brillanter zeitgenössischer Historiker wie E.R. Bevan, Stanley Burstein, Michael Grant, Erich Gruen, Tom Holland, Eleanor Goltz Huzar, Duane W. Roller und Joyce Tyldesley. Mein Lieblingsbuch über diese außergewöhnliche Frau ist jedoch die wundervolle Biografie von Stacy Schiff.

Wie immer bin ich dem heldenhaften Team bei Penguin überaus dankbar, insbesondere Eva Hodgkin, Liz Parsons, Maddie Watts und Kate Smith sowie meiner Lektorin Jane Robertson. Als Pharao herrscht Simon Winder mit höchster Autorität über sein mächtiges Imperium – der Ptolemaios I. der Verlagswelt. Und ohne die Legionen der Wylie Agency, die vom kompromisslosen Sachverstand von James Pullen und Claire Devine geführt wird, wäre ich völlig aufgeschmissen.

Und vor allem möchte ich mich einmal mehr bei Catherine und Arthur bedanken, der Isis und dem Horus von West Oxfordshire.

© John Cairns

Autor

Dominic Sandbrook ist Historiker, Autor, Kolumnist und Fernsehsprecher. Er hat Bücher über die politische Geschichte Amerikas geschrieben und steht kurz vor der Vollendung eines mehrbändigen Geschichtsbands über Großbritannien in der Nachkriegszeit. Sein jüngstes Buch *Who Dares Wins* wurde in den Medien wiederholt als Buch des Jahres bezeichnet. Sandbrook hat für zahlreiche BBC-Fernsehserien die Drehbücher geschrieben und als Sprecher fungiert. Er ist Gastprofessor am King's College London, hat eine monatliche Kolumne im *BBC History Magazine* und schreibt für *The Daily Mail* und *The Sunday Times*.

© Nadja Bucciero-Kurtulus

Übersetzer

Knut Krüger, geboren 1966, arbeitete nach seinem Germanistik-Studium im Buchhandel und Verlagswesen. Er ist heute freier Autor, Lektor und Übersetzer für englische und skandinavische Literatur. Er lebt mit seiner Frau und seinen drei Kindern in München.

In der Reihe »Weltgeschichte(n)« sind bei cbj außerdem erschienen:
Zeit der Finsternis: Der Zweite Weltkrieg (17908)
König der Könige: Alexander der Große (17906)
Weg in die Dunkelheit: Der Erste Weltkrieg (17909)
Der zornige Herrscher: Heinrich VIII. (17907)
Eroberer der Meere: Die Wikinger (18040)

Dominic Sandbrook

Weltgeschichten –
Zeit der Finsternis: Der Zweite Weltkrieg

368 Seiten, ISBN 978-3-570-17908-6

In einer dunklen Vergangenheit voller Konflikt und Armut wird der junge Adolf Hitler von einem glücklosen Maler zum Herrscher des Dritten Reiches: der Beginn der blutigsten und dramatischen Zeit der Weltgeschichte. Unzählige Menschen werden verfolgt, ziehen in den Krieg und verlieren ihr Leben.

Dominic Sandbrook katapultiert die Leser mitten hinein in die historischen Ereignisse, Schauplätze und Einzelschicksale: Die kleine Niusia erlebt die Invasion Polens mit, der dänische Student Vilhelm Lind hilft zahlreichen Juden bei der Flucht, Anne Frank träumt von einem Leben jenseits ihres Versteckes und die japanische Schülerin Setsuko überlebt die Atombombe auf Hiroshima.

10449

www.cbj-verlag.de

Dominic Sandbrook

Weltgeschichten – König der Könige: Alexander der Große

368 Seiten, ISBN 978-3-570-17906-2

Weit zurück in der Vergangenheit in einer antiken Welt voller mythischer Götter und sagenhafter Städte macht sich der junge Alexander auf, eines der größten Reiche der Weltgeschichte zu erschaffen. Mit 20 Jahren besteigt Alexander der Große, der sich als der Sohn von Zeus sieht, den Thron und wird König von Makedonien. Doch er weiß, dass etwas Größeres auf ihn wartet ...
Im Mittelpunkt seines kurzen und dramatischen Lebens steht das Abenteuer: der sagenumwobene Eroberungszug über das Persische Reich, Ägypten und Zentral-Asien bis nach Indien. Von Persien aus regiert Alexander schließlich als König der Könige, bis er unter mysteriösen Umständen mit nur 32 Jahren stirbt.

10450

www.cbj-verlag.de